Antke A. Engel
Queer Theorie – Queer_Pädagogik

Antke A. Engel

Queer Theorie – Queer_Pädagogik

Eine Einführung

Antke Antek (Antkek) Engel (Dr. phil., kein Pronomen/ens/they) leitet das Institut für Queer Theory (iQt) in Berlin und ist auf Gastprofessuren sowie freiberuflich in Wissenschaft und Kulturproduktion tätig. Engel hat 2001 an der Universität Potsdam in Philosophie mit einer Arbeit zu queerer Repräsentationskritik und der Strategie der VerUneindeutigung promoviert. Das von Engel begründete Konzept der Queerversität dient als philosophische Orientierung in sozialer und kultureller Praxis, Pädagogik und Politik/-beratung.

Dieses Buch ist erhältlich als:
ISBN 978-3-7799-7834-3 Print
ISBN 978-3-7799-7835-0 E-Book (PDF)
ISBN 978-3-7799-8454-2 E-Book (ePub)

1. Auflage 2024

Herstellung: Ulrike Poppel
Satz: Helmut Rohde, Euskirchen
Druck und Bindung: Beltz Grafische Betriebe, Bad Langensalza
Beltz Grafische Betriebe ist ein Unternehmen mit finanziellem Klimabeitrag
(ID 15985-2104-100)
Printed in Germany

Weitere Informationen zu unseren Autor:innen und Titeln finden Sie unter: www.beltz.de

Inhalt

Danksagung

Mein herzlicher Dank geht an Christoph Baumann, Nadja Körner, Naomi Röers, Nicole Spliethoff, Maximilian Waldmann und Katharina Walgenbach für das äußerst produktive Feedback im Schreibprozess dieses Textes, der 2022 als Studienbrief für die Fernuniversität in Hagen verfasst wurde. Ich danke ebenfalls den Studierenden des Seminars „Queer Theorie/Queere (Medien-)Pädagogik" (WiSe 2021/2022), insbesondere Silvana Aureli, Christiane Ehrlich, Nadine Elba Capdevila, Kira Holdenried und Steph Speil, die an der Konzeption und Themenfindung beteiligt waren, sowie Paul Brandt, Paula Terstappen, Daniel Toufaki und Serap Esen, ohne die die Erstellung des Manuskripts nicht gelungen wäre.

Dank geht außerdem an die FernUniversität Hagen für die Abdruckgenehmigung. Die hier vorliegende Publikation stellt eine leicht überarbeitete und aktualisierte Version des Studienbriefs *Queer Theorie – Queer_Pädagogik* dar, den Prof. Antke Antek Engel 2022 für das Lehrgebiet Bildung und Differenz an der FernUniversität in Hagen verfasst hat und der dort in der Lehre zum Einsatz kommt.

Einleitung

Vorspann: Körper, Figurationen, Welten – queer

Zusammen mit ihrem Dreamteam[1] haben Antke A. Engel und Filmemachens Tali Tiller und Magda Wystub (*Filmfetch*) auf Engels Gastprofessur drei Videos zur Einführung in Queer Theorie gedreht. Diese wurden Anfang 2021 an der FernUniversität in Hagen *open access* veröffentlicht. Unter den Titeln Körper (20:16 min), Figurationen (13:16 min) und Welten (16:00 min) eröffnen die Videos Einblicke in die Themen Geschlechtersozialisation, Sprache und Kultur sowie soziale und planetarische Ungleichheitsverhältnisse. Es spannt sich ein Bogen vom *doing sex_gender* über die Kritik an Hetero- und Homonormativität bis zum posthumanen ‚Humusdenken' der Lebens- und Technowissenschaften.

Das Körper-Video inszeniert Prozesse des Doing Gender zwischen normativer Zurichtung, Widerstand, Eigensinn und geteilter Praxis. Im Fokus stehen soziale Beziehungen und Queerness. Im Changieren von „Queere Körper – Körper queeren" stellen sich Fragen: Gibt es so etwas wie „queere Körper"? Oder ist Queering immer eine Praxis und Queerness ein Effekt, der Körper und Subjektivitäten im Prozess erfasst?

Das Video Figurationen befasst sich mit der Macht der Sprache – und damit, wie Sprache verkörpert wird. Sprache kann verletzen oder ermächtigen; sie kann Herrschaft stabilisieren oder anfechten. Deshalb fragt Queer Theorie, inwiefern Bilder von Geschlecht und Sexualität – verknüpft mit weiteren Aspekten sozialer Unterscheidung – zur Stabilisierung von Herrschaft beitragen.

Das Welten-Video ist ein Plädoyer für vielfältige Perspektiven auf komplexe, veränderliche und oft konfliktreiche Abläufe in gesellschafts- und weltpolitischen Zusammenhängen. Es erweist sich, dass Queer Theorie nicht nur an intimen und sozialen Beziehungen interessiert ist, sondern auch untersucht, wie Heteronormativität die Wirtschaft, das Recht, globale oder planetarische ökologische Verhältnisse beeinflusst.

Die hier angedeuteten Problemstellungen werden in diesem Buch aufgegriffen und vertieft. Bezüge auf die drei Videos sowie daran anknüpfende Fragen ziehen sich als roter Faden durch die folgenden Kapitel. Lesende können somit an den Lernprozessen teilhaben, die in den Videos – drei unterschiedlichen

1 Performance: Neo Hülcker, Saboura Naqshband, Jayrôme C. Robinet, Pasquale Virginie Rotter. Kostüm-Design: Kallia Kefala. Sound: HYENAZ (Kate Fischer; Adrienne Teicher). Set-Assistenz: Mia Dünkel.

pädagogischen Stilen folgend – inszeniert werden. Die Freundschaft der drei Protagonens u-m/m-u (Kegel), ki-wi (Kugel) und AB*in (Zacken_Welle) sowie verschiedener Gäste wird zum Experimentier- und Streitraum, der den Betrachtenden offensteht. Die hybriden Wesen, zugleich Mensch, Tier und Maschine, entziehen sich sprachlicher Festlegung, verzerren die Geometrie und machen Wandlungen durch. So lässt u-m/m-u die melancholische Bindung an Geschlechterstereotype und einen Drang zur Besserwisserei hinter sich; ki-wi entdeckt die Freude am Streit, ohne das großzügige Teilen des unendlichen Ideen- und Wissensvorrats aufzugeben und AB*in, zuhörend_sprechend, spitzfindig_harmonisierend, freut sich an der Vielfalt möglicher Sichtweisen, aber findet doch zu klaren Statements. Gemeinsam erkundet das Trio Bewegungen des Begehrens. Ein Bild gesellt sich zu ihnen und verwickelt sie in ein philosophisches Gespräch; eine *Spoken Word Performance* durchkreuzt binäre Wahrnehmung und ein tausendfüßiges Wesen verdeutlicht den Reiz des Rückwärtslaufens. Runde, eckige und geschweifte Klammern entwickeln spezielle Eigenarten der widerspenstigen Einmischung.

Ein Jahr kollaborative Praxis beim Erstellen der Videos bedeuteten Spaß, Kopfzerbrechen und intensive Lernprozesse für alle Beteiligten und als Gruppe. Wir hoffen, dass hieraus ein gelungener Einstieg in queeres Lernen von Queer Theory/Queer Studies (QT/QS) erwachsen ist. Wenn die Videos beim ersten Schauen inhaltlich kompliziert und ästhetisch überbordend wirken, ist dies genauso gemeint und schreckt hoffentlich nicht ab. Das vorliegende Buch unterfüttert die Videos, erklärt theoretische Bezüge und stellt Zusammenhänge her. Es lädt außerdem ein, sich einzelne Passagen erneut und mehrfach anzusehen. Dies soll Fragen bezüglich bestimmter Inhalte mit Fragen der Vermittlung verbinden: Nicht nur, was dargestellt wird, sondern auch, wie etwas dargestellt wird, ist wichtig. Die Gleichzeitigkeit der verschiedenen Elemente des audiovisuellen, zeitbasierten Mediums Video, inklusive gesprochenem, geschriebenem und verkörpertem Text, dazu die Performance einer Freundschaft, die Pracht der Kostüme und Ausstattung sowie die Poesie der Choreografie eröffnen eine Komplexität, die in diesen akademischen Lehrbuchtext einfließt. Ich hoffe, dass sich das Buch von den Videos anstecken lässt.

Die Videos und Skripte zur Einführung in Queer Theorie: KÖRPER. FIGURATIONEN. WELTEN (Antke A. Engel und *Filmfetch*, 2021) sind als Open Educational Resources (OER) – mit deutschen, englischen oder spanischen Untertiteln – unter folgenden Link verfügbar: https://e.feu.de/queer-theory-videos (15.01.2024).

Was meint Queer Theory/Queer Studies?

Im vorliegenden Buch verdichten sich mehr als 30 Jahre Forschung und Lehre, die Antke A. Engel bezogen auf Queer Theory/Queer Studies (im Folgenden: QT/QS) an Universitäten, im Rahmen des Instituts für Queer Theory und aktivistisch betrieben hat. Mehr als drei Jahrzehnte QT/QS (in sämtlichen Disziplinen) und queere Bewegungsgeschichte (weltweit) lassen sich kaum angemessen präsentieren.[2] Was folgt, wird nicht allein aus Platzgründen eine subjektive Auswahl sein. Vielmehr möchte ich vermeiden, eine längst erfolgte Kanonisierung der QT/QS zu wiederholen. Petrus Liu (2015, S. 31) überzeugt, wenn ens sagt, dass es rund um den Globus jeweils lokale Ausprägungen von QT/QS mit einer eigenen Geschichte gibt, auch wenn diese nicht unabhängig von dem internationalen Austausch verstanden werden können, der seit Anfang der 1990er Jahre unter der Überschrift ‚Queer' erfolgt. Dieser Austausch ist asymmetrisch und von kolonialen und okzidentalen Machtartikulationen geprägt. Um hier kritisch-verschiebend einzugreifen, vertritt dieses Buch ein herrschaftskritisches und intersektionales Verständnis der QT/QS. Doch – wie jedes wissenschaftliche Schreiben – entsteht der Text notwendig von einem subjektiven Standpunkt aus, mit einem persönlichen Erfahrungshintergrund, was bestimmte Schwerpunktsetzungen oder auch Kanonisierungen – vielleicht auch entgegen der eigenen Intention – reproduziert. *Feel free to question what you read* – vor dem Hintergrund eigener Erfahrungen sowie der unterschiedlichen akademischen und nicht-akademischen Wissenshorizonte, die jedens Lesens in die Lektüre einbringen.

Schwerpunkte der folgenden Ausführungen sind theoretische/philosophische Grundlagen der QT/QS, eine Verschränkung sozial-, kultur- und naturwissenschaftlicher Ansätze sowie das Anliegen, eine noch im Entstehen begriffene queer(end)e Queer_Pädagogik zu umreißen. Wie lässt sich über die Offenheit bzw. Undefinierbarkeit des Begriffs Queer kommunizieren? Gerade seine Unbestimmtheit ist für den Begriff wesentlich, stellt aber gleichzeitig eine Herausforderung in der Vermittlung dar. Es ist schwierig, über etwas zu sprechen (oder zu schreiben), was nicht definiert oder in fixe Vorstellungen/Kategorien gefasst werden will, sondern als veränderlich, wenn nicht fluide, gilt. Genauso vieldeutig und kontrovers wie die Begrifflichkeit ist auch die Theorie: Weder herrscht Einigkeit darüber, ob Queer als Identitätsbegriff fungieren kann, noch darüber, ob Queer auf Identitätskritik fußt oder eine explizit anti-identitäre Theorie darstellt. Auch gibt es Kontroversen darum, ob QT notwendig einen Bezug auf

2 Seit dem ersten Erscheinen dieses Textes als Studienbrief an der FernUni Hagen (2022) sind zwei weitere deutschsprachige Bücher publiziert worden, die in QT/QS einführen und hervorragend ergänzen: Mike Laufenberg (2022): *Queere Theorien zur Einführung* sowie Mike Laufenberg/Ben Trott (Hrsg.) (2023): *Queer Studies. Schlüsseltexte.* Die aus dem Englischen übersetzten Texte dieses Bandes finden fast alle auch im vorliegenden Buch Erwähnung.

Geschlecht und Sexualität aufzuweisen habe oder ebenfalls als eine philosophische Differenztheorie oder allgemeine Kritik an jeglichen Normalitätsregimen verstanden werden kann. Dennoch verwende ich Queer Theorie im Singular. Ich bezeichne hiermit einen bestimmten Ansatz queeren Denkens, der sich durch interne Vielfalt auszeichnet und als solcher einlädt, unterschiedliche Theorien (im Plural) zu formulieren (vgl. Kap. 6).

Wenn sich QT/QS mit Geschlecht und Sexualität befassen, dann im Sinne einer Macht- und Herrschaftsanalyse, aber auch als ein kritisch-spekulatives Ausloten von Veränderung. Konkret geht es um die Frage, wie Körper, Geschlecht und Sexualität so zu denken – und zu leben – sind, dass sie nicht immer wieder an eine rigide Zwei-Geschlechter-Ordnung rückgebunden werden oder sich an der Norm der Heterosexualität abarbeiten müssen. Dass Heteronormativität angefochten werden soll, begründet sich darin, dass normative Heterosexualität und Zweigeschlechtlichkeit dazu dienen, Macht-, Ungleichheits-, Herrschafts- und teilweise auch Gewaltverhältnisse durchzusetzen und zu rechtfertigen. Dies bezieht sich auf die fortdauernde Geschlechterhierarchie oder das Privileg ehevertraglich regulierter Sexualität; auf die Sanktionen und Diskriminierungen, die diejenigen erfahren, die nicht in die kulturell vorherrschende Geschlechtermatrix passen. Es bezieht sich aber auch darauf, dass Geschlechter- und Sexualitätsnormen zutiefst verflochten sind mit Ethnisierungsprozessen und Rassismen, dass sie in Migrationspolitiken aktiviert werden, Wirtschaftsprozesse und Arbeitsverhältnisse antreiben und in Ausbeutungsverhältnissen wirksam werden. Zunehmend wird auch für QT/QS intersektionales Denken bedeutsam, um anzuerkennen, dass vielfältige, teilweise gegensätzliche Differenzkonstruktionen in komplexer Weise zusammenwirken und es notwendig ist, gegen sämtliche Unterdrückungsverhältnisse gleichzeitig vorzugehen.

Es folgen einige kurze Anmerkungen zu verwendeten Schreibweisen sowie zu zentralen Begriffen und didaktischen Einsätzen.

Queer Theory oder Queer Theorie?

Die Schreibweise Queer Theorie, obgleich grammatikalisch verkehrt, ist bewusst gewählt, um die Erinnerung an die Herkunft aus dem amerikanischen Englisch (Queer Theory) präsent zu halten, aber dennoch der reichen deutschsprachigen Theoriebildung Ausdruck zu verleihen. Die gewählte Schreibweise soll nicht verhindern, dass andere ihren eigenen Schreibanliegen gemäß die Leerstelle anders füllen – sei es als Queer-Theorie, Queer:Theorie, Queer_Theorie, QueerTheorie oder als adjektivische Variante wie queere Theorie oder queerende Theorie. Was signifizieren die einzelnen Varianten? Was können sie ausdrücken oder was gerade nicht?

ens: Was ist das?

Das Buch bedient sich hinsichtlich genderreflektierter Sprache der Formulierung ens. Ens, der Mittelteil aus M-ens-ch, ist eine Form, um auf Menschen Bezug zu nehmen, ohne dabei ihr Gender zu markieren. Deshalb fällt sie unter ‚genderfreie Sprachveränderungen'. Formen wie Aktivist*in, Lehrer_in, Student:in werden als ‚genderinklusiv' bezeichnet; substantivierte Partizipien wie Lehrende als ‚genderneutral'. Ens wurde 2021 von Lann Hornscheidt und Ja'n Sammla vorgeschlagen, „[u]m eine allgemeine Form für alle Menschen zu haben. Um eine einfache Möglichkeit zu haben, sich genderfrei auszudrücken" (Hornscheidt & Sammla, 2021, S. 51). Die Form ens kann kontextsensibel auch neben genderinklusiven und genderneutralen Formen verwendet werden.

Heteronormativität, Begehren, Figuration

Heteronormativität, Begehren, Figuration und queer – diese für QT/QS wichtigen Begriffe werden nicht im Vorfeld definiert, sondern im Laufe des Buches eingeführt, diskutiert und in unterschiedlichen Bedeutungen und Funktionen zum Einsatz gebracht. Queerness und Queering betreten im ersten Kapitel die Bühne; Heteronormativität wird im zweiten Kapitel eingeführt; Begehren ist Clou am Ende des dritten Kapitels, in dem es um Subjektivität und Sozialität geht, und zugleich Übergang zum vierten Kapitel, wo sich Begehren in Sprache und Bildern manifestiert. Auch Figuration ist Teil des vierten Kapitels. Die Kapitel fünf bis sieben bedienen sich der zuvor entwickelten Konzepte, um im engeren Sinne in Queer_Pädagogik einzuführen (Kap. 5), im weiten Blick Queer Studies trans- und interdisziplinär aufzufächern (Kap. 6) und schließlich die Macht- und Herrschaftskritik mit der Perspektive sozialer Gerechtigkeit zu beantworten (Kap. 7). Wie schon in den Videos vorgeschlagen, soll das Konzept des Begehrens auch hier im Buch einen roten Faden darstellen, der sich in Form ineinander verflochtener Dynamiken von Macht und Begehren (Macht&Begehren, s. Schluss) sowohl analytisch als auch transformatorisch und spekulativ durch queere Theorie und Praxis ziehen lässt.

Queer, Queering, Queerness

Der englische Begriff *queer*, der schräg oder merkwürdig bedeutet, kommt in QT/QS als Adjektiv, Substantiv oder Verb zum Einsatz und ist allein deshalb oft vieldeutig. Das Gerundium *queering* stellt ein eigenes theoretisches Konzept dar. Die Verlaufsform verweist auf Prozesshaftigkeit: Etwas wird jetzt gerade schräg oder merkwürdig. In diesem Sinne bezeichnet Queering Praxen oder Prozesse, die gewohnte Wahrnehmungsmuster und Normalitätsvorstellungen mehr oder weniger gezielt irritieren bzw. unterbrechen. Wird hingegen die Aufmerksamkeit auf einen Zustand oder eine Gegebenheit gelenkt, ist der Begriff Queerness angebracht. Auch in diesem Falle sind jedoch die Entstehungsprozesse von Interesse: Queerness kann aus (diffamierender) Zuschreibung oder (stolzer) Aneignung oder auch einer Mischung aus beidem entstehen. Diese Prozesse verdichten sich in gelebten Körpern, in Selbstverständnissen, in Beziehungen oder Kollektivität, oder auch in Objekten oder kulturellen Artefakten. Queerness kann auch aus Prozessen des Queering entstehen. Damit wäre es Ausdruck oder Effekt einer politisch aufgeladenen kulturellen Produktion. Nicht zuletzt gibt es Diskurse, die Queerness als naturgegeben behaupten, welche dazu dienen können, Diskriminierung zu rechtfertigen. Es gibt jedoch auch Ansätze, welche dieses „Natur"-Argument zur Aufwertung oder positivistisch nutzen. Zusammengefasst: Der Vieldeutigkeit ist nicht zu entkommen.

Lektüretipps:
Jedes Kapitel wird durch Fragen ergänzt, die Sie zur Vertiefung des Gelesenen, eventuell mithilfe weiterer Recherche, beantworten können. Oftmals dienen sie der Reflexion und sind nicht auf eine eindeutige Antwort ausgerichtet. Vielmehr sollen sie zum Nachdenken oder zur Diskussion anregen. Des Weiteren wird auf Videoausschnitte verwiesen, die Sie im Kontext des Studienbriefs erneut betrachten und auch auf deren Darstellungs- und Vermittlungsstrategien hin befragen können.
Die folgenden drei Fragen können Sie ohne weitere Lektüre beantworten. Vielleicht eröffnet dies interessante Erwartungshorizonte oder Wunschvorstellungen an das, was Queer ist oder sein soll – oder noch werden könnte.

Reflexionsfragen
Obgleich grammatikalisch verkehrt, wählt der Studienbrief die Schreibweise Queer Theorie. Es wurde erläutert, dass dies zur Erinnerung an die Herkunft des Begriffs sowie zur Unterstützung der deutschsprachigen Theoriebildung dient. Welche Schreibweise würden Sie wählen und warum?
Die Einleitung unterstreicht, dass Queer immer vieldeutig ist. Haben Sie eine Idee, warum das so ist? Kennen Sie Beispiele, die queere Vieldeutigkeit vermitteln?
Die Queer Theorie-Videos enden jeweils mit dem Motto: „Lust an Komplexität, Konfusion und Konflikt – that's queer". Wie reagieren Sie auf dieses Motto?

Am Ende jeden Kapitels finden Sie außerdem vier ausgewählte akademische Textempfehlungen (davon je eine auf Englisch) zur Vertiefung der Thematik des Kapitels. Darüber hinaus werden im Verlauf der Kapitel Literatur- und Filmtipps eingestreut, die Zugang zum Thema über fiktionale, poetische, erzählerische oder filmische Formate ermöglichen.

Empfohlene Literatur zum Einstieg in die Gesamtthematik Queer Theory/Queer Studies

Meg-John Barker & Jules Scheele (2018): *Queer. Eine illustrierte Geschichte*

Persson Perry Baumgartinger (2017): *Trans Studies*

Kerstin Brandes & Sigrid Adorf (Hrsg.) (2008): *FKW Zeitschrift für Geschlechterforschung und visuelle Kultur*

Patricia Hill Collins (2000): *Black Feminist Thought*, darin: *The Sexual Politics*, S. 123–135

Gabriele Dietze, Elahe Haschemi Yekani & Beatrice Michaelis (2012): *Queer Theory und Intersektionalität*

Jutta Hartmann, Astrid Messerschmidt & Christine Thon (2017b): *Queering Bildung*

Annamarie Jagose (2005): *Queer Theorie. Eine Einführung* (mit historischer Herleitung)

Mike Laufenberg (2022): *Queer Theorien zur Einführung*

Für vollständige Literaturangaben siehe Literaturverzeichnis.

1 Queerness und Queering

1.1 Undefinierbar queer

> „Sicher gibt es keine allgemein akzeptierte Definition von queer. Tatsächlich bestehen zwischen einzelnen Auffassungen des Begriffs unauflösliche Widersprüche. Dennoch erweisen sich für bisherige Vorstellungen von Identität, Community und Politik die Veränderungen durch queer dort am beunruhigendsten, wo der normative Zusammenschluß von anatomischem Geschlecht, sozialem Geschlecht und Sexualität kritisiert wurde. Das ist für genau diejenigen Versionen von Identität, Community und Politik von zentraler Bedeutung, die scheinbar ‚natürlich' aus diesem Zusammenschluss hervorgehen. Indem es sich weigert, eine feste Form anzunehmen, hält queer eine Beziehung aufrecht zum Widerstand gegen alles, was das Normale auszeichnet" (Jagose, 2005, S. 127 f., i. O. 1996).

> „And for those of us, who find ourselves on the margins, operating through multiple identities and thus not fully served or recognized through traditional single-identity-based politics, theoretical conceptualizations of queerness hold great political promise. For many of us the label ‚queer' symbolizes an acknowledgement, that through our existence and everyday survival we embody sustained and multi-sited resistance to systems (based on dominant constructions of race and gender) that seek to normalize our sexuality, exploit our labor, and constrain our visibility. At the intersection of oppression and resistance lies the radical potential of queerness to challenge and bring together all those deemed marginal and all those committed to liberatory politics" (Cohen, 2005, S. 24, i. O. 1997).

Annamarie Jagose und Cathy Cohen heben beide die Unbestimmbarkeit von queer hervor, betonen aber unterschiedliche Dimensionen, in denen diese sich ausprägt: Jagose legt den Fokus auf Vieldeutigkeit, Cohen auf die Vielfältigkeit von Identitäten. Für Jagose ist die Denaturalisierung der Kopplung von anatomischem Geschlecht, sozialem Geschlecht und Sexualität entscheidend; Cohen benennt dominante Konstruktionen von „Rasse" (*race*) und Gender als das, was Erfahrungen von Queerness formt. Vergleicht ens die beiden Zitate von Jagose und Cohen, so ähneln sie sich darin, politischen Widerstand ins Zentrum queerer Praxis zu rücken und diesen Widerstand breit, das heißt, gegen unterschiedliche Ausprägungen des Normalen, der Normalisierung und Unterdrückung, auszurichten.

Wenn Jagose in *Queer Theory: eine Einführung*[3] die konzeptionelle Offenheit so definiert, dass Queer das sei, was „sich weigert, eine feste Form anzunehmen" (Jagose, 2005, S. 128), spielt dieses Zitat selbst mit Vieldeutigkeit, nämlich der Vieldeutigkeit von physischer, sozialer und symbolischer/ästhetischer ‚Form'. Kerstin Brandes und Sigrid Adorf greifen das Zitat als Titel für ihr FKW-Heft zu Kunst, Sichtbarkeitspolitiken und Queer Theorie auf. Im Editorial betonen sie, dass Queer Theorie ohne Anspruch auf Allgemeingültigkeit auskomme, kein klar definiertes Objekt der Auseinandersetzung aufweise und Vieldeutigkeit wertschätze. Die Verweigerung einer festen Form bedeute aber nicht, dass Queer Theorie formlos bliebe oder beliebig wäre. Eine „queere Form produktiver Unbestimmtheit" (Brandes & Adorf, 2008, S. 5) spielen die Aufsätze des FKW-Heftes im Hinblick auf das visuelle Feld durch. Diese Thematik wird in Kapitel 4 vertieft. Hier soll zunächst betont werden, dass Queer Theorie keinem Dogma, keiner festen Lehrmeinung folgt, sondern die diversen Köpfe, die an ihrer Ausformulierung beteiligt sind, aus unterschiedlichen Perspektiven und Erfahrungshorizonten mit unterschiedlichen Vorschlägen kommen.

1.2 Wider die Eindeutigkeit – queere Identitätskritik

Ein wiederkehrendes Thema, das jedoch durchaus unterschiedlich bearbeitet wird, ist die Frage nach Identität. Queer Theorie ist, anschließend an Judith Butlers *Gender Trouble* (1990; dt. 1991: *Das Unbehagen der Geschlechter*), aus einer Kritik an Identitätskategorien (bei Butler der Kategorie ‚Frau') entstanden (vgl. Butler, 1991, S. 10, 37 ff.). Butler argumentiert, dass Identitäten nicht gegeben, sondern konstruiert sind und Identitätskonstruktionen mit Grenzziehungen, Ausschlüssen und Vereinheitlichungen einhergehen (vgl. ebd., S. 38 f.). Konsequenterweise versucht Queer Theorie deshalb, ihrerseits Kategorisierungen zu vermeiden und weder Identität noch Differenz als klar umgrenzte, stabile Einheiten zu verstehen (vgl. Moebius, 2003; Dietze et al., 2007, S. 108; Villa in Hieber & Villa, 2007, S. 178 ff.; Plötz, 2014; Hartmann et al., 2017a, S. 17). Die

---

3 Dieser frühe Band mit dem Titel *Queer Theory* (Jagose, 1996) ist 2001 aus dem australischen Englisch ins Deutsche übertragen worden und enthält in der Übersetzung auch eine weiterhin lesenswerte Einordnung von Queer Theorie in den deutschsprachigen Kontext von den Übersetzens und Herausgebens Corinna Genschel, Caren Lay, Nancy Wagenknecht und Volker Woltersdorff. Sie betonen das „Spannungsfeld von sexuellen Politiken und Geschlechterpolitiken" (2005, S. 197) sowie die für die deutschsprachige Rezeption charakteristische Verschränkung sozialwissenschaftlicher und repräsentationskritischer Ansätze. Vgl. auch den Tagungsband *Queering Demokratie [sexuelle Politiken]* (quaestio, 2000).

queere Strategie der VerUneindeutigung (Engel, 2002) ist als Antwort entworfen, um den Ausschlüssen und Normierungen von Identitätskonstruktionen entgegenzutreten. Die Strategie besteht darin,

> „Repräsentationen oder Praxen hervorzubringen, die sich einer Stillstellung von Bedeutung widersetzen, aber auf die Norm verweisen, die sie veruneindeutigen […]. Die Strategie der VerUneindeutigung setzt beim Identitätsprinzip an. Sie interveniert dort, wo Eindeutigkeit behauptet, eine Grenze gezogen, eine Einheit abgeschlossen wird" (Engel, 2007, S. 297).

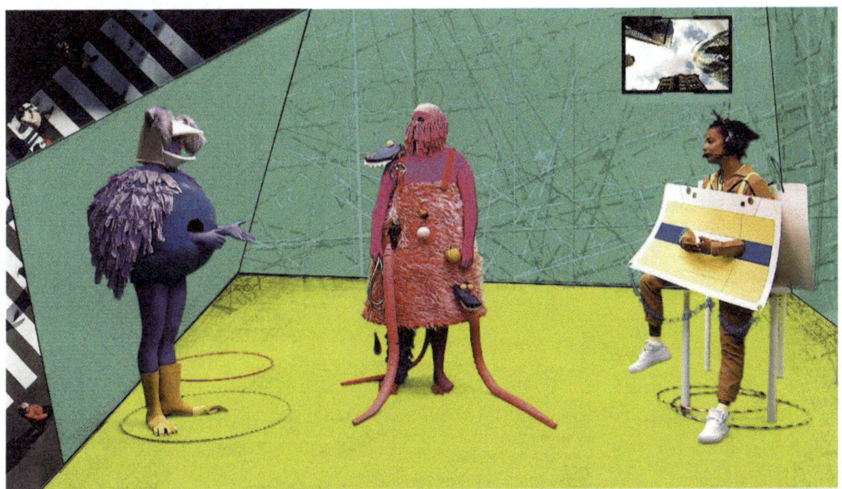

Videoausschnitt: Körper 06:56–08:09

Statt um Anerkennung und Integration zu ringen, soll lieber die Mehrheitsgesellschaft zum Problem erhoben und das Gewaltsame der Normalität unterstrichen werden. Während u-m/m-u zunächst doziert, zeigt sich sehr schnell, dass sich die Komplexität der Fragestellung erst gemeinsam entfalten lässt, und schließlich in der Frage mündet: „Aber wo gibt es denn stabile Identitäten? (ki-wi). Auch die non-binäre Stimme der Lippen trägt dazu bei, das geteilte Wissen zu erweitern.

Reflexionsfragen:
Wie leitet das Video queere Identitätskritik her?
Welcher Zusammenhang wird zwischen Identität und Hierarchisierung hergestellt?

Das bedeutet jedoch nicht, dass Identität im Kontext queerer Politiken nichts zu suchen hätte. Als politische Kategorie können Identitäten der Ermächtigung dienen, können Positionen innerhalb von Herrschaftsbeziehungen bezeichnen oder als in sich vielfältige, hybride Identitäten Queerness quasi verkörpern – und so in je unterschiedlicher Weise als Ausgangspunkt für intersektionale queere/

nde Politik dienen (vgl. El-Tayeb, 2003, S. 136 ff.; Susemichel & Kastner, 2018, S. 120 ff.; Meyer, 2017, S. 143 ff.) – ein „Balanceakt zwischen einer fundamentalen Kritik an Identität und […] queerer Politik, die ganz ohne Identifizierungen eben nicht auskommt" (Susemichel & Kastner, 2018, S. 123). Wenn Cohen im obigen Zitat schreibt, dass Queerness an der Schnittstelle zwischen Unterdrückung und Widerstand diejenigen zusammenbringe, die als randständig gelten oder die Befreiungspolitiken verpflichtet seien (vgl. Cohen, 2005, S. 24), so vollzieht sie diesen Balanceakt. Cohen unterstreicht die Bedeutung von diskriminierenden Zuschreibungen und sozialen Positionalitäten, betont jedoch, dass es die daraus resultierenden politischen Positionierungen sind, die als Grundlage solidarischer Praxen dienen. Wenn im Kontext klassismus- und ableismuskritischer, antirassistischer und (post-)migrantischer Queer Theorie vor einem vorschnellen Abschied von Identität(en) gewarnt wird, dann deshalb, weil sich – gerade im Falle von Mehrfachdiskriminierung – die Besonderheiten unterschiedlicher Unterdrückungserfahrungen in komplexen Identitäten verdichten und Quellen des Widerstands werden können (vgl. Anzaldúa, 2007, i. O. 1987; Erel et al., 2007; Saadat-Lendle & Çetin, 2014; Onat, 2015; Seeck, 2022). Zwar wird eine Festschreibung von Identität als Problem angesehen, zugleich wird jedoch betont, dass Identitäten bzw. Subjektivitäten sehr wohl als mehrdimensional, kontextabhängig und veränderlich verstanden werden können (vgl. Gutiérrez Rodríguez, 2007; Degele, 2005). José Esteban Muñoz schlägt vor, dass Identitäten auch durch ‚Disidentifikation' (Muñoz, 1999) von den Dominanzverhältnissen entstehen können (vgl. Sifuentes, 2019, S. 7).

Zu bedenken wäre, ob bzw. wann es sinnvoll ist, eher von Subjektivität (Gutiérrez Rodríguez, 2007) oder Körper_Subjektivität (Engel, 2002) als von Identität zu sprechen (s. Kap. 3) oder gezielt zwischen personaler Identität und Gruppenidentität zu unterscheiden. Queer-theoretisch kann dann argumentiert werden, dass sich aus der Anerkennung der Identität des Individuums als „komplexe[r] und einmalige[r] Identität" (Czollek et al., 2011, S. 265) die notwendige Konsequenz der „Auflösung von normativen Gruppenidentitäten" (ebd.) ableitet.

Romantipp:
Mithu Sanyal (2021): *Identitti*

1.3 Identitätslogik und Binarität

Das Anliegen queerer Identitätskritik kann genauer gefasst werden, wenn zwischen personaler Identität, Gruppenidentitäten und dem unterschieden wird, was als Identitätslogik oder Identitätsprinzip bezeichnet wird (vgl. Susemichel & Kastner, 2018). Letzteres bezieht sich auf Denkweisen, die eine Einheit definieren, indem sie diese gegen etwas abgrenzen. Queere Identitätskritik bezieht sich demnach auf eine binäre Opposition, die einem Entweder-oder-Prinzip (kontradiktorischer Gegensatz) unterliegt und die noch dazu hierarchisch angelegt ist (vgl. Engel, 2002, S. 101 f.): Die Hierarchie zeigt sich darin, dass nicht ‚entweder A oder B', sondern ‚entweder A oder Nicht-A' gedacht wird. Nicht-A hat einzig und allein die Funktion, A zu umgrenzen, zu stabilisieren, als Zentrum erscheinen zu lassen. Ob Nicht-A ein potenziell gleichberechtigtes B oder sogar eine Diversität von A, B, C, D etc. sein könnte oder ob A in sich vieldimensional oder vieldeutig ist, wird gemäß der binären Logik nicht gefragt.

Wenn Geschlechter- oder Begehrensverhältnisse gemäß dieser identitätslogischen, binären Figur gedacht werden, stehen sich männlich und weiblich oder hetero- und homosexuell so gegenüber, dass das Männliche oder Heterosexuelle als definitorisches Zentrum oder Norm gelten, denen gegenüber alles Nicht-Männliche und Nicht-Heterosexuelle zum abgeleiteten Anderen wird.

Die Kritik am binären Denken kann auch im Hinblick auf intersektionale Solidaritäten bedeutsam sein (vgl. Butler, 1991, S. 32 ff.). Insofern sich Prozesse der identitären Vereinheitlichung und des ‚Othering', der Unterscheidung und Kopplung von Norm/Abweichung, hierarchischer Klassifikation und entwertender Stereotypisierung auf weit mehr als nur Geschlecht und Sexualität beziehen, lassen sich gemeinsame Bezugspunkte zwischen heteronormativitätskritischen, dekolonialen, antirassistischen, antiklassistischen und antiableistisischen Kämpfen finden. Ein weites Verständnis fasst Queer Theorie dementsprechend so, dass sie sich gegen jegliche Konstruktionen des ‚Normalen' richtet (vgl. Warner, 1993; Jagose, 2005).

Weitergehend ist hierbei zu bedenken, dass Hierarchiebildung nicht unbedingt auf binäre Oppositionen angewiesen ist. Es lässt sich auch eine Reihung von Differenzen ohne Zentrum (A, B, C, D, E …) hierarchisch anordnen. Die Stabilität einer solchen (seriellen oder gestreuten) Hierarchie hängt jedoch ebenfalls von der Identitätslogik ab, also davon, wie klar umgrenzt die einzelnen Elemente klassifiziert sind. Ein Queering, eine VerUneindeutigung von A, B, C … unterläuft die Unterscheidung an sich und stört damit die Hierarchiebildung (vgl. Engel, 2002, S. 102; Engel, 2015, S. 195).

Reflexionsfragen:
Inwiefern sind ein Dualismus und eine binäre Opposition nicht das Gleiche?
Beruhen beide auf Identitätslogik?
Fallen Ihnen Beispiele ein, wie binäres Denken soziale Differenzverhältnisse organisiert?
Gibt es Bereiche, in denen es treffender ist zu sagen, dass Vielfalt hierarchisch angeordnet wird?
Halten Sie Identitätskritik für ein Herzstück der Queer Theorie?

1.4 Queer-Politiken und/oder LGBTIA-Politiken

Wenn Queer Theorie somit Identitätslogik und Klassifikationen mit Skepsis betrachtet, spricht dies dagegen, queer einfach als praktisches Kürzel für das tendenziell unendliche LSBTIA+ (lesbisch, schwul, bisexuell, transsexuell, transgender, asexuell …) zu verstehen. Entsprechend formuliert Lee Edelman: „Queerness kann niemals eine Identität definieren, sie kann diese nur stören" (Edelman, 2012, S. 205, i. O. 2004). Edelman schlägt vor, den Begriff queer für das zu reservieren, was sich der Einordnung in Identitätskategorien, der Anerkennungs- und Inklusionspolitik entzieht oder widersetzt. Allerdings lässt sich dies, wie Jagose zeigt, auch weniger absolut argumentieren:

> „Anstatt queer über seine Gegnerschaft zur Identitätspolitik zu charakterisieren, ist es passender, darin eine unaufhörliche Infragestellung der Vorbedingungen von Identität und ihren Folgen zu sehen. Queer befindet sich nicht außerhalb des Magnetfeldes von Identität. Wie manche postmoderne Architektur stülpt es Identität von innen nach außen und zeigt sein Trägerskelett an der Oberfläche" (Jagose, 2005, S. 165 f.)

Identität und Identitätspolitik können also als wiederkehrende Streitpunkte innerhalb queerer Theorie und Politik gelten.

Gudrun Perko (2005) plädiert für eine plural-queere Verwendung von Queer im Unterschied zu einer Verwendung als Sammelbegriff:

> „Dass ich den Begriff Queer im Sinne der plural-queeren Variante als Oberbegriff vorschlage, liegt an folgenden Aspekten: an seiner Gebundenheit und Ungebundenheit an Sex, Gender und Begehren, an seiner grundsätzlichen Uneindeutigkeit und Offenheit und an der Möglichkeit, mit ihm plurale Lebensformen zu bezeichnen, die auf eindeutige Kategorisierungen, Normierungen und Identitätsmarkierungen verzichten" (Perko, 2005, S. 27).

Videoausschnitt: Körper 10:20–11:48

Lernen als Austausch und gemeinsames Nachdenken. Die Interaktionen dieses Videoausschnitts verdeutlichen, wie eine kleine, überschaubare Frage nach der Bedeutung und dem Potenzial von Q* viele Beteiligte, und alle auf unterschiedliche Weise, beschäftigt. Zunächst folgt u-m/m-u dem Gespräch von ki_wi und AB*in sowie den Erklärungen der eckigen Klammer konzentriert und nachdenklich. Dann verfällt ens aber doch in eine kurze, dozierende Episode. Die abstrakte Aussage wird jedoch sogleich wieder aufgegriffen und durch das Duo mit Beispielen konkretisiert. Schlussendlich erfolgt keine abschließende Antwort, sondern die runden Klammern heben das Thema mit einer weiteren Frage auf ein neues Level.

Reflexionsfragen:
Könnte Q* all die Vielfalt geschlechtlicher und sexueller Lebensweisen ausdrücken, sodass es die tendenziell unendliche Reihung QTINBIPoC+ gar nicht bräuchte?
Was ist Ihre Auffassung dazu?

Für Mike Laufenbergs (2020) materialistisch-herrschaftskritische Verwendungsweise des Begriffs Queer ergibt sich aus der Identitätskritik eine seiner Ansicht nach notwendig intersektionale Ausrichtung:

> „Queeren Aktivist*innen geht es darum, die Verschränkung unterschiedlicher Herrschaftsformen wie Homo- und Transfeindlichkeit, Rassismus, Sexismus und Klassenausbeutung zu thematisieren. Ihrer Ansicht nach stellten die identitäts- und anerkennungspolitischen Agenden der Schwulen- und Lesbenbewegungen, aber auch weite Teile des (weißen) Feminismus diese Zusammenhänge nicht her, sondern verfolgten weitgehend eindimensionale Gruppeninteressen“ (ebd., S. 188).

Diese Kritik ist schon früh vonseiten migrantischer and Queers of Color formuliert worden, die insbesondere eine Denkfigur kritisieren, die die queere Community unreflektiert als weiß-westlich denkt und die migrantische Bevölkerung als heterosexuell und homophob (vgl. El-Tayeb, 2003; Erel et al., 2007; Puar, 2007; Haritaworn, 2009; Saadat-Lendle & Çetin, 2014). Auch gut gemeinte Aufrufe, den Rassismus innerhalb queerer Kontexte zu bekämpfen, können, wie Fatima El-Tayeb prägnant argumentiert, genau diese Gegenüberstellung reproduzieren: „Im Allgemeinen werden der andere Erfahrungshorizont und zusätzliche Loyalitäten nicht-mehrheitsdeutscher *queers* jedoch nicht in die gemeinsame *queere* Identität integriert" (El-Tayeb, 2003, S. 134).

Hingegen tragen Sammelbände wie *Black Queer Studies* (Johnson & Henderson, 2005), *Queer Migrations* (Luibheid & Cantu, 2005), *Black/Queer/Diaspora* (Allen, 2012), *Import-Export-Transport* (Mesquita et al., 2012), *Queer Futures* (Haschemi Yekani et al., 2012) zu einer komplexen, intersektionalen, dezidiert antirassistischen queeren Theoriebildung bei. Dies kann heißen, statt von Queer Studies lieber von Quare Studies zu sprechen, denn „‚quare' not only speaks across identities, it articulates identities as well" (Johnson, 2005, S. 127). Oder auch: Subjekte als in Bewegung zu verstehen: „To follow the routes of black / queer / diaspora is to interrogate dynamic, unsettled subjects whose bodies, desires, and texts *move*" (Allen, 2012, S. 215).

1.5 Queerness, Queering und Transing

Der Begriff queer, zugleich Adjektiv, Substantiv und Verb, ist also ein in sich vieldeutiger Begriff und gewinnt genau darin Bedeutung und Wirkungsmacht (s. Einleitung). Zugleich lässt sich zwischen den verschiedenen grammatischen Funktionen unterscheiden.[4] Insbesondere der Gebrauch als Verb und Gerundium bietet die Chance, durch den Fokus auf Praxen die Verdichtung als Identität zu verhindern (vgl. Sullivan, 2003; Gutiérrez Rodríguez, 2007, S. 125; Dietze et al., 2012, Abschnitt 2). Sabine Hark spricht entsprechend von queeren Praxen des

4 Nina Degele versucht die Begriffsverwendungen zu systematisieren, indem sie das Adjektiv als negativ konnotiertes ‚seltsam', das Substantiv als Sammelbegriff für die LSBT-Bewegungen und das Verb als Aufbegehren oder Unterlaufen der heteronormativen Ordnung fasst (vgl. Degele, 2005, S. 15 f.). Doch lässt sich dem entgegenhalten, dass das Adjektiv auch positiv konnotiert für stolze oder vermarktbare Besonderheit steht, das Substantiv oftmals als Alternative zu minderheitenpolitisch agierenden LSBTIA+-Bewegungen eingesetzt wird und das Verb nicht nur Praxen des Aufbegehrens und der Subversion, sondern auch des VerUneindeutigens und kreativen (Um-)Gestaltens bezeichnet. Letzteres greift Degele auf, wenn sie das Moment des Verunsicherns im Queering positiv hervorhebt. Wichtig erscheint mir, dass sich die Vieldeutigkeit durch jede der grammatischen Gebrauchsweisen hindurchzieht.

Denkens und des Aktivismus und konkretisiert diese als „Infragestellung, Denaturalisierung und Zerbröselung jeglicher Klassifikation" (Hark, 2004, S. 73). Statt abgeschlossener oder abzuschließender Handlungen (engl.: *to queer*; dt.: queeren) können mit dem Gerundium auch fortdauernde Prozesse des Queering betont werden. Dies verdeutlicht, dass die Norm(alität), die angefochten wird, ihrerseits der Veränderung unterliegt, sodass entsprechende Anpassungen queerer Strategien erforderlich sind (vgl. Engel, 2015; Mesquita, 2016). Ich unterscheide hier die Begriffe Queerness und Queering (s. Einleitung) und übernehme außerdem aus den Trans Studies (s. u.) den Begriff Transing.

Als Queering fasse ich, wie in der Einleitung bereits vermerkt, Praxen oder Prozesse, die gewohnte Wahrnehmungsmuster und Normalitätsvorstellungen irritieren bzw. unterbrechen.[5] Sara Ahmed gibt ein Beispiel: „For some queers, for instance, the very act of describing queer gatherings as family gatherings is to have joy in the uncanny effect of a familiar form becoming strange. The point of following is not to pledge allegiance to the familiar, but to make the familiar strange" (Ahmed, 2006, S. 177). Als ästhetisch-politische Strategie nutzt Queering Sprache, Bilder und Körper, um das, was selbstverständlich schien, fragwürdig werden zu lassen. Wenn Queering in diesem Sinne für VerUneindeutigung (Engel, 2002) steht, heißt dies auch, dass „[q]ueere Interventionen […] somit für die Aufdeckung multipler Begehrenskonstellationen jenseits der Binarismen homo/hetero und Mann/Frau" (Dietze et al., 2012, Abschnitt 2) stehen. Da jedoch auch das scheinbar Normale inklusive der Herrschaftsverhältnisse von Begehren durchzogen ist (hooks, 1994; Gibson-Graham, 2006; Gopinath, 2012), stellt sich die Frage: Wie kann Queering Begehren auf Weisen aktivieren, die weder bekannten Pfaden folgen noch bestehende Machtverhältnisse bestätigen (vgl. Probyn, 1995; Lorenz, 2009a)? Wie kann Queering dafür sorgen, dass Wahrnehmung für Geschlechter, Körper und Begehren entsteht, die nicht in heteronormative Raster passen (vgl. Halberstam, 2005; Hieber & Villa, 2007; Brandes & Adorf, 2008; Engel, 2009; Hoenes, 2008, 2009; El-Tayeb, 2015)? Gayatri C. Spivak behauptet, dass es einer Neuordnung des Begehrens („rearrangement of desires", 2012, S. 125)[6] bedürfe, um unser Vorstellungsvermögen und auf diesem Wege auch die

---

5 Interessanterweise finden sich in der Literatur kaum Versuche, Queering zu definieren, auch wenn dieser Begriff immer wieder benutzt wird, um den verändernden Eingriff in bestimmte Felder zu bezeichnen: Queering Demokratie (2000), Queering the Non/Human (2016), Queering Psychoanalysis (2017), Queering Bildung (2017b). Nicole Shepard beschreibt im Aufsatz *Queering Intersectionality* „queering as a critical scholarly practice that is disruptive of normativities and binary divisions such as male/female, hetero/homo or here/there" (2016, S. 32), wobei das Zitat die künstlerischen und Alltagspraxen des Queering vernachlässigt.

6 Bei Castro Varela (2015) ist dieser Gedanke als „möglichst zwangsfreie Neuordnung von Begehren" ins Deutsche übersetzt, wobei für die englische Version „uncoercive rearrangement of desires" nur die Jahreszahl (Spivak, 2012), aber keine Seitenzahl angeben ist.

Wissensordnungen, die Herrschaft absichern, zu verändern. So betrachtet könnte Queering nicht nur dazu beitragen, die Ordnung ‚reproduktiver Heteronormativität' (von Spivak RHN abgekürzt; ebd., S. 124 und S. 190; Übers., A. A. E.), sondern auch rassistische, kapitalistische, postkoloniale oder ableistische Begehrensweisen zu unterbrechen. Ein ähnliches Argument entwickelt Oliver Klaassen (2023) in der Einleitung zum Sammelband QUE*E*RULIEREN, wo Praktiken des Störens als charakteristisches Moment queerer Politik und Medienpraxis vorgestellt werden. Hierbei arbeiten die Herausgebens mit einem „Verständnis von Störung, das ereignis- und prozesshaft gedacht ist und die Irritation von Bedeutungs- und Sichtbarkeitsordnungen betrifft" (ebd., S. 21). Verschiedene Dimensionen des Störens werden unterschieden: neben intentionalen gibt es mikropolitische, künstlerisch-mediale und rezeptive Dimensionen des Störens; vor allem aber heben die Herausgebens hervor, dass Stören auch epistemische, auf Wissensordnungen bezogene Grundlagen und Wirkungen aufweist (ebd., S. 34).[7]

Im Folgenden arbeite ich weiterhin mit Queering statt Stören oder Queerulieren, möchte aber die dynamische Verflochtenheit von Queering und Queerness herausstellen. Queerness im Sinne eines (erstrebten) Zustandes, zum Beispiel der Nonkonformität, der Dissidenz, des Schrägen oder Ungewöhnlichen, kann aus Prozessen des Queering hervorgehen. Zugleich trägt Queerness jedoch auch die Geschichte des Schimpfwortes, der Diffamierung und Diskriminierung in sich. Somit ist auch Queerness ein vieldeutiger Begriff bzw. weist unterschiedliche Entstehungsgeschichten auf: Queerness kann aus (diffamierender) Zuschreibung durch andere oder aus eigener (stolzer) Aneignung und Umarbeitung des Zugeschriebenen entstehen – oder eben aus Prozessen des Queering. Queerness kann zur Selbstbezeichnung verwendet werden, dabei aber sowohl eine identitäre Verwendung als auch deren Zurückweisung meinen. Diese unterschiedlichen Bedeutungen genau zu untersuchen und benennen, ist Teil der macht- und herrschaftskritischen Arbeit der QT/QS.

Ein Vorschlag, um über die im Begriff Queerness eingelagerten Widersprüche zu sprechen, kann das Verständnis von ‚Queerness als gelebte Ambiguität' sein (vgl. Engel, 2021). Insofern die Widersprüche nicht zurückgewiesen, sondern umarmt werden, entspricht dies dem, was Sara Ahmed als Potenzial der Desorientierung beschreibt (vgl. Ahmed, 2006, S. 107). Desorientierung gebe uns Hinweise darauf, wie Mensch überhaupt Orientierung gewinnt (vgl. ebd., S. 5 f.) und wie sich diese, oftmals disziplinierenden und gewaltförmigen, Prozesse verändern lassen. Ahmed interessiert, wie „queer moments; as moments

7 Die Herausgebens weisen auch explizit darauf hin, dass Stören und Querulieren nicht ausschließlich im queeren oder emanzipatorischen Feld, sondern auch bei rechtspopulistischen oder rechtsextremen Querdenkens zu finden ist (Klaasen/Seier, 2023, S. 17). Es stellt sie die Frage, woran sich die Unterschiede festmachen lassen.

of disorientation […] might [help us, A. A. E.] achieve a different orientation" (ebd., S. 4), zum Beispiel „a way of inhabiting the world by giving ‚support' to those whose lives and loves make them appear oblique, strange, and out of place" (ebd., S. 179). Für Ahmed bedeutet dieses Projekt einer *Queer Phenomenology*, so der Titel des zitierten Buches, die rassistischen, kapitalistischen, sexistischen und heteronormativen Muster zu untersuchen, die Orientierung von Körpern im Raum normieren.

Reflexionsfrage:
Welche Situationen oder Zustände verdeutlichen für Sie Queerness? Beziehen Sie sich hierfür gern auch auf Quellen aus Medien oder dem Internet.

Im Kontext der Trans Studies, einem den Queer Studies kritisch verbundenen und doch eigenständigen, bislang überwiegend englischsprachigen Forschungsfeld (s. Kap. 3, vgl. einführend Stryker & Whittle, 2006; Wilchins, 2006; Stryker & Aizura, 2013; Baumgartinger, 2017), wird statt *queering* außerdem der Begriff *transing* verwendet (vgl. Stryker et al., 2008, S. 13). Bei Zairong Xiang taucht er als *transing queerly* auf, um zu argumentieren, dass auch dualistische Paare, so Xiang, nicht aus der Queer Theorie verbannt oder unbedingt überwunden werden müssten. Vielmehr gehe es darum, wie duale Unterscheidungen wie dunkel/hell, männlich/weiblich, weich/hart in Bewegung versetzt werden können. So sei es möglich anzuerkennen, dass sie fortwährend Bedeutung entfalten, ohne sie jedoch festzuschreiben. Xiang verwendet den Begriff des *transing*, des Durchquerens, um diesen Prozess zu kennzeichnen: „In short, transdualism takes dualistic pairs as strategies and propensities, operatively distinguished in the making sense of the world but dissenting and transing queerly at any given moment of fixity that would become an orthodoxy, naturalized or essentialized" (Xiang, 2018, S. 437). Alyosxa Tudor hingegen verwendet *transing* nicht bezogen auf Gegensätze, sondern eher im Sinne des *queering* von Kategorien: „going beyond a category, deconstructing a category" (Tudor, 2021, S. 251).

1.6 Queer Theorie als Differenzdenken

Vor dem Hintergrund der bisherigen Überlegungen lässt sich Queer Theorie als eine Form des Differenzdenkens bezeichnen, die der Entweder-oder-Logik oder binärhierarchischen Gegenüberstellungen von Identität und Differenz oder

Normalität und Abweichung widerspricht.[8] Entsprechend formuliert Elspeth Probyn: „ich will eine Methode zur Unterscheidung, die eine Logik der Kategorisierung auflöst" (Probyn, 1995, S. 66). Dennoch gilt es, das Differenzdenken nicht nur im Hinblick auf das Problem Kategorisierung, also der Ein- und Ausschlüsse, sondern auch der Hierarchiebildung, der Über- und Unterordnung (Privilegierung und Diskriminierung) zu problematisieren (vgl. Engel, 2002, S. 204 ff.; Gutiérrez Rodríguez, 2007, S. 126). Entgegen derjenigen Kritiken, die behaupten, Queer Theorie würde sich auf kulturelle oder Anerkennungspolitiken beschränken und Verteilungsfragen sowie die Kritik an sozialer und globaler Ungleichheit, Ausbeutung, Extraktivismus und Klassenherrschaft anderen überlassen (vgl. Fraser in Fraser & Honneth, 2003; Arruzza et al., 2020), heben andere Autorens dezidiert materialistische (vgl. Wagenknecht, 2007; Adamczak et al., 2012; Liu, 2015; Laufenberg, 2020, 2022) und post-/dekoloniale (Schramm, 2012; Castro Varela & Dhawan, 2015) Ansätze der Queer Theorie hervor. Im Hinblick auf die doppelte Herausforderung, Hierarchien abzubauen, aber Differenz anzuerkennen kann formuliert werden, dass Queer Theorie Differenz als Ungleichheitsverhältnis zu überwinden trachtet, jedoch als Partikularität, Singularität und Alterität fördern möchte (vgl. Engel, 2002, S. 96). Ähnliches formuliert auch Annedore Prengel, indem sie den Begriff der ‚egalitären Differenz' einführt (s. Kap. 5). So kann Queer Theorie als ein epistemologischer Ansatz verstanden werden, der Differenz als Frage aufwirft, statt sie als unreflektierte Vorannahme (Prämisse) zu setzen. Nicht nur ist Queer Theorie damit etwas anderes als ein Spezialgebiet der Geschlechter- und Sexualitätenforschung und breiter aufgestellt als ein Ansatz der Heteronormativitäts- oder Identitätskritik, sie entwirft auch ganz entschieden intersektionale und transdisziplinäre Querverbindungen.

1.7 Gelebte Utopie, die am Horizont verbleibt

Über die analytisch-kritische Herangehensweise hinaus bieten QT/QS auch Veränderungsperspektiven, die transformatorisch oder spekulativ die Bedingungen, Prozesse, Anliegen und Ziele gesellschaftspolitischer Veränderung ausloten – zum

8 Vielfach wird hierbei auf das von Jacques Derrida entworfene poststrukturalistische Konzept der *différance* als nicht stillstellbare Differenz zurückgegriffen (vgl. Engel, 2002, S. 112 ff.; Moebius, 2003, S. 310 ff.): „so wäre *queer* im Sinne der *différance* einer generativen Bewegung ausgesetzt, die immer wieder neu (iterativ) ein System von Differenzen produziert, erfindet oder *binäre Codes* ihres eindeutigen Sinns beraubt […] stets aufgeschoben und verschoben, d. h., *queer* wäre zu keinem gegebenen Zeitpunkt das, was es ist" (Moebius, 2003, S. 328).

Teil, indem sie utopische Szenarien entwerfen.[9] Die Utopien sind hierbei, wie Antje Daniel und Christine M. Klapeer in ihrer Einleitung zum Utopienheft der Zeitschrift *Femina Politica* betonen, an alltäglichen Praxen des Andersseins und bereits gelebten, jedoch verkannten Lebensweisen (Heterotopien) orientiert: „Queer/ness wird in einer solchen Lesart selbst als eine performative Praxis konzeptionalisiert, der stets ein utopisches Moment, etwas Zukünftiges inhärent sei, da die Möglichkeit einer anderen Zukunft und Temporalität jenseits von heteronormativer (und rassistischer) Gewalt im Gegenwärtigen sichtbar werde" (Daniel & Klapeer, 2019, S. 18; mit Bezug auf Halberstam, 2005; Muñoz, 2009; Schirmer, 2010). Während Jack J. Halberstams *In a Queer Time and Place* (2005) die Aufmerksamkeit darauf lenkt, wie transgender Lebensweisen die Zeitlichkeit heteronormativer Lebensläufe herausfordern und subkulturelle Räume in der Gegenwart schaffen, stellt José E. Muñoz die viel zitierte These auf, dass Queerness grundsätzlich in der Zukunft verbleibe: „The future is queerness's domain. Queerness is a structuring and educated mode of desiring that allows us to see and feel beyond the quagmire of the present" (Muñoz, 2009, S. 1).

Auch Mike Laufenberg verweist in seinen Aufsatz *Was ist queer?* (2020) auf den ‚utopischen Horizont' queerer Nonkonformität, der „Geschlecht und Sexualität anders imaginierbar, erfahrbar und lebbar" (ebd., S. 192) mache, und endet mit einem Zitat von Muñoz: „Some will say that all we have are the pleasures of this moment, but we must never settle for that minimal transport; we must dream and enact new and better pleasures, other ways of being in the world, and ultimately new worlds" (Muñoz, 2009, S. 1; zitiert nach Laufenberg, 2020, S. 192).

Das Interesse gilt also unter anderem den ‚Heterotopien' (Foucault & Defert, 2021, i. O. 1966), also Räumen, in denen Utopien bereits verwirklicht sind, auch oder gerade weil sie den bestehenden Normalitäten zuwiderlaufen. So heißt es bei Elspeth Probyn:

> „Again, against a certain logic of identity which proceeds through division and designation, ultimately producing polarization, the concept of heterotopia provides an analytic space in which to consider forms of belonging outside the divisiveness of categorizing. [...] Heterotopia designates the coexistence of different orders of space, the materiality of different forms of social relations and modes of belonging" (Probyn, 1996, S. 10).

Das heißt auch, dass durch queere Utopien lineare Zeitverläufe infrage gestellt werden. So betont Ahmed, wie im Blick zurück, der sich weigert, die Vergangenheit unbedacht zu beerben, sich neue Wege in die Zukunft eröffnen: „Looking

9 Das spekulative Moment wird von María do Mar Castro Varela (2016) mit Bezug auf Gayatri C. Spivaks Bildungsverständnis betont (ebd., S. 57) und von Donna Haraway (2018) durch utopische Erzählungen produktiv gemacht.

back is what keeps open the possibility of going astray. This glance also means an openness to the future, as the imperfect translation of what is behind us“ (2006, S. 178). Pauline Boudry und Renate Lorenz (2019) präsentieren Rückwärtsbewegungen (*moving backwards*) als eine nach vorne gerichtete Veränderungsstrategie. Dies bedeutet auch, die Utopie als einen Prozess anzusehen, „einen hoffnungsvollen Prozess des Anfangens und nicht das Ankommen in einem Endzustand“ (Dornick, 2019, S. 46).

Videoausschnitt: Welten 10:05–10:29

Zacken_Welle, Kegel und Kugel sind auf der Suche nach queeren Utopien. Kugel erklärt, dass dies eine Voraussetzung sei, um die Gegenwart anders zu gestalten. Doch liegen Utopien nicht notwendig in der Zukunft, sondern finden sich auch im erneuten Durchgang durch die Vergangenheit, wie die sprechenden Lippen in eckiger Klammer betonen.

Reflexionsfrage:
Warum könnte es interessant oder sogar politisch wichtig sein, lineare Zeitverläufe infrage zu stellen?

1.8 Empfohlene Literatur zur Vertiefung

Mike Laufenberg (2020): *Was ist Queer?*
Bettina Kleiner (2016): *Heteronormativität*
Fatima El-Tayeb (2003): *Begrenzte Horizonte. Queer Identity*
Cathy Cohen (2005): *Punks, Bulldaggers, and Welfare Queens* (engl.)

Für vollständige Literaturangaben siehe Literaturverzeichnis.

2 Queere Politik und soziale Bewegungen

In diesem Kapitel werden Queer Theorie/Queer Studies (QT/QS) als entstanden aus und im Dialog mit sozialen Bewegungen und politischem Aktivismus betrachtet. Die Frage ist, was queere Politik ausmacht und wie sie sich von liberalen Politikansätzen unterscheidet, die auf Minderheitenrechte, soziale Anerkennung und Integration in bestehende Verhältnisse sowie Normalisierung ausgerichtet sind (vgl. quaestio, 2000; Engel, 2002; Genschel et al., 2003; Cohen, 2005; Chambers & Carver, 2008; Ludwig, 2012; Laufenberg, 2020).

Queerer Aktivismus entwickelte sich seit Mitte der 1980er Jahre mit Beginn der Aids-Epidemie. Die Aidshilfe in Deutschland, ACT UP und Lesbian Avengers in den USA und ähnliche Gruppen in vielen anderen Ländern haben Formen solidarischer Sorge und Strategien gegen staatliche Ignoranz bzw. offene Repression sowie die mediale Verunglimpfung insbesondere der Schwulenbewegung entworfen. Zugleich hat der Kampf von Lesben, Schwulen, Transvestiten[10] und Transsexuellen gegen staatliche Repression bereits eine längere Geschichte, die in Deutschland bis in die Weimarer Republik zurückverfolgt werden kann, in den USA 1969 in den *Stonewall Riots*, aus denen die jährlichen Feiern am *Christopher Street Day* (CSD) und die mittlerweile weltweit verbreiteten Pride Parades entstanden, einen Umschlagpunkt fand. Skepsis gegenüber dem Staat und stolzes Beharren auf der eigenen geschlechtlichen und sexuellen Dissidenz können als zwei zentrale Elemente dieses früheren Widerstands verstanden werden, die in die Queer-Bewegungen eingeflossen sind.

In Ost- und Westdeutschland lassen sich außerdem je unterschiedliche Vorläufe in den feministischen Bewegungen ausmachen, wo Einzelne und Gruppen darum bemüht waren, Frau-Sein um die Möglichkeit offener lesbischer Lebensweisen und Sexualität zu erweitern. Insofern dies Teil einer breiteren Diskussion um Differenzen unter Frauen war, sind hier bereits in den 1980er Jahren Kämpfe gegen rassistische, antisemitische, klassistische, behindertenfeindliche und heterosexistische Ausgrenzung zusammengeflossen – ebenso wie in den USA

10 Transvestit (engl. a. *crossdresser*) ist ein historischer Begriff, der heute nicht mehr verwendet wird, weil ihm die Geschichte von Pathologisierung, Kriminalisierung und Diskriminierung eingeschrieben ist. Letzteres gilt auch für den Begriff Transsexuelle/r, wobei dieser allerdings von Menschen verteidigt wird, die ihn für sich als Selbstbezeichnung verwenden. Dies geschieht oftmals, um eine biologisch begründete Transsexualität und die Möglichkeiten der Transition und des Passing gemäß einer binären Geschlechterordnung hervorzuheben. Der neutrale, übergeordnete, bewegungsgeschichtlich entstandene und heute gebräuchliche Begriff lautet Transgender.

die Stonewall Riots und alltägliche Überlebensstrategien angesichts staatlicher Repression und weißer Dominanz entscheidend durch Schwarze, Personen of Color sowie ökonomisch Prekarisierte getragen worden sind und werden. Für eine Einführung in die Geschichte des queeren Aktivismus sind immer noch Annamarie Jagoses *Queer Theory. Eine Einführung* (Jagose, 2005) sowie das Nachwort der deutschen Übersetzung (Genschel et al., 2005) geeignet; *Images von Gewicht* (Hieber & Villa, 2007) vermittelt soziale Bewegungsgeschichte der USA mit Bezug auf Geschlecht und Sexualität entlang von Kunst und visueller Kultur; *In Bewegung Bleiben* (Dennert et al., 2007) eröffnet den Zugang zu, so der Untertitel, 100 Jahre(n) Politik, Kultur und Geschichte von Lesben, inklusive zahlreicher visueller Dokumente.

Romantipp:
Leslie Feinberg (2008): *Stone Butch Blues. Träume in den erwachenden Morgen*

2.1 Von der Minderheitenpolitik zur Normalitätskritik

Videoausschnitt: Körper 06:56–07:20

In diesem Videoausschnitt lernen wir u-m/m-u in der Rolle als dozierendens Expertens kennen. Ki-wi und AB*in stehen als bestätigende und doch nachdenkliche Unterstützung zur Seite. Im Mittelpunkt der Überlegungen findet sich eine These zur „Gewalt der Normalität“, die von queeren Politiken angefochten werde.

Reflexionsfrage:
Warum wird die Kritik an der Norm unter der Überschrift „queere Identitätskritik" behandelt? Was haben Norm und Identität miteinander zu tun?

Seit Anfang der 1990er Jahre entwickelt sich gespeist durch die Queer-Bewegungen auch der akademische Zweig der QT/QS. Neben einem geistes- und kulturwissenschaftlichen Strang, der mit Fragen der Repräsentation von sexuellen Lebensweisen in Literatur, Film und Medien befasst ist (s. Kap. 4), sind die frühen Jahre vor allem durch eine sozialwissenschaftliche Reflexion auf die Besonderheiten queerer Politik und queeren Aktivismus geprägt. Wiederholt wird hervorgehoben, dass queere Politik den Fokus von der Minderheiten- und Identitätspolitik auf die Kritik an Normalität und Dominanzgesellschaft verschiebt (vgl. Warner, 1993; quaestio, 2000; Richardson & Seidman, 2002; Plötz, 2014). Statt Anerkennung für Homosexualität als zwar abweichender, aber legitimer Spielart gewinnen zu wollen, wird das Problem nun aufseiten der Institution der Heterosexualität und einer rigiden Zwei-Geschlechter-Ordnung angesiedelt (vgl. Engel, 2007, S. 288).

Mithilfe des analytischen Begriffs der Heteronormativität wird gefragt, wie Heterosexualität und heterosexuelle Geschlechterverständnisse zur Norm werden und zu einem „sozialen und politischen Organisationsprinzip" (Degele, 2005, S. 16). Prozesse der Naturalisierung, die bewirken, dass etwas als natürlich, selbstverständlich und unanfechtbar angesehen wird, werden kritisch in den Blick genommen. Wichtige Referenz ist hierbei immer wieder Judith Butlers Buch *Gender Trouble* (*Das Unbehagen der Geschlechter*, 1991, i. O. 1990), in dem ens argumentiert, dass stabile Identitäten von Mann und Frau sowie die Auffassung, dass Geschlechtskörper, Geschlechtsidentität und Begehren einander passgenau zu spiegeln hätten (Kohärenznorm), Voraussetzung der heterosexuellen Ordnung seien (vgl. ebd., S. 38 ff.; s. a. Kap. 3). Demnach greift Widerstand gegen die Dominanz heterosexueller Verhältnisse zu kurz, wenn ausschließlich die Hetero-/Homo-Hierarchie und nicht auch die stabilen Geschlechtsidentitäten angefochten werden. Letzteres ist zudem feministisch bedeutsam, da klar umgrenzte, fixe Identitäten zugleich die Geschlechterhierarchie zwischen Männern und Frauen absichern. Im Konferenzband *Queering Demokratie* wird die politische Dimension der Identitätskritik wie folgt formuliert:

> „Politisch stellt queer Aktionsformen und soziale Bewegungen in Frage, in denen grundlegende Gemeinsamkeiten oder homogene Gruppenidentitäten Voraussetzung für kollektives Handeln sind. Kritisch betrachtet werden aber auch Minderheitenpolitiken, die, sei es aus einer FürsprecherInnen- oder Betroffenenposition heraus, daran festhalten, Gruppen zu definieren und zu klassifizieren, um deren Schutz oder Gleichstellung zu erwirken. Identitätspolitisch organisierte Bewegungen und

> Minderheitenpolitik, so gemeinhin die Argumentation, würden gerade diejenigen sozialen und politischen Prozesse ignorieren, in denen (sexuelle) Identitäten und (marginalisierte) Gruppen überhaupt erst hervorgebracht und zugewiesen werden. Nicht Identitäten sind deshalb zu politisieren, sondern gesellschaftliche Praktiken und Kontexte, in denen diese hervorgebracht und stabilisiert werden. [...] [Queere] Politiken [zielen] also [...] auf eine Entprivilegierung normativ heterosexueller Ordnung und einen entsprechenden gesellschaftlichen Umbau" (quaestio, 2000, S. 13f.).

Die Denaturalisierung von Geschlecht und Sexualität ist also deshalb interessant, weil somit deren historische Gewordenheit und politische Wirksamkeit unter Bedingungen von Macht und Herrschaft hervorgehoben werden können (vgl. Wagenknecht, 2007).

2.2 Denaturalisierung von Geschlecht, Sexualität und Begehren

Wieso ist – zu einem bestimmten historischen Zeitpunkt in bestimmten Teilen der Welt – die Auffassung entstanden, dass es zwei und nur zwei Geschlechter gibt, die sich üblicherweise (heißt dies: natürlicherweise?, gesunderweise?, praktischerweise?) in ‚gegengeschlechtlichen' Paaren zusammenfinden (vgl. Rubin, 2006, i. O. 1975; Hausen, 1976; Honegger, 1991; Klöppel, 2010)? Wie lässt sich erklären, dass sich diese Auffassung seit Ende des 20. Jahrhunderts verändert, sodass heute geschlechtliche und sexuelle Vielfalt z. B. Teil der UN-Politik sind (vgl. Bartel et al., 2008; Walgenbach, 2015; Baumgartinger, 2017; de Silva, 2018; Engel, 2021)? Ein entscheidendes Anliegen der Queer Theorie besteht darin, die Naturgegebenheit von Zwei-Geschlechter-Ordnung und Heterosexualität infrage zu stellen. Mit dem Ziel der Denaturalisierung kommen diskurstheoretische und konstruktivistische Argumente zum Einsatz. Erklärt wird die Hervorbringung (Konstruktion) von Geschlecht, Sexualität und Natur durch historisch sich wandelnde Diskurse, verfügbares Wissen sowie materielle und technologische Bedingungen. So hat sich z. B. mit Einführung des Ultraschalls in der Medizin nicht nur das Verständnis, sondern auch das Erleben von Schwangerschaft verändert (vgl. Duden, 2002). Eine weitere Veränderung hat eingesetzt, als die ersten Mediendiskurse über schwangere und gebärende Männer (d. h. über selbst-identifizierte und/oder personenstandsrechtlich als männlich registrierte

Personen) und nonbinäre Personen publik wurden.[11] Es entsteht eine neue soziale Praxis (vgl. Schlegel, 2019), die – vermittelt durch Medien – auch die kulturell verfügbaren Auffassungen von Geschlecht verschiebt. Angesichts dessen, dass eine lang etablierte Vorstellung die Familie zur Keimzelle des Staates erklärt, sind feministische und queere Kritik an Verwandtschafts- und Familienformen ein wichtiges Themenfeld, nicht nur um Lebensmöglichkeiten der Einzelnen zu verändern, sondern um die heteronormativen Vorannahmen des Politischen anzufechten (vgl. Eng, 2010; Mesquita, 2012; Ludwig, 2012; Nay, 2017).

Die biologische Reproduktion unterliegt also politischen Bedingungen (vgl. Voß, 2011). Paul Preciado weist in diesem Zusammenhang darauf hin, dass neben Sexismus auch Kolonialismus und Kapitalismus die Bevölkerungspolitiken und sozial gelebte Reproduktion prägen:

> „Homosexualität, Heterosexualität, Intersexualität und Transsexualität gibt es nicht jenseits einer kolonialistischen und kapitalistischen Epistemologie, die bestimmte sexuelle Reproduktionspraktiken als Strategie des Bevölkerungsmanagements, der Reproduktion der Arbeit, aber auch der konsumierenden Bevölkerung privilegiert. Es ist das Kapital, das sich reproduziert, nicht das Leben" (Preciado, 2020, S. 29).

Den Gedanken der Denaturalisierung zuspitzend schreibt Preciado:

> „Aber die haploiden Zellen treffen nie zufällig aufeinander. Alle menschlichen Tiere pflanzen sich in politisch unterstützter Form fort. Fortpflanzung beruht stets auf der Kollektivierung des Genmaterials eines Körpers im Zuge einer mehr oder weniger regulierten sozialen Praxis" (ebd., S. 61).

---

11 Beispiele der Medienberichterstattung: *Männer** (27.03.2008): www.maenner.media/gesellschaft/34-Mann%2520schwanger (03.06.2022); *Luzerner Zeitung* (12.12.2016): www.luzernerzeitung.ch/panorama/gesellschaft-wenn-er-ein-baby-kriegt-ld.92257 (30.06.2022); *Vice* (29.06.2017): www.vice.com/de/article/nevwnx/wir-haben-uns-mit-einem-schwangeren-transmann-unterhalten (30.06.2022); *Healthline* (22.10.2020: www.healthline.com/health/pregnancy/transgender-pregnancy-moving-past-misconceptions (03.06.2022); *taz* (20.06.2021): https://taz.de/Trans-Vater-ueber-seine-Schwangerschaft/!5777440 (30.06.2022); *Bild* (17.07.2021): www.bild.de/politik/2021/politik/neue-emojis-gibt-es-bald-schwangere-maenner-77106130.bild.html (03.06.2022); *Die Zeit* (11.11.2021): www.zeit.de/zett/2021-11/trans-mann-schwangerschaft-transgeschlechtlichkeit-erfahrungsbericht?utm_referrer=https%3A%2F%2Fwww.google.com (30.06.2022). Reflexionsfragen: Welche Diskurse werden aufgerufen? Welche Rhetoriken aktiviert? Welche ethischen Fragen gestellt? Sehen Sie stereotype Bilder oder transphobe Äußerungen reproduziert?

Videoausschnitt: Welten 03:50–05:32

Im Dialog der drei Protagonens wird Heteronormativität erklärt, indem der Zusammenhang mit Reproduktion und Klassenverhältnissen thematisiert wird. Zacken_Welle macht zudem deutlich, wie kapitalistische Globalisierung dazu beiträgt, heteronormative Familienverhältnisse aufrecht zu erhalten, aber auch zu verändern. Kugel wirft zwischendurch die Frage auf, ob es einen Unterschied zwischen Hetero- und Regenbogenfamilien gibt. Ens beantwortet die Frage selbst mit „Nein", indem ens sich aus der Paarkonstellation mit Kegel löst und Zacken_Welle ins Gespräch einlädt.

Reflexionsfrage:
Welcher Zusammenhang besteht zwischen (Hetero-)Sexismus, Kolonialismus und dem Thema der Reproduktion?

Den Gedanken der Regulierung von Geschlecht entwickelt Butler unter der Überschrift Gender-Regulierungen in *Die Macht der Geschlechternormen* (2011, i. O. *Undoing Gender*, 2004a). In einer gekürzten deutschsprachigen Version des entsprechenden Kapitels heißt es: „Die Regulierung operiert durch Normen. Daher werden diese zu Schlüsselmomenten, in denen die Idealität der Norm wiederhergestellt und ihre Geschichtlichkeit und Verletzlichkeit zeitweise außer Kraft gesetzt wird" (Butler, 2004b, S. 55). Das Außer-Kraft-Setzen der Geschichtlichkeit kann z. B. dadurch erfolgen, dass etwas, z. B. ein Kinderwunsch, als naturgegeben behauptet wird. Deshalb sei es, so Butler, wichtig zu analysieren, dass in diesem Falle Normen am Wirken sind, ja das Gender selbst eine Norm sei, die regulierend wirke (vgl. ebd., S. 46) und nicht lediglich durch Normen reguliert werde (vgl. ebd., S. 43 f.). Der Kinderwunsch wird also durch Gender-Normen geformt; aber sich historisch verändernde Normen können dann auch den Kinderwunsch eines schwulen Paares begründen und normalisieren.

Entscheidend ist gemäß Butlers Sicht, dass sich in der Norm Wissen und Werte mit sozialen Praxen und Institutionen verbinden (vgl. ebd.; vgl. a. Degele, 2005; Bergold-Caldwell, 2020). Damit kann auch Veränderung von all diesen Bereichen ausgehen. In *Körper von Gewicht* (1995) erklärt Butler die fortwährende Wiederherstellung, aber auch die Veränderung der Geschlechter- und Sexualitätsnormen mittels dem Konzept der Performativität „als die ständig wiederholende und zitierende Praxis, durch die der Diskurs die Wirkungen erzeugt, die er benennt“ (ebd., S. 22). Demnach vollzieht sich die soziale Einsetzung der Normen durch deren Wiederholung (eine Idee, die sich auch im *Doing Gender* findet, s. Kap. 3). Da jedoch keine Wiederholung exakt ist, können sich durch – ungewolltes oder gezieltes – Misslingen Perspektiven der Veränderung eröffnen (s. Kap. 4).

Um die Wirkungsweisen der Norm zu verstehen, ist eine Machtanalyse nötig, für die sich Butler wie viele andere Queer-Theoretikens auf Michel Foucault bezieht. Foucault gilt als besonders interessant, weil ens die These vom produktiven Zusammenspiel von Diskurs und Macht entlang der Sexualitätsverständnisse der westlichen Moderne und der sogenannten Repressionshypothese der sexuellen Befreiungsbewegungen der 1960/1970er Jahre aufgestellt hat (vgl. Foucault, 2012). Demnach entfalten historische Macht/Wissen-Regimes (Dispositive) produktive Macht, indem sie vermittelt durch gesellschaftliche Diskurse die Entwicklung von Körpern, Identitäten und Begehren an den jeweils aktuell relevanten Normen ausrichten; ein Prozess, den Foucault als Subjektivierung bezeichnet. Butler erklärt in *Körper von Gewicht* (1997a) ausführlich den Zusammenhang von diskursiver Macht und sozialer Konstruktion (vgl. ebd., Einleitung).[12]

Hier knüpft Nina Degele (2005) an, wenn ens vier Dimensionen der Normierung von Geschlecht herausarbeitet (neben Naturalisierung auch Unbewusstheit, Institutionalisierung in Strukturen, Reduktion von Komplexität) und darüber hinaus demonstriert, wie Heteronormativitätskritik (konkret bezogen auf Schönheitshandeln und Geschlechter in Anzügen) in qualitative empirische Sozialforschung übersetzt werden kann. Ebenfalls empirisch fundiert und methodologisch reflektiert nutzt Denise Bergold-Caldwell (2020) Foucault, um zu zeigen, wie durch (informelle und kollektiv getragene) Bildungsprozesse aus rassistischen und sexistischen Subjektivierungserfahrungen ein Subjektstatus Schwarzer Weiblichkeit erwachsen kann. Hierbei ist besonders interessant, wie Bergold-Caldwell die ambivalente Rolle des Begehrens in diesen Prozessen hervorhebt: Begehren,

12 Hervorzuheben ist, dass Butler dem diskurstheoretischen Ansatz von Foucault den psychoanalytischen Ansatz von Jacques Lacan zur Seite stellt (vgl. Butler, 1995, Kapitel 2) und beide Ansätze durch linguistische und sozial-konstruktivistische Überlegungen unterfüttert (vgl. Redecker, 2011). Während die Geschlechter- und Sexualitätsnormen bei Foucault historisch und potenziell widersprüchlich sind, nehmen sie laut Lacan die Form eines zeitlosen Gesetzes an. Butler versucht nicht, die Widersprüche zwischen den Ansätzen zu glätten, sondern fordert auf, mehrperspektivisch zu denken – und dementsprechend auch Widerstand und Veränderung nicht an einem einzigen Modell auszurichten.

das in sozialen Ordnungen hervorgebracht wird, diese aber auch verändern kann (vgl. Bergold-Caldwell, 2020, S. 161 ff.; s. Kap. 3.8).

Mit Bergold-Caldwell wird deutlich, dass Geschlecht, Sexualität und Begehren nicht unabhängig von rassistischen und kolonialen Verhältnissen oder *weißen*, eurozentrischen Wissensordnungen zu verstehen sind. Queer Theorie wäre dementsprechend so zu entwerfen, dass sie diese Komplexität erfassen kann (vgl. Dietze et al., 2012; Mesquita, 2016).

2.3 Queerer Widerstand gegen jegliche Unterdrückungsverhältnisse

Cathy Cohen (2005) vertritt aus Perspektive einens Schwarzen feministischen Politikwissenschaftlens die Auffassung, dass sich Queer Theorie gegen jede Form der Unterdrückung richte, erklärt aber gleichzeitig, wie diese Idealvorstellung fortwährend unterlaufen werde: und zwar entweder dadurch, dass queerer Aktivismus eine Single-Issue-Politik verfolge, die Sexualität isoliert von anderen Aspekten sozialer Differenzierung betrachte, oder indem eine Hetero/Homo- bzw. Straight/Queer-Opposition konstruiert werde, in der beide Seiten als einheitlich erscheinen. Zudem trete queer oft als per se revolutionäre Position auf. Damit könne jedoch weder rassistische Diskriminierung bzw. weiße, bürgerliche Dominanz innerhalb queerer Bewegungen wahrgenommen werden noch die Tatsache, dass viele Formen von Heterosexualität den heteronormativen Idealen widersprechen:

> „For example, how would queer activists understand politically the lives of women (particularly women of color) on welfare, who may fit into the category of heterosexual but whose sexual choices are not perceived as normal, moral, or worthy of state support? Further, how do queer activists understand and relate politically to those whose same-sex identities position them within the category of queer, but who hold other identities based on class, race, and/or gender that provide them with membership in and the resources of dominant institutions or groups?" (Cohen, 2005, S. 26)

Für Sushila Mesquita (2016) stellt sich deshalb die Frage, ob der Begriff Heteronormativität so zu entwerfen sei, dass er in sich intersektional angelegt ist (eine interdependente Kategorie, wie Mesquita mit Bezug auf Katharina Walgenbach (2007) formuliert) oder ob Queer Theorie ein Spektrum an Analysekategorien wie Rassismus, Ableismus, Klassismus braucht, um die Komplexität von Macht und Herrschaft erfassen zu können. Mike Laufenberg (2020) erklärt in seinem Einführungstext *Was heißt queer?* queeren Aktivismus als grundsätzlich intersektional, orientiert an der „Verschränkung unterschiedlicher Herrschaftsformen wie Homo- und Transfeindlichkeit, Rassismus, Sexismus und Klassenausbeutung" (ebd., S. 188). Hierbei betrachtet ens die „Abwertung von nicht-heterosexueller Intimität und der Zwang zu geschlechtlicher Vereindeutigung systematisch im Zusammenhang mit der Entstehung der bürgerlichen Gesellschaft und ihrer Geschlechterordnung [...], aber eben auch mit ihrer rassistischen und klassenspezifischen Ordnung" (ebd.).

Ansatzpunkte für ein über die Analyse der Hetero/Homo-Dichotomie hinausgehendes Verständnis von Queer Studies bietet bereits Michael Warners 1993 herausgegebener Sammelband *Fear of a Queer Planet*, der damals entscheidende Impulse für sozial- und politikwissenschaftliche Queer Theorie geliefert hat. In der Einleitung betont Warner den breiten, generalisierenden Anspruch der Queer Theorie, die sich gegen sämtliche Regimes des Normalen richte:

> „The preference for ‚queer' represents, among other things, an aggressive impulse of generalization; it rejects a minoritizing logic of toleration or simple political interest-representation in favor of a more thorough resistance to regimes of the normal. [...] For both, academics and activists, ‚queer' gets a critical edge by defining itself against the normal rather than the heterosexual" (Warner, 1993, S. 26).

Mit der Formulierung „defining itself against the normal rather than the heterosexual" ist zunächst der Begriff der Heteronormativität vorbereitet, der angestoßen durch Warners Einleitung eine breite Zirkulation gefunden hat und zum entscheidenden Analysebegriff der Queer Theorie aufgestiegen ist. Zugleich ist der Fokus auf die Problematisierung des Normalen, oder stärker formuliert, die Gewalt der Normalität, auch zum Anknüpfungspunkt intersektionaler Ansätze geworden, die wie oben mit Cohen, Mesquita und Laufenberg angedeutet, argumentieren, dass sich Queer Theorie gegen jegliche Form der Unterdrückung richte.

2.4 Homophobie, Transphobie, Hetero- und Cissexismus

Bevor der Begriff der Heteronormativität hervorgetreten ist, gab es bereits ein breites Begriffssortiment, um sexuelle Verhältnisse als Unterdrückungsverhältnisse zu analysieren. In feministischen Kontexten der 1970/1980er Jahre sind u.a. folgende Konzepte entstanden: Zwangsheterosexualität (vgl. Rich, 1983, i.O. 1980), Sex-Gender-System (vgl. Rubin, 2006, i.O. 1975), *the straight mind* (vgl. Wittig, 1992, i.O. 1980)[13], *la mestiza* (vgl. Anzaldúa, 2007, i.O. 1987). Parallel dazu ist in schwulen Kontexten die These aufgestellt worden: „Nicht der

13 „What is woman? Panic, general alarm for an active defense. Frankly, it is a problem that lesbians do not have because of a change of perspective, and it would be incorrect to say that lesbians associate, make love, live with women, for ‚woman' has meaning only in heterosexual systems of thought and heterosexual economic systems. Lesbians are not women" (Wittig, 1992, S. 32).

Homosexuelle ist pervers, sondern die Situation, in der er lebt" (von Praunheim, 1971); reflektiert wurde über das homosexuelle Begehren (*Le Désir Homosexuel*) (Hocquenghem, 2019, i. O. 1971) oder über *Growing up absurd* (Goodman, 1960). Im Kontext der *Gay Liberation* bzw. lesbisch-schwulen Bewegungen sowie in sozial- und sexualwissenschaftlichen Studien zu Sexualität sind dann systematischer die Begriffe Heterosexismus und Homophobie zum Einsatz gekommen. Patricia Hill Collins (2000) unterscheidet die symbolischen und strukturellen Dimensionen des Heterosexismus, um zu erklären, wie Sexualität Schwarzer Frauen sozial reguliert wird (vgl. Collins, 2000, S. 128 ff.). Der von Koray Yilmaz-Günay (2014) herausgegebene Sammelband nutzt die Begriffe Heterosexismus und Homophobie, um den antimuslimisch konstruierten, angeblichen Gegensatz „Muslim_innen versus Schwule" zu dekonstruieren.

Christian Klesse (2004) wägt die Vorteile des neu auftauchenden Begriffs der Heteronormativität ab, indem ens die Bedeutung und Verwendung von Heterosexismus und Homophobie rekonstruiert. Hierbei wird die Wichtigkeit von Heterosexismus für Strukturanalysen hervorgehoben und Homophobie als psychologisierender und individualisierender Erklärungsansatz kritisiert (vgl. a. Chambers & Carver, 2008; Çetin, 2012, S. 71). Trotz Kritik am Konzept der Angst (Phobie) bringt Klesse Transphobie, Biphobie und Lesbophobie als weitere nützliche Begriffe in die Debatte ein. Diese erlaubten es, weitere Gruppen sichtbar zu machen, die je spezifische Formen der Diskriminierung erführen und der Homophobie nicht einfach unterzuordnen seien. Heute wird -phobie zumeist durch die Endung -feindlichkeit ersetzt, um den entschuldigenden Charakter der Phobie zu umgehen.

Mittlerweile wird darauf geachtet, begrifflich sorgfältig zu unterscheiden, ob Begehren und sexuelle Orientierung oder Geschlecht und Zwei-Geschlechter-Norm angesprochen werden. Dementsprechend werden die Begriffe Transsexualität (vgl. Baumgartinger, 2017) und Intersexualität (vgl. Hechler, 2016) kritisch befragt: denn diese tragen nicht nur eine Pathologisierungsgeschichte mit sich, sondern suggerieren, es gehe um Sexualität statt um Geschlechtlichkeit. Parallel zum Begriff des Heterosexismus ist der Begriff Cissexismus entstanden, ersterer bezeichnet das Unterdrückungsverhältnis, das auf Vorherrschaft (Dominanz) der Heterosexualität beruht, zweiterer das Unterdrückungsverhältnis, das die angebliche Natürlichkeit des bei Geburt zugewiesenen Geschlechts überhöht und Transgeschlechtlichkeit abwertet.[14] Auf inter*, trans*, und nonbinär ebenso wie cisgeschlechtlich wird im Kapitel 3 genauer eingegangen, wo es um die Verwendung dieser Begriffe als Selbstbezeichnungen, im Kontext von Aktivismus und Selbstorganisation, zunehmend häufiger aber auch im Feld staatlicher Politik und sozialer Regulierung geht.

---

14 Vgl. https://queer-lexikon.net/2022/04/29/cissexismus (09.06.2022). Aufgabe: Recherchieren Sie bitte, ob es mittlerweile auch wissenschaftliche Quellen zu Cissexismus gibt.

Im Folgenden soll nun zunächst das Konzept der Heteronormativität genauer betrachtet werden. Interessant ist, dass Zülfukar Çetin (2012) Homophobie und Heteronormativität nicht alternativ verwendet, sondern einen Zusammenhang argumentativ begründet:

> „Heteronormativität basiert auf Naturalisierung, Selbstverständlichkeit der dichotomen Zwangsgeschlechterordnung und der Unhinterfragbarkeit der Heterosexualität. Sie setzt die dichotome Geschlechterordnung voraus, normiert, konstruiert, konstituiert und schließt die nicht-heterosexuellen Lebensweisen aus. Hierdurch erzeugt sie feindliche, diskriminierende Haltungen, die als Homophobie verstanden werden" (ebd., S. 72).

Aus Çetins Sicht muss auf den Begriff Homophobie in diesem Sinne also nicht verzichtet werden.[15] Doch ist es wichtig, dass dieser nicht psychologisch individualisiert, sondern strukturell begründet wird.

2.5 Heteronormativität

Videoausschnitt: Körper 01:11–01:35

In diesem Videoausschnitt kommt u-m/m-u ens ursprünglicher Rolle nach, Queer Theorie wissenschaftlich zu erklären. Ens steht allein auf der Bühne und spricht dozierend in die Kamera. Doch dann signalisiert die runde Klammer, die ens mit den Armen formt, einen inneren Dialog,

15 Vgl. https://queer-lexikon.net/2022/04/29/cissexismus (09.06.2022). Aufgabe: Recherchieren Sie bitte, ob es mittlerweile auch wissenschaftliche Quellen zu Cissexismus gibt.

durch den die einfache Definition komplexer wird und somit offener für kontroverse Diskussionen. So fragt sich u-m/m-u, inwiefern Heteronormativität durch Zwänge oder durch Idealvorstellungen operiert.

Reflexionsfragen:
Können Sie etwas anfangen mit der Unterscheidung von Zwang und Idealvorstellung, vielleicht auch Versprechen?
Können Sie sich vorstellen, das Stilmittel des inneren Dialogs auch in einer Hausarbeit oder einem wissenschaftlichen Text vorzufinden oder einzusetzen? Wie wirkt es?

Der queer-theoretische Begriff der Heteronormativität verweist auf eine machtvolle Kopplung von normativer Heterosexualität und rigider Zweigeschlechtlichkeit. Er betont, „dass vorherrschende Geschlechterdiskurse in mehrfacher Weise heterosexualisiert sind: Sie basieren zum einen auf der Annahme von zwei voneinander abgrenzbaren, sich ausschließenden Geschlechtern und zum anderen auf der Setzung von heterosexuellem Begehren als natürlich und normal" (Hartmann et al., 2007, S. 9). Dies ist herrschaftskritisch bedeutsam, denn ohne eine klare Unterscheidung und Stabilisierung von Männlichkeit und Weiblichkeit lässt sich weder die hierarchische Anordnung der Geschlechter umsetzen noch lassen sich Begehrensrelationen als ‚gleich'- oder ‚gegen'-geschlechtlich definieren und Letztere zur Norm zu erklären (vgl. Engel, 2002, S. 11). Die Kritik normativer Heterosexualität geht also notwendig mit der Kritik einer naturalisierten, scheinbar unumstößlichen Geschlechterbinarität einher. Bettina Kleiner bringt Heteronormativität folgendermaßen auf den Punkt:

> „Heteronormativität ist ein zentraler Begriff der Queer Theory, mit dem Naturalisierung und Privilegierung von Heterosexualität und Zweigeschlechtlichkeit in Frage gestellt werden. Das bedeutet, dass nicht nur die auf Alltagswissen bezogene Annahme, es gäbe zwei gegensätzliche Geschlechter und diese seien sexuell aufeinander bezogen, kritisiert wird, sondern auch die mit Zweigeschlechtlichkeit und (ehevertraglich geregelter) Heterosexualität einhergehenden Privilegierungen und Marginalisierungen. Der Begriff Heteronormativität dient zur Analyse und Kritik der Verflechtung von Heterosexualität und Geschlechternormen, mit denen Macht-, Ungleichheits- und Herrschaftsverhältnisse einhergehen (vgl. Engel, 2009, S. 19). Mit ihm werden Reproduktionsmechanismen und institutionelle Zwänge in den Blick gerückt, die Heterosexualität als zeitlose, unveränderbare Institution und ohne Geschichte erscheinen lassen (vgl. Hark, 2009, S. 318; 1. Auflage 2005)" (Kleiner, 2016, o. S.).

Im Unterschied zu normativer Heterosexualität oder Zwangsheterosexualität nimmt Heteronormativität also die Zwei-Geschlechter-Ordnung mit in den Blick. Vor allem aber legt das Konzept der Heteronormativität den Fokus auf

Normen (vgl. Butler, 2011). Nicht unbedingt Zwang und Repression, sondern das mehr oder weniger freiwillige Sich-Ausrichten an dem, was als gut, richtig oder normal gilt, wird herangezogen, um die Reproduktion der Ordnung zu erklären (vgl. Butler, 1997a; Engel, 2009). Heteronormativität erlaubt zu zeigen, wie Geschlechter- und sexuelle Normen sich materiell auswirken, wie sie Körper und Subjektivität prägen, aber auch soziale Beziehungen und staatliche Gesetze und Institutionen organisieren – kurz: wie Normen Machtunterschiede und Hierarchien installieren und absichern.

Die Wirkungsmacht der Norm spitzt sich, so Samuel Chambers und Terell Carver, im Konzept der ‚normativen Gewalt' (*normative violence*) zu, das sie als Judith Butlers wichtigsten Beitrag zu einem queer-theoretischen Verständnis des Politischen ansehen (vgl. Chambers & Carver, 2008, S. 76 ff.). Denn es werde eine neue Form von Gewalt erkennbar, wenn Butler zeigt, dass Normen auch bewirken können, dass manchen Menschen oder Lebensformen der Status des Menschlichen abgesprochen wird (vgl. Butler, 2011, Einleitung). Schon in *Körper von Gewicht* (1997a, i. O. 1993) hat Butler argumentiert, dass ein Verworfenes (das Abjekte) geschaffen werde, um den Bereich des (anerkannten) Subjekts zu umreißen: „‚unbewohnbare Zonen' des sozialen Lebens, die dennoch dicht besiedelt sind von denjenigen, die nicht den Status des Subjekts genießen, deren Leben im Zeichen des Nichtlebbaren jedoch benötigt wird, um den Bereich des Subjekts einzugrenzen" (ebd., S. 23). Heteronormativität wird gewaltförmig, wenn manche Menschen als sozial unverständlich (nicht-intelligibel) gelten, weil sie bestimmte Kriterien der Norm nicht erfüllen, z. B. keine eindeutige Geschlechtlichkeit aufweisen (vgl. Butler, 1991, S. 142 ff.; Butler, 2011, Kap. 3). Die ‚Macht der Norm'[16] kann als Zurichtung, als Ausschluss und Verbot, als normative Gewalt, aber auch als Versprechen und Verführung, als flexible Normalisierung oder schlicht als ‚Normalität' daherkommen (vgl. Engel, 2009).

Entsprechend sind Kritik und Widerstand je nach Kontext und Art der Machtprozesse unterschiedlich zu entwerfen. Es lassen sich jedoch, so Peter Wagenknecht (2007), zwei Strategien unterscheiden, wenn es darum geht, Heteronormativität zu destabilisieren: Erstens Repräsentationspolitiken, die in den Kontexten von symbolischer Ordnung, Medien und kulturellen Praxen eingreifen, indem sie, so z. B. die ‚Strategie der VerUneindeutigung' (vgl. Engel, 2002), Ambivalenz und Vieldeutigkeit produzieren, wo zuvor klar umrissene Identitäten und unanfechtbare Wahrheiten herrschten. Und zweitens ‚Politiken der Citizenship', die darauf zielen, „die Verfasstheit des Gemeinwesens und den Zugang zu Ressourcen" (Wagenknecht, 2007, S. 29) zu verändern, um Teilhabe für diejenigen zu erlangen, die bislang aus dem ‚Status von Bürger_innen' ausgeschlossen waren

16 *Die Macht der Geschlechternormen und die Grenzen des Menschlichen* lautet der Titel der Übersetzung von Judith Butlers 2004 erschienenem Buch *Undoing Gender*.

oder denen teilweise sogar ihre Menschlichkeit abgesprochen wurde (vgl. a. Genschel et al., 2003).

Da die heteronormative Ordnung als Norm jedoch in die Ausbildung unserer Identität, unserer Selbstverständnisse und unseres Körpererlebens einwirkt, kann sie nicht einfach abgeschüttelt werden bzw. ist es unmöglich, ihr von außen gegenüberzutreten. Deshalb wird auch argumentiert, dass die charakteristische Form queerer Politik in der Subversion liege, d.h. in Weisen, die Norm von innen heraus zu verändern (vgl. Butler, 1991, Kap. 4). Der Ausgangspunkt für das Unterlaufen der Norm liege dann, so Chambers und Carver (2008), darin, dass unsere eigenen, bis dato unhinterfragten Annahmen und Selbstverständlichkeiten infrage gestellt und unterlaufen würden:

> „the subversion of heteronormativity both accomplishes and is accomplished by something much simpler: namely, challenging, calling into question and/or undermining the presumption of heterosexuality. [...] subversion of heteronormativity can and will emerge whenever the presumption of heterosexuality is frustrated. Heteronormativity will be subverted – the norm will gradually be weakened, undermined, eroded from within" (ebd., S. 155).

Die Frage, wie Subversion mittels kultureller Praxen erfolgen kann, wird in Kapitel 4 wieder aufgegriffen; im nächsten Abschnitt geht es darum, dass Subversion misslingt, wenn stattdessen eine eigene Norm aufgestellt oder das politische Anliegen auf Normalisierung, auf Anpassung an und Anerkennung durch die herrschenden Verhältnisse verengt wird.

Reflexionsfragen:
Warum lautet der Begriff Hetero*norm*ativität? Was bedeutet die ‚Norm' in diesem Begriff? Was unterscheidet ‚Heteronormativität' und ‚normative Heterosexualität' als Analysebegriffe?

2.6 Homonormativität, Kommerzialisierung und Globalisierung

Homo-Ehe und Regenbogenfamilien standen in der ersten Dekade des 21. Jahrhunderts weit oben auf der Agenda schwul-lesbischer Politiken. Eine grundsätzliche Kritik an der Institution Ehe, wie sie aus feministischen Kreisen bekannt war, wurde zunehmend leiser. Staatliche Anerkennung und Zugang zu bestehenden Institutionen und Privilegien wurden zu primären und, wie Sushila Mesquita (2012) argumentiert, begrenzten Zielen:

> „Im Zentrum queer-feministischer Lebensformenpolitiken steht – als kleinster gemeinsamer Nenner verschiedener Positionen – die Forderung nach sozialer und rechtlicher Anerkennung unterschiedlicher Familienformen durch die Schaffung von rechtlichen Strukturen, die der gelebten Vielfalt gerecht zu werden versuchen. [...] [D]ie Öffnung der Ehe für lesbische und schwule Paare [wird, A. A. E.] diesen Ansprüchen nicht gerecht, da sie einerseits keine Anerkennung unterschiedlicher Familienformen darstellt und die Ungleichbehandlung von Beziehungsformen fortschreibt. Andererseits erhöht sie die Wahlmöglichkeiten nur für diejenigen Lesben und Schwulen, deren Beziehungen die Kriterien erfüllen, eine Ehe eingehen zu können – insgesamt bleibt sie jedoch auf ein Institut mit einem vorgegebenen Paket von Rechten und Pflichten oder eine Lebensgemeinschaft mit nur wenigen rechtlichen Absicherungen begrenzt" (Mesquita, 2012, S. 239f.).

Lisa Duggan (2002) hat den Begriff Homonormativität in die Debatte gebracht, um eine kritische Analyse von Politiken zu ermöglichen, die auf soziale Integration, rechtliche Anerkennung und Normalisierung angelegt sind. Sie argumentiert, dass dies queere Politik von Fragen sozialer Ungleichheit und dem Anliegen der Verteilungsgerechtigkeit entkoppelt und stattdessen Allianzen mit neoliberaler Individualisierung und Umverteilung von Reichtum nach oben unterstützt. Mesquita überträgt dies auf die Lebensformenpolitik: „Ein weiterer ambivalenter Aspekt [...] besteht im zunehmenden Einschluss bislang ausgeschlossener Beziehungsformen in den Familienbegriff zu einem Zeitpunkt, zu dem massive Kürzungen im Sozialbereich vorgenommen werden und Familien verstärkt als Orte der Absicherung und der privatisierten Verantwortung aufgerufen werden" (Mesquita, 2012, S. 256). Die Bereitschaft, auf eine tiefgreifendere Staats- und Kapitalismuskritik zu verzichten, lässt sich mit dem Versprechen individueller Freiheitsgewinne begründen, die den neoliberalen Diskurs prägen (vgl. Wagenknecht, 2003; Ludwig & Woltersdorff, 2018; Mönkediek, 2009; Engel, 2009). Dies als Prozess ‚projektiver Integration' (vgl. Engel, 2009, 2015) zu beschreiben, bedeutet, dass auf bestimmte Verkörperungen oder Ausdrucksweisen von Differenz (z. B. machtvolle, reiche Schwule oder erfolgreiche behinderte Sportlens) das Bild vorbildlichen Differenzmanagements projiziert wird, das, so der Diskurs, mit Integration belohnt werden kann. Wer daran scheitert, sei selbst schuld. In diesem Sinne stehen auch neoliberale Diversitätspolitiken in der Kritik (vgl. Castro Varela & Dhawan, 2011; Czollek et al., 2011; Ahmed, 2012).

Filmtipp:
Billy Elliot – I will Dance (Stephen Daldry, UK 2000, 106')

Da Normalisierungsprozesse mittlerweile in vielen gesellschaftlichen Bereichen gegriffen haben, während zeitgleich ein Fortdauern von Diskriminierung oder sogar ein Backlash gegen geschlechter- und sexualpolitische Errungenschaften zu verzeichnen ist, schlägt Florian Cristóbal Klenk (2023) den Begriff der Post-Heteronormativität vor. Dieser ist bewusst mehrdeutig formuliert, um den gesellschaftlichen Status quo gleichzeitiger Verflüssigung und Reproduktion heteronormativer Herrschaft zu bezeichnen. Er verweist auf umkämpftes Terrain der Veränderung gesellschaftlicher Verhältnisse, „die zwischen Erosion, Flexibilisierung, Restauration und (Wieder-)Verwertung geschlechtlicher und sexueller Differenz oszillieren" (Klenk, 2023, S. 22), sodass von einer *„un-/gebrochenen Heteronormativität"* (ebd.) gesprochen werden könne. Zugleich eröffnet der im bildungswissenschaftlichen Kontext entwickelte Begriff die Vision einer postheteronormativen Pädagogik (ohne Bindestrich), die Diskriminierung überwindet und sich der Funktionalisierung widersetzt (vgl. ebd., S. 23).

Jasbir Puar (2007) hat Duggans Begriff der Homonormativität als Homonationalismus weiter gedacht, um zu verdeutlichen, wie manche Lesben und Schwule patriotischen Nationalismus oder rassistische Überlegenheitsphantasien bestärken bzw. staatlicherseits zur Rechtfertigung internationaler militärischer Interventionen oder weltwirtschaftlicher Entwicklungs-/Zivilisierungsmissionen herangezogen werden. Insbesondere die ökonomische Dimension wird von Robert McRuer (2018) aus queer-theoretischer Perspektive auch im Hinblick auf internationale Politik der Behindertenrechte neoliberalismuskritisch analysiert.

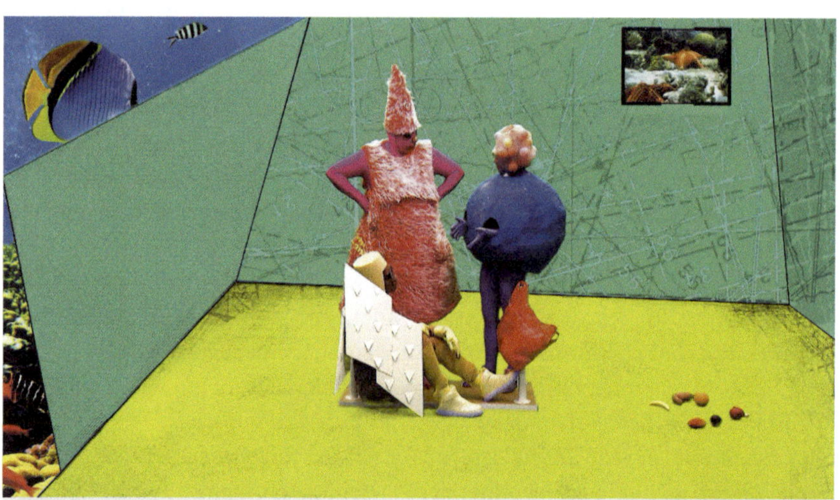

Videoausschnitt: Welten 08:30–09:35

Nikita Dhawan (2015) knüpft an Puars Überlegungen an, wirft aber einen kritischen Blick darauf, wie der Vorwurf des Homonationalismus in anti-rassistischen queer-politischen Kreisen zum Einsatz kommt:

> „Ich teile die Kritik an der Komplizenschaft westlicher queerer Politik mit neoliberalen, imperialen Diskursen und verurteile gleichermaßen, wie im Namen eines bestimmten Ideals von sexueller Freiheit religiöse Minderheiten im Westen marginalisiert und schikaniert sowie ganze Bevölkerungsgruppen im globalen Süden als repressiv und rückständig stigmatisiert werden. Dennoch bin ich zugleich sehr besorgt und beunruhigt darüber, wie der ausschließliche Fokus auf queeren Rassismus und Homonationalismus im globalen Norden es unmöglich macht, homophobe und heteronormative Praxen und Strukturen innerhalb migrantischer Communities ebenso wie in der postkolonialen Welt zu kritisieren. Kritik am Homonationalismus ist hier nicht ausreichend, sondern erfordert eine komplexere, multidirektionalere Kritik, die Gewalt auf beiden Seiten der postkolonialen Trennlinie in den Blick nimmt" (Dhawan, 2015, S. 1f.).

Dhawan fordert eine Analyse der vielfältigen Ausprägungen von und ein Vorgehen gegen jegliche Formen von Diskriminierung und Gewalt: „Unter einer multidirektionalen Kritik verstehe ich eine anti-imperialistische und anti-rassistische Kritik innerhalb queerer Politiken, die von einer Kritik an der reproduktiven Heteronormativität in postkolonialen Kontexten begleitet wird" (ebd., S. 39).

Zu diesem Zwecke regt Dhawan an, auch ein differenziertes Verständnis von der Rolle des Staates zu entwickeln. Mit Gundula Ludwig (2011) hieße dies, lieber von Staatlichkeit als von ‚dem Staat' zu reden, um vielfältige, auch widersprüchliche Prozesse und Akteurens wahrnehmen zu können. Ludwig entwickelt diesen Gedanken im Hinblick auf die Frage, wie sich eine ‚heteronormative Hegemonie' einstelle, also wie Heteronormativität dominant werden könne. Diesbezüglich hebt ens die geschlechts- und subjektkonstituierende Bedeutung von Staatlichkeit hervor. Dies lässt sich durchaus auch im Hinblick auf globale Verhältnisse und wissenschaftliche Studien Internationaler Beziehungen ausdehnen, wie der Sammelband *Global Homophobia* (Weiss & Bosia, 2013), der *Queer African Reader* (Abbas & Ekine, 2013), Melanie Richter-Montpetit (2018) oder einige Aufsätze des Bandes *Transitioning to Gender Equality* (Binswanger & Zimmermann, 2021) zur aktuellen UN-Geschlechterpolitik verdeutlichen.

Melanie Richter-Montpetit argumentiert in ihrem Aufsatz, der vier Publikationen aus dem Bereich *Queer International Relations* rezipiert, dass internationale Beziehungen und Machtdynamiken durch sexuelle Normen und Logiken bestimmt sind (vgl. Richter-Montpetit, 2018, S. 222). Queer-theoretische Ansätze, die diese sexuellen Normen und Logiken herausarbeiten, trügen zu einem neuen Verständnis des Politischen bei. Richter-Montpetit hebt diesbezüglich insbesondere den Band *Queer International Relations* von Cynthia Weber (2016) hervor, der ein Denken jenseits binärer Entweder/Oder-Logik eröffne, indem die etablierte Figur des politischen Subjekts als ‚souveräner Mann' dekonstruiert werde. Weber zeige, wie diese Souveränitätsvorstellung auf (sich historisch wandelnde) Abgrenzungsfiguren sexueller Devianz angewiesen sei. Heteronormative Subjektkonstituierung, Staatlichkeit und internationale Handlungsmächtigkeit würden sich laut Weber gegenseitig stabilisieren, indem Figuren des ‚perversen' und vermehrt auch des ‚normalen' Homosexuellen in Sicherheits- und Entwicklungspolitiken eingewoben würden (vgl. Richter-Montpetit, 2018, S. 229). Damit verdeutliche Weber, so Richter-Montpetit, dass queere Politik nicht immun dagegen sei, in militaristische und kapitalistische Projekte eingenäht zu werden. Webers queeres Denken in pluraler statt binärer Logik (vgl. ebd., S. 230) eröffne, wie die schon erwähnten Bände von Ahmed (2012) und McRuer (2018) aufzeigen, Formen einer Staatskritik, die die eigene Eingebundenheit in staatliche Strukturen zum Ausgangspunkt nimmt, um nach Möglichkeiten subversiver Verschiebung von innen heraus suchen.

Reflexionsfragen:
Warum könnte es sinnvoll sein, lieber von Staatlichkeit als vom Staat zu sprechen?
Was könnte Ludwig mit „geschlechts- und subjektkonstituierender Bedeutung von Staatlichkeit" meinen?

2.7 Intersektional queer – queer intersektional

QT/QS stehen in direktem Austausch mit der Intersektionalitätsforschung, die ihrerseits ein breit gefächertes Feld darstellt. Einführend sei von Kathrin Meyer (2017) *Theorien der Intersektionalität* empfohlen und auf das Handbuch *Intersektionalitätsforschung* (Mefebue/Bührmann/Grenz, 2022) verwiesen. Des Weiteren stellt das *Portal Intersektionalität* (http://portal-intersektionalitaet.de/startseite) ein wachsendes Archiv verschiedener Ansätze, Literaturempfehlungen und eine Diskussionsplattform bereit. Dort findet sich auch ein Link zu Kimberlé Crenshaws begriffsbildendem Aufsatz von 1989 (dt. 2010) sowie eine Kurzversion des grundlegenden Aufsatzes von Gabriele Dietze, Elahe Haschemi Yekani und Beatrice Michaelis (2007), der Queer Theory und Intersektionalität als gegenseitiges Korrektiv füreinander vorstellt. Für die Geschlechterforschung, inklusive queer-theoretischer Perspektiven, eröffnet der Sammelband *Gender als interdependente Kategorie* (Walgenbach et al., 2007) einen Zugang; die Monografie von Walgenbach (2017a) bettet Intersektionalität in die erziehungswissenschaftliche Behandlung von Heterogenität und Diversität ein; Encarnación Gutiérrez Rodríguez (2011) rekonstruiert die Akademisierung von Intersektionalität rassismuskritisch.

Videoausschnitt: Körper 08:16–10:00

Aufgegriffen wird in diesem Ausschnitt das bekannte Bild der Straßenkreuzung, das Kimberlé Crenshaw 1989 zur Erläuterung intersektionaler Differenzerfahrungen ins Gespräch gebracht hat. Vor allem aber kommen die bunten Hula-Hoops zum Einsatz, um Intersektionalität als ein dynamisches Geschehen zu verbildlichen. Die einzelnen Elemente lassen sich zwar unterscheiden, doch deren jeweilige Rolle und das Zusammenspiel sind nicht einfach zu erfassen. Die drei Protagonens sind sichtlich irritiert, unterhalten sich aber trotzdem weiter darüber, wie Machtverhältnisse intersektional wirken und das queer-theoretische Konzept der ‚Gewalt der Normalität' intersektional zu verstehen ist. Selbstreflexiv verweisen die geschweiften Klammern auf die weiße Verwicklung in neokoloniale Herrschaftsverhältnisse.

Reflexionsfragen:

Wie wichtig und wie gelungen erscheinen Ihnen die visuelle Gestaltungsstrategie und der Einsatz der Hula-Hoops?

Handelt es sich um eine queere Darstellungsweise?

Im Folgenden geht es nicht darum, einen Einblick in Intersektionalitätstheorien/-methoden zu eröffnen, sondern darum, aus diesem Feld Ansätze/Erkenntnisse herauszugreifen, die queer-theoretisch angelegt oder geeignet sind, Queer Theorie zu verkomplizieren. Dennoch sei hier mit einer prägnanten Umschreibung von Intersektionalität durch Katrin Ganz und Jette Hausotter begonnen:

> „Die Intersektionalitätsforschung beschäftigt sich mit dem Zusammenwirken verschiedener Dimensionen sozialer Ungleichheit. Sie untersucht, wie Sexismus, Rassismus, Klassen- und Körperverhältnisse miteinander interagieren und welche spezifischen Diskriminierungsformen und Lebenssituationen an ihren Schnittstellen entstehen. Entsprechend breit ist der Blickwinkel der aktuellen Diskussion.

Intersektionalitätsforschung umfasst soziale Strukturen, Institutionen und Diskurse, soziale Praxen sowie individuelle und kollektive Identitäten. Verwendet wird der Begriff Intersektionalität sowohl ‚für die Sache wie den Blick auf die Sache' (Meyer, 2017, S. 18). Es wird damit also einerseits der Forschungsgegenstand ‚Wechselwirkungen von Ungleichheitsdimensionen' bezeichnet. Andererseits bezeichnet Intersektionalität die Herangehensweise an einen Forschungsgegenstand, das heißt die Theorien und Methoden, die für die Erfassung dieser Wechselwirkungen nötig sind" (Ganz & Hausotter, 2019, S. 390).

Wie lässt sich über Queer Theorie im Verhältnis zur Intersektionalitätsforschung nachdenken? Zum einen ließe sich argumentieren, dass Queer Theorie spezifische Kategorien, nämlich Sexualität, Geschlechterbinarität bzw. Geschlechterdiversität und Begehren oder auch die Unterdrückungsverhältnisse des Heterosexismus, der Heteronormativität oder der Cis-Normativität, in die Intersektionalitätsforschung einbringt. Zum anderen ließe sich sagen, dass Queer Theorie aufgrund ihrer Kritik an jeglichen Normalitätsregimen eine der Intersektionalität verpflichtete Theorie ist. Zum Dritten gibt es jedoch auch eine verbreitete Kritik, dass Queer Theorie diesem Anspruch in den seltensten Fällen gerecht werde (vgl. Erel et al., 2007; Dietze et al., 2007; Mesquita, 2016). Umgekehrt lässt sich aber auch kritisieren, dass viele Ansätze der Intersektionalitätsforschung die Erkenntnisse der Queer Theorie (Analysedimensionen Sexualität sowie Identitätskritik) nicht wahrnehme (vgl. Dietze et al., 2012). Es bleibt somit umstritten, wie nah zu- oder fern voneinander Queer Theorie und Intersektionalitätsforschung bzw. die Adjektive queer und intersektional verstanden werden.

Das Autorenstrio Gabriele Dietze, Elahe Haschemi Yekani und Beatrice Michaelis (2007, 2012) folgert aus einem sorgfältigen Vergleich der Ähnlichkeiten und Differenzen beider Ansätze, dass Queer Theory und das Konzept der Intersektionalität einander als gegenseitiges Korrektiv bzw. „Korrektive Methodologie" (ebd., 2007, S. 136 ff.) dienen sollten. Trotz des gleichen Anspruches, soziale Ungleichheits- und Unterdrückungsverhältnisse komplex, simultan und umfassend zu denken, kommen sie damit zu einer anderen Schlussfolgerung als Sushila Mesquita (2016), die begründet, warum ens Ansicht nach Queer Theorie als eine grundsätzlich intersektionale Theorie zu verstehen sei. Heteronormativität sei demnach als eine (im Sinne Walgenbachs) in sich interdependente Kategorie zu denken (vgl. ebd., S. 97 f.)

Reflexionsfrage:
Lesen Sie die beiden genannten Aufsätze und überlegen Sie, welche Auffassung Sie überzeugender finden: Queer Theorie als in sich intersektional oder Queer Theorie und Intersektionalität als gegenseitiges Korrektiv? Warum?

Anstatt sich mit der Frage zu befassen, wie Queer Theorie weitere Perspektiven in die Intersektionalitätsforschung einbringen und helfen kann, normative Verengungen zu überwinden, entwirft Nicole Shephard (2016) ein Verständnis, das den Fokus auf *queering intersectionality* legt: „queering as a critical scholarly practice that is disruptive of normativities and binary divisions such as male/female, hetero/homo or here/there“ (ebd., S. 32), wird von Shephard sowohl auf das Konzept der Intersektionalität selbst angewendet (vgl. ebd., 36ff.) als auch auf ein (weiterhin nationalistisches) Verständnis von Transnationalität. Durch Queering entstehe ein Verständnis heterogener, vielfältiger und poröser transnationaler Räume (vgl. ebd., S. 33), in dem nonkonforme und dissidente Subjekte (*unruly subjects*) die Wirkungsweisen komplexer Machtverhältnisse in Bewegung versetzten. Aus einer genauen Analyse bisheriger Intersektionalitätsforschung sowie mit reichem Korpus queerer antirassistischer und Migrationstheorie kommt Shephard zu dem Schluss, dass *queering intersectionality* drei verzahnte Dimensionen aufweise:

> „to attend to heteronormative undercurrents in knowledge production and objects of study; to untether intersectionality from identity categories in favour of doing/becoming/process and disrupt check-list approaches to differences that (are presumed to) matter; and to extend the doing of intersectionality from the subject level to knowledge production“ (ebd., S. 40).

Das Konzept der Intersektionalität ist nicht unumstritten, sondern vielfach kritisiert worden, weil es a) in mancher Verwendung von klar unterscheidbaren Achsen oder Sektionen der Differenz ausgehe und damit zu additiven Analysen neige, weil es b) manchmal lediglich zur Beschreibung von Identitäten, nicht aber zur Analyse von Unterdrückungsverhältnissen diene und weil es c) von weißen, dominanzgesellschaftlichen Theoretikens angeeignet worden sei, die Intersektionalitätsanalysen doch wieder zur Konstruktion von Andersheit nutzen, die ihre eigenen Privilegien unangefochten lasse und Forschung von marginalisierten Theoretikens ignoriere. Im Kontext der Queer Theorie liefert Jasbir Puar (2011) eine pointierte Kritik des Intersektionalitätskonzepts und schlägt vor, stattdessen ein (durch Gilles Deleuze und Felíx Guattari inspiriertes) Konzept der Assemblage zu verwenden (vgl. Puar, 2011; vgl. a. Gutiérrez Rodríguez, 2011). Puars Kritik setzt dort an, wo Identitäten oder Subjekte als intersektional aufgefasst werden (vgl. Puar, 2011, S. 255). Puar betont, dass dadurch diejenigen, die möglichst viele Unterdrückungserfahrungen in ihrem Leben vereinigten, z.B. lesbische, beHinderte, Queers of Color, zu Vorzeigefiguren der Theoriebildung würden. Anstatt jedoch als theoriebildende Subjekte wahrgenommen zu werden, hätten sie Andersheit zu verkörpern, während sozial unmarkierte Subjekte ihre Privilegien wahren könnten.

Puars Kritik greift jedoch dann nicht, wenn Intersektionalität statt als Konzept zur Beschreibung multipler Identitäten zur Analyse von Unterdrückungs-, Ausbeutungs-, Diskriminierungs- und Prekarisierungsverhältnissen herangezogen wird. Zudem müssen Subjektivität, Diskurs und Struktur keineswegs gegeneinander ausgespielt werden, was Fatima El-Tayeb (2015) verdeutlicht, wenn sie argumentiert, dass Rassismus ‚queere Subjekte' produzieren kann:

> „Die Interaktion von Rassifizierung, Klasse und Vergeschlechtlichung in Konstruktionen abweichender [deviant] Sexualitäten schafft kompliziertere Gruppierungen und Hierarchien als die einfache Dichotomie zwischen homosexuell vs. heterosexuell vorgibt, sodass queer auch im Gegensatz zu homonormativen Formationen stehen mag. […] Aus dieser Perspektive scheint es nicht nur möglich, sondern auch sinnvoll zu argumentieren, dass Europäer_innen of Color in den heteronormativen Diskursen der Nation und der Migration als ‚queere', ‚unmögliche' Subjekte hergestellt werden" (El-Tayeb, 2015, S. 53).

Wie in Kapitel 7 vertieft wird, hat unter dem Einfluss dekolonialer Ansätze das Konzept der Positionalität mittlerweile wichtige Bedeutung für das Entwerfen komplexer, intersektionaler queerer Politik und Forschung gewonnen (vgl. Sifuentes, 2019; Onat, 2022). Oftmals unter Bezugnahme auf Donna Haraways ‚situiertes Wissen' (vgl. Haraway, 1995) oder Maria Lugones Verständnis eines notwendig ‚relationalen Widerstands' gegen die ‚Kolonialität von Geschlecht' (vgl. Lugones, 2008) betont Positionalität, dass jedes Wissen, jede Erfahrung und jedes Handeln unter historisch gewachsenen Bedingungen an konkreten Orten, zu einer konkreten Zeit in machtdurchdrungenen Beziehungskonstellationen stattfindet. Diese Dimensionen zu reflektieren, eröffnet Möglichkeiten komplexer Macht- und Herrschaftsanalysen – und damit die Chance für antiessentialistische, mehrdimensionale, queerend-dekoloniale Politiken.

2.8 Empfohlene Literatur zur Vertiefung

quaestio (Hrsg.) (2000): *Einleitung*

Sushila Mesquita (2016): *‚Ein-Thema-Methodologie' … Heteronormativität*

Nikita Dhawan (2015): *Homonationalismus und Staatsphobie*

Nicole Shephard (2016): *Queering Intersectionality* (engl.)

Für vollständige Literaturangaben siehe Literaturverzeichnis.

3 Subjektivität und Sozialität

Neben der Frage danach, wie Heteronormativität gesellschaftliche Verhältnisse prägt (s. Kap. 2), lenken QT/QS das Interesse auch auf die Einzelnen (Individuen). Wie wirkt Heteronormativität auf die Ausbildung von Körperlichkeit und Subjektivität ein? Was heißt dies für die sozialen und auch die intimen Beziehungen, in denen Menschen leben? Subjektivität wird im Folgenden als ein Oberbegriff verwendet, der gegebenenfalls die Frage nach Identitätsbildung aufwerfen kann, aber auch relationale Modelle von Subjektivität, die Frage nach dem Verhältnis von Selbst und Anderen oder nach dem Subjektstatus umfasst. Der Begriff „KörperSubjektivität" (vgl. Engel, 2002, S. 17, FN 19) soll verdeutlichen, dass Subjektivität notwendig körperlich gelebt wird und menschliche Körper nicht unabhängig von subjektiven Erfahrungen bestehen. Der in der Überschrift verwendete Begriff Sozialität verweist darauf, dass Menschen keine autonomen Wesen sind, sondern in Beziehungsgefügen leben (vgl. Butler, 2011, Einleitung). Diese können größere oder kleinere Spielräume eröffnen, mehr oder weniger einheitlich oder heterogen sein, Anpassung fordern oder Selbstbestimmung fördern. Angesichts dessen befassen sich QT/QS damit, was queere Sozialität, Sorgepraxen und/oder queere Familien- und Verwandtschaftsformen (*queer kinship*) ausmacht (vgl. Mesquita, 2012; Nay, 2017; Manalansan IV, 2018; Klumbytė, 2018; Seeck, 2021).

Im Hinblick auf KörperSubjektivität interessieren die Prozesse mittels derer eine Einpassung in heteronormative Erwartungshorizonte erfolgt, vor allem aber auch die Tatsache, dass viele Menschen jeden Alters nicht in die Vorgaben der binär-geschlechtlichen, normativ-heterosexuellen Ordnung passen. Körper und Selbstverständnisse, Lebensweisen und Liebesformen weisen ein deutlich breiteres Spektrum auf. Während Judith Butler in *Körper von Gewicht* (i. O. *Bodies That Matter*, 1993) von „‚unbewohnbaren' Zonen des sozialen Lebens, die dennoch dicht bevölkert sind von denjenigen, die nicht den Status des Subjekts genießen" (Butler, 1997a, 23) schreibt, hat sich dreißig Jahre später eine Normalisierung eingestellt, die sich beispielsweise in der UN-Resolution 2011 zum Schutz vor Menschenrechtsverletzung aufgrund sexueller Orientierung oder geschlechtlicher Identität oder der vom UN-Hochkommissariat für Menschenrechte 2013 eingerichteten Plattform *UN Free & Equal* ablesen lässt. Zwar ist die Anerkennung geschlechtlicher und sexueller Minderheiten nicht nur weltweit, sondern auch in Deutschland gesellschaftlich umstritten und löst Abwehr aus, die sich z. B. in Form homo- oder transphober Äußerungen oder im positiven Sanktionieren (Belohnen) von traditionellen Geschlechterrollen ausdrückt.[17] Doch haben inter*

17 Für eine kritische Auseinandersetzung mit sogenanntem ‚Antigenderismus' vgl. u. a. Hark & Villa, 2015.

und trans* Personen, Lesben und Schwule, Regenbogenfamilien und non-binäre Selbstverständnisse heute vernehmbare Stimmen im öffentlichen Diskurs, sind in Schulen, an Arbeitsplätzen, in den Medien und Parlamenten präsent und verfügen über starke weltweite Lobbyorganisationen wie die ILGA.

Was bedeutet es für die Einzelnen, sich in ihrer Besonderheit wahrzunehmen und zu präsentieren? Wird die Besonderheit als Einzigartigkeit oder als Zugehörigkeit zu einer Gruppe bzw. Minderheit verstanden, als Identität (sozial konstruiert?, naturgegeben?) oder als sich fortwährend veränderndes Werden? Welche Gefühle und Affekte gehen damit einher (vgl. Baier et al., 2014)? Wie wirken sich diese auf Formen des Selbstausdrucks, der sozialen Interaktion, der Verkörperung aus (vgl. Villa, 2010; Herrmann, 2011)? Welche Formen des Stylings und auch der Modifikation tragen zur De-/Konstruktion von Geschlechtskörpern bei (vgl. Howald, 2001; Degele, 2005; Volcano/Windt, 2009; Preciado, 2020)? Wie werden soziale Medien genutzt, um ein (feministisches) Selbstbild zu gestalten (vgl. Drücke & Zobl, 2012; Russell, 2021)? Wie wirken Institutionen, wie Familie, Schule, Religionsgemeinschaften hier ein (vgl. Çetin, 2012; Krell & Oldemeier, 2017; Siemoneit, 2021; Klenk, 2023)? Welche Formen der Selbstbehauptung und des Eigensinns beanspruchen die Einzelnen (vgl. Genschel, 2001; Preciado, 2020)?

Am Schluss dieses Kapitels wird es um queer-theoretische Auffassungen vom Begehren gehen. Im Konzept des Begehrens hat sich das queer-theoretische Interesse an sexuellen Orientierungen, Präferenzen oder Praxen, manchmal auch verstanden als sexuelle Identität und/oder damit verknüpften Beziehungsformen, verdichtet. Als theoretisches Konzept dient das Begehren zur Analyse und Kritik von Machtdynamiken und Herrschaftsformen (vgl. Engel, 2011). Es ist hierbei nicht auf Heteronormativität beschränkt, sondern erlaubt auch, rassistische, antisemitische, klassistische und ableistische Effekte zu untersuchen (s. Kap. 2). Begehren gilt zudem als Methode (vgl. Probyn, 1995, S. 55 und 66 ff.), eine Methode der Untersuchung und der Veränderung (vgl. Gibson-Graham, 2006; Engel, 2007; Muñoz, 2009). Mit Bezug auf Subjektivität und Sozialität lässt sich fragen, wie Begehren, Lust, Erotik sowie sexuelles Erleben zusammenhängen und welche Rolle Phantasie hierbei spielt. Wie lassen sich die emotionalen, affektiven und körperlichen Dimensionen des Sexuellen queer-theoretisch fassen – bezogen auf die Einzelnen ebenso wie bezogen auf geteilte Intimität?

3.1 Doing Sex_Gender

Das feministische Konzept des *doing gender* (vgl. West & Zimmerman, 1987) bietet ein theoretisches Modell, um die soziale Konstruktion von Geschlecht zu verstehen.[18] Candace West hat diesen ethnomethodologischen Ansatz später zusammen mit Sarah Fenstermaker in *doing difference* verändert, sodass das Ineinandergreifen der Kategorien *gender, race, class* hervortritt (vgl. West & Fenstermaker, 1995). Zentral für das *doing* ist in jedem Fall, dass Differenz das stets vorläufige, auf Wiederholung angewiesene Ergebnis einer Hervorbringung in sozialen Interaktionen ist („an ongoing interactional accomplishment", ebd., S. 9), in denen Erwartungen, Praxen und deren Interpretation aufeinander abgestimmt werden.[19]

Gayle Rubin hat bereits 1975 (dt. 2006) herausgearbeitet, dass auch Heterosexualität nicht als naturgegeben, sondern als Ergebnis gesellschaftlicher Praxen zu verstehen ist, die eine strikte Trennung der Geschlechter durch Sozialisation und entlang von Verwandtschaftsregeln durchsetzen (vgl. Rubin, 2006, S. 104f.). Allerdings geht Rubin hierbei von der kulturellen Überformung eines biologisch vorbestimmten (determinierten) Körpergeschlechts (*sex*) aus (ebd., S. 109). Die Möglichkeit, dass auch das biologische Geschlecht (Körpergeschlecht) nicht vorbestimmt ist, sondern seine strikt zweigeschlechtliche Form in sozialen Prozessen annimmt, hat Carol Hagemann-White (1988) herausgearbeitet, indem sie argumentiert, dass und wie Körpereigenschaften einer „dichotomen Optik" (vgl. ebd., S. 229) unterworfen würden:

18 Einführend: Vgl. Gildemeister, 2004; Meissner, 2008, wobei Hanna Meissner darüber hinaus nicht nur unterschiedliche Theorien der sex/gender-Unterscheidung rekonstruiert, sondern auch das Konzept der sozialen Konstruktion kritisch befragt. Candace West und Don Zimmermann (1987) unterscheiden nicht einfach zwischen sozialem Geschlecht (*gender*) und Körpergeschlecht (*sex*), sondern zwischen *sex, sex category* und *gender. Sex* gilt ihnen als Klassifikationssystem, das zwar auf biologischen Kriterien beruhe, aber erst durch soziale Einigung Bedeutung erlange. Zugehörigkeit zu einer *sex category* erfolge nicht einfach durch Zuweisung bei Geburt, sondern bedürfe der alltäglichen Arbeit, die Zugehörigkeit zu demonstrieren. *Gender* sei das Management von Erwartungen angemessener geschlechtlicher Haltungen und Aktivitäten, durch die die Zuordnung zu einer *sex category* unterfüttert werde (vgl. ebd., S. 127). Es findet sich somit bereits bei West/Zimmermann der Gedanke eines *doing sex*. Dies erfolgt allerdings nur unter den Vorzeichen einer bereits erfolgten Zuordnung zu einer *sex category*, nicht jedoch als Hervorbringen der binären *sex*-Unterscheidung.

19 In der Bildungswissenschaft/Erziehungswissenschaft hat das Konzept des *doing gender* zahlreiche Forschungsarbeiten inspiriert, die die Herstellung von Geschlecht in konkreten pädagogischen Praktiken bzw. Interaktionen rekonstruieren (vgl. Faulstich-Wieland et al., 2004; Budde, 2005; Tervooren, 2006). Auch der Doing-Difference-Ansatz hat sich für die Bildungswissenschaft als instruktiv erwiesen (vgl. Diehm & Kuhn, 2006; Akbaba, 2014; Geier, 2015; Walgenbach, 2017).

„die Polarität und die Zuordnung selbst, nicht erst ihre Differenzierung und deren Bewertung, müssen als symbolisches System in einer jeweiligen Kultur begriffen werden. Die kulturelle Reproduktion dieses symbolischen Systems, ihre Fortschreibung, Bestätigung oder ihr Wandel, sind weder mit der materiellen und ökonomischen Reproduktion der Gesellschaft noch mit der individuellen Reproduktion identisch, sie wird durch eigenes Handeln der Individuen, eingebettet in kollektiven Handlungszusammenhängen, täglich neu zur Realität" (Hagemann-White, 1988, S. 231 f.).

Für Hagemann-White ist demnach *doing gender* ein sozialer Prozess, der, basierend auf einem symbolischen System, Zweigeschlechtlichkeit nicht einfach ausdeutet, sondern hervorbringt.

Damit ist die von Judith Butler in *Unbehagen der Geschlechter* (1991) vertretene Auffassung, dass auch das Körpergeschlecht/biologische Geschlecht „(sex) selbst eine kulturell generierte Geschlechter-Kategorie (gendered category) ist" (ebd., S. 24) von Hagemann-White bereits vorweggenommen. Doch Butler fragt weitergehend, was denn der „Produktionsapparat" (ebd.) sei, der „‚eine geschlechtliche Natur' oder ein ‚natürliches Geschlecht' als [...] der Kultur vorgelagert oder als politisch neutrale Oberfläche" (ebd.) stifte? Diesen Produktionsapparat bezeichnet Butler als „heterosexuelle Matrix" (ebd., S. 21), die durch die binäre Unterscheidung der Geschlechter abgesichert werde und diese zugleich rechtfertige (vgl. ebd., S. 38).

Dank *Gender Trouble* kann also Rubin vom Biologismus befreit und Hagemann-White um die Heteronormativitätskritik erweitert werden. Queer-theoretisch heißt dies, die Konzepte *doing gender* und *doing difference* können und sollten so umgearbeitet werden, dass die zweigeschlechtliche Vorannahme überwunden wird, sind dann aber durchaus geeignet, die Hervorbringung komplexer Differenzen in sozialen Prozessen sowie damit einhergehende Normierungen und Hierarchisierungen zu untersuchen und zu erklären. Treffender erscheint es jedoch, im Anschluss an die vorhergehenden Überlegungen von *doing sex_gender* zu reden. Indem *sex_gender* mit Unterstrich geschrieben wird, kommt das zum Ausdruck, was der deutsche Begriff Geschlecht sowieso nahelegt, nämlich, dass soziales Geschlecht und Geschlechtsidentität verkörpert sind.[20] Jede körperliche (physiologische) Dimension von Geschlecht steht im Zusammenhang mit

20 Baumgartinger (2021) schlägt fürs Englische *sexgender* vor und fordert, zur Überwindung der binären Geschlechterordnung den Schritt von „gender equality to equality of sexgender diversity" (ebd., S. 91) zu machen.

sozialen, psychischen und symbolischen Dimensionen von Geschlecht. Wie genau sich dieser Zusammenhang ausprägt, ist und bleibt allerdings eine offene Frage.[21]

Ein zentraler Gedanke Butlers ist die Kritik an der sogenannten Kohärenznorm, also der sozialen Forderung, dass eine Passgenauigkeit zwischen Körpergeschlecht, sozialem Geschlecht und Begehren bestehe, die sich in einer stabilen Geschlechtsidentität auszudrücken habe (vgl. Butler, 1991, Kap. 1.5). Erst diese Passgenauigkeit mache Geschlechtsidentitäten sozial verständlich oder, wie Butler sagt, „intelligibel" (ebd., S. 37). Durch eine dekonstruktive Lesart psychoanalytischen Denkens arbeitet Butler die Verschränkung von Geschlecht und Sexualität heraus, die sich über die Begehrensstruktur jeweils gegenseitig definieren: Die Geschlechter von Subjekt und Objekt des Begehrens (z. B. beide weiblich) definieren deren Sexualität (in diesem Falle: lesbisch); die Sexualität (z. B. weiblich heterosexuell) definiert das Geschlecht des Subjekts als weiblich, das Begehrensobjekt als männlich. In diesem Modell stellt Homosexualität eigentlich das unumgängliche Gegenstück der Heterosexualität dar, wird aber durch das Diktat der Zwangsheterosexualität untergeordnet oder sogar verworfen. Indem heterosexuelles Begehren absolut gesetzt wird, bleibe für die Homosexualität nur der Status der Abweichung oder „Entwicklungsstörung" (ebd., S. 39). Heterosexualität – als Diskurs und als Praxis – werde zur „Matrix der Intelligibilität" (ebd.).

Wenn Heterosexualität und Zweigeschlechtlichkeit (Binarität der Geschlechter) also nicht naturgegeben, sondern Effekte der Macht sind, wie lässt sich dann, so Butlers Frage, die Kategorie Geschlecht so konzipieren, dass die machtvollen Konstruktionsprozesse und ihre Verschleierung deutlich werden (vgl. ebd., S. 24)? Zu diesem Zwecke schlägt Butler vor, Geschlecht nicht als Identität, sondern als performativen Prozess zu verstehen: „Geschlechtsidentität erweist sich als performativ, d. h. sie selbst konstituiert die Identität, die sie angeblich ist" (ebd., S. 49). Durch fortwährende Wiederholungen bestimmten Verhaltens und spezifischer Körperstilisierungen stelle sich Geschlecht her, und zwar ohne dass dieses Tun auf ein bewusstes, handelndes Subjekt zurückgehen würde. Das Subjekt gehe dem Tun nicht voran, sondern würde als ein vergeschlechtlichtes durch diese Prozesse allererst entstehen (vgl. ebd.). Ist es diese radikalere Subjektkritik, die das Konzept der Performativität vom *doing gender* oder sozial-konstruktivistischen Ansätzen unterscheidet? Dieser Frage geht Butler in der Einleitung des Folgebuches *Körper von Gewicht* (Butler, 1997a; i. O. 1993) nach.

21 Der Zusammenhang ist kontingent (bedingt, aber nicht notwendig); d. h., konkrete soziohistorische Bedingungen fließen ein, doch könnte die konkrete Ausprägung immer auch anders sein. Hark und Villa (2017) erklären die ‚Undurchschaubarkeit' der Kontingenz als charakteristisch für das Denken der Moderne. „Alles ist so oder auch anders möglich, weil es keinen notwendigen Existenzgrund hat" (ebd., S. 18).

Videoausschnitt: Körper 02:23–04:00

„Das Körpergeschlecht entwickelt sich sozial", stellt u-m/m-u fest, nachdem ens eine ganze Weile lang dem Vergeschlechtlichungsprozess ausgesetzt ist – oder sich dem Prozess aussetzt (?), sich hingibt (?) –, den ki-wi und Ab*in an u-m/m-u vollziehen. Spricht das visuell vermittelte Geschehen für sich? Vielleicht. Zugleich sind aber alle vier, die drei Freundens und die sprechenden Lippen, daran beteiligt, Theorien der Geschlechtersozialistation und des Doing Gender auf präzise Begriffe zu bringen.

Reflexionsfragen:

Entsteht im Videoausschnitt eine Spannung zwischen gesprochenem Text und Performance?

Wie lässt sich die performative Wiederholung so verstehen, dass ens nicht in die Falle des ‚Kleiderschrankbildes' tappt – zu denken, dass Doing sex_gender heißt, es stünde mir frei, jeden Morgen zu entscheiden, welches Geschlecht ich ‚anziehen' möchte?

3.2 Performativität der Norm

Judith Butler entwickelt ihr Konzept der Performativität vor dem Hintergrund von John Austins Sprechakttheorie (vgl. Butler, 1997a, S. 36 f.). Laut Austin bezeichnet Performativität eine Äußerung, die vollzieht, was sie sagt. Performative Äußerungen sind also eine (von mehreren) Form(en) des Sprechhandelns. In der späteren Rezeption Austins (u. a. durch Jacques Derrida) sowie durch die verschiedenen Weisen des Scheiterns einer performativen Äußerung, die Austin selbst anführt, wurde festgestellt, dass die Äußerung mit Autorität ausgestattet sein muss, um zu gelingen. An diese Erkenntnis knüpft Butler an, wenn sie vorschlägt, dass diese Autorität nicht personifiziert sein müsse (Lehrens, Richtens,

Priestens ...), sondern im Falle der Geschlechtsentwicklung als Norm auftrete: „Die Performativität ist demnach kein einmaliger ‚Akt', denn sie ist immer die Wiederholung einer oder mehrerer Normen; und in dem Ausmaß, in dem sie in der Gegenwart einen handlungsähnlichen Status erlangt, verschleiert oder verbirgt sie die Konventionen, deren Wiederholung sie ist" (ebd.).[22] Wenn Butler also von der Performativität von Geschlecht spricht, so sind es Geschlechternormen (heute würden wir sagen, verbunden mit Rassisierungs- und Klassen- und Befähigungsnormen),[23] deren Umsetzung sicherstellt, dass ein Geschlechtsausdruck oder eine geschlechtliche Äußerung gelingt und sozial verständlich ist – also tatsächlich vollzieht, was sie besagt.

Die Performativität des Geschlechts liegt also in der Performativität der Norm. Doch die Norm gewinnt bzw. behält ihre Autorität erst durch Wiederholung. Nur dadurch, dass bestimmte anerkannte Geschlechterpraxen wie z. B. die rigide zweigeschlechtliche Organisation der Arbeitswelt oder die Kanalisierung von Begehren in heterosexuelle Ehen von Menschen mehr oder weniger unhinterfragt (identifikatorisch) mitgetragen werden, erweist sich die Norm als wirkungsmächtig. In dieser Notwendigkeit der Wiederholung liegt für Butler das Versprechen der Veränderung. Zum einen, weil keine Wiederholung exakt sei, sodass notwendig kleine Verschiebungen entstünden, zum anderen, weil auch gezielt an der Norm gerüttelt werden könne – wobei allerdings ein schlichtes Verweigern der Norm aus Butlers Sicht unmöglich ist. Da wir durch die Wiederholung der Normen überhaupt erst zum (handlungsfähigen, vielleicht marginalisierten, vielleicht privilegierten) Subjekt werden, können wir die Norm also nur als bereits unterworfenes Subjekt befragen (vgl. ebd., S. 22, 37). Wir handeln somit von innerhalb der Norm bzw. bleiben noch in der Abgrenzung auf diese bezogen. Deshalb sieht Butler Widerstand eher als Subversion, denn als Konfrontation; als Möglichkeit, dass „die Kraft des regulierenden Gesetzes gegen dieses selbst gewendet werden kann, um Neuartikulationen hervorzutreiben, die die hegemoniale Kraft eben dieses Gesetzes in Frage stellen" (Butler, 1997a, S. 21)

---

22 Bei Butler tritt die Norm manchmal als Konvention (eine weitgehend unreflektierte soziale Abmachung), mal als regulierendes Ideal, mal als symbolisches Gesetz, mal als Ritual, mal als Imperativ auf. Darin verbergen sich unterschiedliche theoretische Bezüge von Michel Foucault über Jacques Lacan zu Louis Althusser und Pierre Bourdieu, die Butler in kreativer Weise, das heißt im Verhandeln der darin angelegten Spannungen und Widersprüche, miteinander verbindet.

23 Butler selbst formuliert eben diese Überlegung folgendermaßen: „Davon ausgehend, daß die normative Heterosexualität natürlich nicht das einzige regulierende Regime ist, das bei der Herstellung körperlicher Konturen wirksam wird oder der körperlichen Intelligibilität Grenzen setzt, ist es sinnvoll zu fragen, welche anderen Regime regulierender Produktion der Materialität von Körpern Kontur verleihen. Die soziale Regulierung von Rasse tritt anscheinend nicht als ein weiterer, von der sexuellen Differenz oder der Sexualität vollständig zu trennender Machtbereich auf, sondern ihre ‚Hinzufügung' stößt die monolithische Funktionsweise des heterosexuellen Imperativs [...] um" (Butler, 1997a, S. 42).

Insofern die Norm nicht nur in sozialen Praxen, sondern vielfach auch in sprachlichen Äußerungen auftritt, und diese anerkennend, aber eben auch entwertend und verletzend sein können, besteht eine Herausforderung in der Resignifizierung verletzender Sprache. Eva von Redecker formuliert mit Bezug auf Butler die Schwierigkeit, die der Resignifizierung als Umarbeiten der Performativität innewohnt:

> „Aber auch wenn klar ist, dass Begriffe nicht das Eigentum bestimmter Sprecher sein können, ist gar nicht so eindeutig, was man machen kann, um die Begriffe der Macht ihrer bisherigen, konventionellen Kontexte zu entziehen, d. h., ihre Bedeutung zu verändern. Dazu müsste es eine Wiederholung von Äußerungen geben, die deutlich genug die Formen der Macht imitiert, um Autorität zu gewinnen, und sich dennoch weit genug von ihr entfernt, um eine Bedeutungsverschiebung zu bewirken. [...] [D]as Paradebeispiel ist hier natürlich der Begriff ‚queer'" (von Redecker, 2011, S. 82 f.)

3.3 Körper und Gefühle, Affekt und Politik

Die Denaturalisierung von Geschlecht und Sexualität wirft unweigerlich die Frage nach der Konzeptualisierung der Körper auf, die nicht mehr als eindeutige Vertretens einer natürlichen Zweigeschlechtlichkeit dienen können und auch nicht als deren Beweis benötigt werden. Wie aber ist dann die Materialität der Körper und die Faktizität spezifischer Körperprozesse, -affekte und -empfindungen, nicht zuletzt auch im Verhältnis zu kulturellen Bezeichnungspraxen, zu verstehen? Diese Frage bestimmt schon seit der Veröffentlichung von *Gender Trouble* die Debatte, ist von Butler in *Körper von Gewicht* explizit aufgegriffen worden, aber bis heute umstritten. Charakteristisch für die Queer Theorie ist es, Körper nicht mehr als ‚natürliche', vorsprachliche Gegebenheiten zu verstehen, sondern als Funktionen und Effekte sozio-diskursiver Praktiken und Körperpolitiken. Diese bringen die Körper gleichzeitig hervor und schreiben sich in sie ein. Dementsprechend hat Butler vorgeschlagen, nicht mehr von der Materialität der Körper, sondern von deren Materialisierung zu reden:

Das Körpergeschlecht (*sex*)

> „ist nicht eine schlichte Tatsache oder ein statischer Zustand eines Körpers, sondern ein Prozeß, bei dem regulierende Normen das ‚biologische Geschlecht' materialisieren und diese Materialisierung durch eine erzwungene ständige Wiederholung erzielen. Daß diese ständige Wiederholung notwendig ist, zeigt, daß die Materialisierung nie ganz vollendet ist, daß die Körper sich nie völlig den Normen fügen, mit denen ihre Materialisierung erzwungen wird" (Butler, 1997a, S. 21).

Dies ändert nichts daran, dass wir uns körperlich erleben und als Körper in Beziehung zu anderen und zur Welt treten. Geschlecht und Sexualität können als Diskursformationen oder Beziehungsgeschehen (soziale Interaktion) verstanden werden, doch als solche werden sie auch empfunden. Im Aufsatz *Ein Körper werden* schlägt Steffen Kitty Herrmann (2011) vor, die phänomenologische Unterscheidung von Körper und Leib aufzugreifen, um zu verstehen, wie Vergeschlechtlichungen aus einem Zusammenspiel von Körperpraktiken und Leibempfindungen entstehen (vgl. ebd., S. 21 ff.). Das leiblich erfahrene In-der-Welt-Sein werde zugleich durch erlernte Körpertechniken und ein verobjektivierendes Körperwissen strukturiert. Im abschließenden Nachdenken über Möglichkeiten von Veränderung kommt Herrmann zu folgendem Schluss: „Es sollte einer emanzipativen Politik daher vor allem darum gehen, neue Codes, Praktiken und Verhaltensweisen zu schaffen, über die sich neue Leiber in den Körper einzuschreiben vermögen" (ebd., S. 32).

Videoausschnitt: Körper 16:55–17:47

U-m/m-u, mittlerweile sozial vergeschlechtlicht, ist in diesem Ausschnitt mit sich selbst beschäftigt, liegt behaglich auf dem Boden und erkundet verschiedene Körperteile. Währenddessen sind ki-wi und AB*in, ausgestattet mit einem Sortiment künstlicher Früchte, die sie einander anbieten und einverleiben, in ein Gespräch über Natur und die Illusion eines puren Naturkörpers verwickelt. Ihren Ausführungen folgend stellt nicht nur die Naturalisierung der Zweigeschlechtlichkeit ein Problem dar. AB*in behauptet, dass auch die Vielfalt der Natur kulturell geformt sei. Nicht sex & gender, sondern sex_gender.

Reflexionsfragen:
Wie können Sie sich erklären, dass uns die Teilung in zwei Geschlechter als naturgegeben erscheint?
Mit welchen Argumenten kann auch eine Naturalisierung der Vielfalt queer-politisch kritisiert werden?

Es gibt also verschiedene theoretische Ansätze, die eine Natur-Kultur-Opposition im Hinblick auf Körper vermeiden und zugestehen, dass soziale Verhältnisse in den physiologischen Dimensionen des Körpers, die zugleich erlebte Dimensionen sind, zusammenlaufen. Wenn aus dieser Perspektive die Zweiteilung der Geschlechter betrachtet wird, erscheint es nicht länger treffend, diese als ‚naturgegeben' zu verstehen. Doch wie kann sie überwunden werden? Kann der naturalisierten Zweigeschlechtlichkeit durch Aufklärung und ein verändertes Bewusstsein entgegengetreten werden? Oder gilt es hier, gelebte Körper und Leibempfinden ins Spiel zu bringen – oder aufs Spiel zu setzen? Oder gilt es in sozialen Konstellationen, von Körpern im Raum zu denken, die wie Sara Ahmed (2006) vorschlägt, jeweils in bestimmter Weise orientiert und einander zu-/abgewandt sind und aus deren Desorientierung, so Ahmed, Möglichkeiten der Umorientierung entstünden.

Neben sozial-konstruktivistischen, poststrukturalistisch-dekonstruktiven, psychoanalytischen und phänomenologischen sind im Bereich der QT/QS Affekttheorien bedeutsam.[24] Affekttheoretisch wird danach gefragt, wie Körper affiziert werden und ihrerseits affizieren, also durch Empfindungen bewegt werden. Wobei die Frage ist, ob Affekte und Gefühle (deren Unterscheidung umstritten ist), gerade wenn deren unkontrollierbare körperliche Effekte (wie beispielsweise Erröten im Moment der Scham) einbezogen werden, jenseits des Politischen seien – oder ob es im Gegenteil das Verständnis des Politischen auf dem Hintergrund der Affekttheorien umzuarbeiten gelte. Dies beinhaltet eine doppelte Frageperspektive, nämlich, wie mit Gefühlen Politik gemacht wird und auch, wie sich ein politischer Charakter von Gefühlen ausmachen und begründen lässt.

Vor dem Aufkommen von Affekttheorie und Queer Theorie hat der Vortrag von Audre Lorde *Vom Nutzen unseres Ärgers* (1991; i.O. *The Uses of Anger*, 1981) bereits in präziser Weise die politische Bedeutung von einem spezifischen Gefühl herausgearbeitet. Lorde argumentiert, dass Ärger und Zorn angemessene Reaktionen auf Rassismus innerhalb der Frauenbewegung seien. Ens erklärt, wie Ärger produktiv werden kann. Statt an Schuldgefühlen zu arbeiten, gelte

---

24 Affekttheorien beziehen sich zumeist entweder auf Brian Massumi oder auf Eve K. Sedgwick. Wichtige Ansätze, die die politische Dimension von Affekt queer-theoretisch behandeln, sind von Ann Cvetkovich, Lauren Berlant, Brigitte Bargetz entwickelt worden. Vgl. einführend: *Affekt und Geschlecht* (Baier et al., 2014). Muñoz (2020) entwickelt einen Zusammenhang zwischen Affekt, körperlicher bzw. künstlerischer Performance und politischer Subjektivität.

es, mit Differenzen unter Frauen so umzugehen, dass sich das „Bewusstsein dieser Unterschiede in Machtbewusstsein verwandeln“ (ebd., S. 106) könne. In der Tradition von Lorde befasst sich Jin Haritaworn im Buch *Queer Lovers and Hateful Others* (2015) ebenfalls mit Rassismus innerhalb queerer Bewegungen. Haritaworns Punkt ist, dass weiß-westliche, an neoliberaler Individualisierung orientierte LGBTI/queer-Politiken ihr Überlegenheitsgebaren und ihre Dominanz gegenüber Migrantisierten und Queers of Color darüber rechtfertigen, dass (in Medienberichten, Gerichtsverfahren, sozialen Konflikten) denjenigen Hass unterstellt wird, die rassistischen Hass und Anfeindungen erfahren. Sie werden, so Haritaworn, zu Verkörperungen eines auf sie projizierten Hasses (vgl. Haritaworn, 2015, S. 126 ff.). Ergänzend dient eine weitere Medienfigur der rassistische Dominanzgesellschaft als ein Garant der eigenen Fortschrittlichkeit und Toleranz: „the emergence of a queer lover who becomes a lovely sight in the shadow of racialized Others“ (ebd., S. 154).[25]

3.4 inter*, trans*, non-binär

> „ich benenne mich und andere dürfen fragen. aber wenn keine fragen kommen, frag ich mich, weiß die/der andre von meiner transidentität? manche ahnen nichts davon, einige fragen mich nach der ‚trans*richtung‘, vielen ist es immer noch ein ganz neues thema, andere haben es sich gedacht oder davon gehört. selbstouten hört nie auf und bringt immer wieder spannende begegnungen“ (kollektiv sternchen & steine, 2012, S. 35)

Die Rede von Geschlechtervielfalt ist mittlerweile auch im gesellschaftlichen Mainstream weit verbreitet. Inter*- und Trans*-Belange finden mediale Aufmerksamkeit, besonders dann, wenn sie in Form einer persönlichen Geschichte präsentiert werden können. Dass hieraus Anforderungen an (Hoch-)Schule, Pädagogik und Erziehungswissenschaft erwachsen, wird zunehmend deutlicher (vgl. Hechler, 2016; Voß, 2021; Oldemeier, 2021; Nachtigall & Ghattas, 2021). Dennoch ist vielen Menschen nicht klar, was die Begriffe Intergeschlechtlichkeit, Transgeschlechtlichkeit und nicht- oder non-binär eigentlich bedeuten. Und wenn gesagt wird, es gebe mehr als zwei Geschlechter, heißt dies, die zählbaren Geschlechterkategorien zu erweitern? Oder meint es, dass Geschlechter unzählbar und klare Grenzziehungen unmöglich sind?

---

25 Vgl. auch Castro Varela & Mecheril (2016): *Die Dämonisierung der Anderen.*

Für einen ersten Zugang seien die Begriffe folgendermaßen umrissen:

- *Intergeschlechtlichkeit*, kurz: Inter oder Inter*, früher Intersexualität, heißt, dass sich physiologische Körpermerkmale (anatomisch, genetisch und/oder hormonell) nicht in die Normen ‚weiblicher' oder ‚männlicher' Körper einfügen.
- *Transgeschlechtlichkeit*, kurz: Trans oder Trans*, früher unter anderem Transsexualität, heißt, dass die Geschlechtsidentität oder das eigene geschlechtliche Selbstverständnis oder Geschlechtsempfinden nicht mit dem bei der Geburt zugewiesenen Geschlecht übereinstimmt.
- *Non- oder nicht-binär* bezeichnet Menschen, die sich nicht in der zweigeschlechtlichen Ordnung verorten können oder wollen.
- *Cis-Personen* identifizieren sich mit dem bei Geburt zugewiesenen Geschlecht oder haben zumindest keinen Drang, die Zuordnung infrage zu stellen.
- *Endo-geschlechtliche* Personen sind in ihrer Lebensgeschichte bislang nicht zu den medizinischen Normen eines ‚weiblichen' oder ‚männlichen' Körpers in Widerspruch geraten.

Reflexionsfrage:

Vergleichen Sie die Definitionen, die in den folgenden Broschüren angeboten werden:

Nonbinary Universities: Seite 13
https://www.oeh.ac.at/produkt/non-binary-universities-vademekum

Trans und Schule: Seite 25
https://www.schlau.nrw/wp-content/uploads/2020/01/TransUnd-Schule_Brosch_2020_web.pdf

Was unterscheidet die Definitionen? Achten Sie nicht nur auf Inhalte, sondern auch auf Rhetorik und Adressierungen.

Inter- und Transgeschlechtlichkeit gibt es nicht erst seit ihrer Politisierung. Da sie in diesem Buch jedoch im Zusammenhang von QT/QS betrachtet werden, soll die Perspektive entsprechend eingeschränkt werden. Ein historischer Zugang würde bedeuten, auch die Begriffe zu befragen, mittels derer in die Geschichte geschaut wird, sowie die jeweiligen Geschlechterordnungen zu erforschen, die nicht notwendig zweigeschlechtlich waren (vgl. Feinberg, 1996; Herrn, 2005; Klöppel, 2010; de Silva, 2018). Im Hinblick auf aktuelle Inter- und Trans-Forschung scheint es wichtig, dass diese nicht einfach in die QT/QS eingemeindet, sondern als eigenständige Forschungsansätze anerkennt werden, die grundlegende Beiträge zum Verständnis von Geschlecht leisten (vgl. Stryker et al., 2008; Baumgartinger, 2017, S. 121, 224 ff.; Bauer, 2017).

Persson Perry Baumgartinger (2017) rekonstruiert die Geschichte der Trans Studies und identifiziert ihre Anfänge bereits Ende der 1980er Jahre, also vor Beginn der Queer Studies (vgl. ebd., S. 108 ff.). Baumgartinger geht davon aus, dass Trans Studies eine eigene Theorierichtung darstellen, eine Gesellschafts- und eine Erkenntnistheorie, die je spezifische Beiträge zu einem non-binären Geschlechterverständnis liefern. Diese Erkenntnisse wahrzunehmen, sei sowohl für die Gender- als auch die Queer Studies gewinnbringend:

> „Trans Studies also als eine Forschungsrichtung, die sich um die Ränder, die Peripherie, die Grenzüberschreitungen, die Kreuzungen, Lecks und Schlüpfrigkeiten kümmert – über Geschlechternormen, Rassialisierungen, Generationen und Auf- und Abwertungen von bestimmten Spezies hinaus. Denn in den Trans Studies geht es u. a. um das Infragestellen und Auflösen der Dichotomie von dem Fixen und den Überschreitenden, von fixity and crossers" (ebd., S. 28).

Diese Entwicklung lässt sich auch in dem seit 2014 existierenden wissenschaftlichen Journal *TSQ-Transgender Studies Quarterly* nachvollziehen.

Trans*-Aktivismus nimmt unterschiedliche, auch gegensätzliche Formen an, die von biologisch oder biologistisch begründeter Besonderheit über essentialistisch, überhistorisch begründete Geschlechtervielfalt, über herrschaftsanalytisch fundierte Minderheitenpolitik bis hin zu queeren Positionen einer nicht kategorisierbaren, fluiden Geschlechtlichkeit reichen.[26] Auch im Bereich nicht-binärer

26 Für eine kritische Auseinandersetzung mit biologisch argumentierender Geschlechterforschung, die Transsexualiät/-geschlechtlichkeit durch Neuro- oder Soziobiologie, Hirn- oder Hormonforschung erklärt, vgl. Schmitz, 2006; Voß, 2010; Watt/Einstein, 2019. Ein Konferenzband, herausgegeben von Schreiber (2019), versammelt neurobiologische und theologische Beiträge bezogen auf Intergeschlechtlichkeit, die eine biologische Begründung der Geschlechtervielfalt (vgl. a. Fausto-Sterling, 2000) oder das Potenzial der Vielfalt in der Schöpfung verorten. Wissenschaftskritisch gilt es zu fragen, wann biologische Ansätze biologistisch werden oder soziale Einflüsse auf Physiologie und Gene zur Begründung rassistischer, heteronormativer oder ableistischer Prämissen herangezogen werden (vgl. Kenney & Müller, 2017) – was aber auch bedeutet, dass Genetik, Hormon- und Hirnforschung queer-theoretisch nicht per se zu verwerfen, sondern deren macht- und herrschaftsanalytischen Dimensionen oder Potenziale zu betrachten sind (vgl. Preciado, 2016).

Selbstorganisation und Politik findet sich ein Spektrum von identitären bis dezidiert anti-identitären (Selbst-)Verständnissen. Der Bundesverband Trans* (BVT) ist bemüht, (unter Verwendung des Asterisk und als politische Vertretung von „trans* bzw. nicht im binären Geschlechtersystem verorteter Personen" (www.bundesverband-trans.de/ueber-uns/unser-leitbild) ein breites Spektrum zu repräsentieren. Dies umfasst jedoch nicht diejenigen Organisationen, die sich entschieden gegen den Begriff Trans* wenden und stattdessen Transsexualität verwenden. So sieht beispielsweise Atme e. V. Transsexualität durch Körpermerkmale bestimmt und unabhängig von Fragen der Geschlechtsidentität (*gender*) (vgl. https://atme-ev.de/index.php). Zugleich arbeiten beide Gruppierungen unter einer minderheitenpolitischen, menschenrechtsbasierten Prämisse.

Reflexionsfrage:
Wie würden Sie die beiden Ansätze von BVT* und Atme e. V. aus queer-theoretischer Perspektive beurteilen?

Queere Trans*-Politiken werden nicht einheitlich. Durch den typografischen Stern (Trans*) wird eine Unabschließbarkeit und offene Zukünftigkeit des Geschlechts signalisiert. Zwar wird in jedem Falle die rigide Zwei-Geschlechter-Ordnung infrage gestellt. Doch dann bringen Trans*-Politiken situationsabhängig Transgender entweder als *Identitätskategorie* oder als *einen Prozess fortwährenden, relationalen Werdens* ins Spiel. Ersteres erlaubt es, einen Antagonismus zu formulieren, der die Gewalt einer medizinisch, juristisch und sozial durchgesetzten Zweigeschlechtlichkeit anklagt. Zweiteres untergräbt die Privilegien heteronormativer Existenz, indem die naturalisierte Selbstverständlichkeit der Geschlechterbinarität verUneindeutigt wird. Kann es sein, dass gerade in der Kombination dieser gegenläufigen Strategien politische Stärke liegt?

Literarisch-biografischer Tipp:
kollektiv sternchen & steine (2012): *Begegnungen auf der Transfläche*

Videoausschnitt: Körper 10:53–11:41

In diesem Videoausschnitt geben sich die drei Protagonens die Staffel in die Hand und ergänzen sich in ihren Äußerungen perfekt. U-m/m-u formuliert das „Dilemma der Identitätspolitik", AB*in erklärt, wie sich dies in Trans*- und Inter*-Politiken ausprägt, und ki-wi dekonstruiert das Privileg der Cis-Geschlechtlichkeit. Denn ‚weiblich', so ki-wi, könne eine cis*, eine trans* oder eine inter*-Person bezeichnen. Wie soll ich's wissen? Und warum sollte ich? Besser also davon ausgehen, dass ich es nicht weiß.

Reflexionsfragen:

Queer-Politik ist bemüht, Diskriminierung zu benennen, ohne Identitäten festzuschreiben. Aber lassen sich dennoch klare politische Forderungen stellen, auch wenn Identität als vielschichtig, konstruiert und veränderlich aufgefasst wird?

Wieso führt das Video hier Trans*- und Inter*-Aktivismus als Beispiel an?

Was gelingt, laut Videoausschnitt, im Trans*- und Inter*-Aktivismus?

3.5 Intergeschlechtlichkeit und Personenstandsrecht

Intergeschlechtlichkeit erfährt seit Beginn des 21. Jahrhunderts eine Politisierung, die sich in Forderungen nach rechtlicher Anerkennung, dem Ende der Pathologisierung, dem Verbot von Operationen an nicht einwilligungsfähigen Kindern, in wachsender Selbstorganisation und Medienaktivismus ausdrückt. Der Film *Das verordnete Geschlecht* (Regie: Oliver Tolmein & Bertram Rotermund, D 2001, 62 min, 35 mm) dokumentiert den frühen Aktivismus von Michel Reiter und kann zusammen mit den Protesten vor der Klinik Charité in Berlin anlässlich von Intersex-Medizin-Kongressen und den juristischen Interventionen von Konstanze Plett (vgl. Plett, 2021) in den frühen 2000er Jahren als Auftakt der deutschsprachigen ‚Intersex-Bewegung' gelten. Vor allem seit der *Kampagne Dritte Option* und dem bahnbrechenden Urteil des Bundesverfassungsgerichts von 2017 ist Intergeschlechtlichkeit zum Thema in Medien, Öffentlichkeit und Bildung geworden. Die geschlechtsvereindeutigenden Behandlungen an Kindern sind jedoch 2024 noch immer nicht beendet, obwohl seit 2021 ein Gesetz besteht, das Operationen an nicht einwilligungsfähigen Kindern verbietet. Dieses sieht jedoch zahlreiche Ausnahmen vor.

Andreas Hechler befasst sich seit Langem mit Intergeschlechtlichkeit in der Bildungsarbeit und hat einen Aufsatz veröffentlicht, der sorgfältige Vorschläge für einen respektvollen Umgang macht und von intergeschlechtlichen Menschen erstellte Materialien zentral setzt (vgl. Hechler, 2016). In einem Beitrag, den Hechler zusammen mit Melanie Groß verfasst hat, fordern die beiden darüber hinaus die „geschlechtersensible Selbstreflexion von Fachkräften" (Groß & Hechler, 2021, S. 212). Der Aufsatz ist einem Band veröffentlicht, der sich mit Intergeschlechtlichkeit und Sozialer Arbeit befasst (Groß & Niedenthal, 2021), doch die Schlussfolgerungen von Groß und Hechler lassen sich auch auf andere Berufsfelder übertragen: Sie argumentieren, dass wir überall in der Gesellschaft und durch alle Altersgruppen hindurch mit Menschen umgehen, die nicht in der zweigeschlechtlichen Norm aufgehen. Dies sei nicht unbedingt offensichtlich. Zum einen seien nicht alle bereit, sich entsprechend zu outen, zum anderen seien Zwei-Geschlechter-Norm und normative Heterosexualität so stark, dass oft ohne Zögern alle Anwesenden diesen Vorannahmen unterworfen würden. Es sei also hilfreich, davon auszugehen, dass inter* oder trans* Personen, Lesben oder Schwule in konkreten Situationen anwesend sind. Entsprechend sollten cis- bzw. endo-geschlechtliche und heterosexuelle Personen selbstkritisch mit der privilegierten Eingebundenheit in dominante heteronormative Verhältnisse umgehen.

Der Sammelband von Melanie Groß und Kathrin Niedenthal (2021) ist anlässlich der jüngsten Entwicklungen im deutschen Personenstandsrecht entstanden. Unter dem Titel *Geschlecht: divers. Die „Dritte Option" im Personenstandsgesetz* enthält der Band gezielt Stimmen von inter*geschlechtlichen Personen. Die Herausgebens folgen einer Ethik, vom *Sprechen über* zum *Sprechen mit* zu wechseln und dennoch advokatorische Verantwortung (Sprechen *für*) zu übernehmen. Hervorzuheben ist der Artikel von Vanja (2021), der Person, die die *Kampagne Dritte Option* initiiert und die Klage vor dem Bundesverfassungsgericht eingereicht hat, die zur Reform des Personenstandsrechts geführt hat.

Seit Dezember 2018 gibt es vier Optionen des Geschlechtseintrags im deutschen Personenstandsrecht. Die §§ 22 und 45b PStG stellen neben den traditionellen Optionen „weiblich" und „männlich" auch der Verzicht auf einen Geschlechtseintrag (x) sowie die Möglichkeit „divers" (d) zur Verfügung (vgl. Niedenthal/

Groß, Einleitung). Der Beschluss des Bundesverfassungsgerichts von 2017[27] hatte die Gesetzgebung aufgefordert, entweder „auf einen personenstandsrechtlichen Geschlechtseintrag generell [zu] verzichten" (Abs. 65) oder „die Möglichkeit [zu, A. A. E.] schaffen, eine einheitliche positive Bezeichnung eines Geschlechts zu wählen, das nicht männlich oder weiblich ist" (ebd.). Die bisherige Regelung wurde als verfassungswidrig eingestuft. Begründet wurde dies mit dem vom Grundgesetz verbrieften Schutz des allgemeinen Persönlichkeitsrechts (GG §§ 2 und 3), das auch die Geschlechtsidentität umfasse.

Bahnbrechend ist, dass mit der genannten Gesetzesreform das Monopol der Geschlechterbinarität staatlicherseits gebrochen wurde. Doch erfährt das systemverändernde Potenzial eine gravierende Einschränkung, da das Gesetz fordert, eine ärztliche Bescheinigung über das Vorliegen einer „Variante der Geschlechtsentwicklung" beim Standesamt vorzulegen. Dies wird von Expertens und Aktivistens als pathologisierend eingestuft.[28] De facto ist somit ein hierarchisch gestuftes statt eines egalitären Rechts geschaffen worden: Weiblich/männlich bilden nun die Norm; divers oder kein Eintrag die zu bescheinigende Abweichung. Zudem blieb das sogenannte Transsexuellengesetz (TSG) mit seinen komplizierten und teuren Begutachtungs- und Gerichtsverfahren bestehen und formal weiterhin zuständig für ‚transsexuelle Geschlechtsangleichungen'. Die Löschung des Passus zur ärztlichen Bescheinigung im § 45 b PStG und die Abschaffung des TSG waren deshalb Forderungen für eine weitere Reform, die unmittelbar nach Inkrafttreten des Gesetzes geäußert wurden. Hätten alle Menschen, inklusive trans* Personen, die Chance, den § 45 b als einfachen Verwaltungsakt zu nutzen, wäre ein egalitäres Gesetz geschaffen, das Geschlechtervielfalt fördert.

In aktivistischen Kreisen wurde jedoch des Weiteren der vage Begriff ‚divers' kritisiert, mit dem sich quasi niemand identifiziere. Kann er somit als ‚positiver' Geschlechtseintrag dienen, wie das Bundesverfassungsgericht fordert? Oder wird er zum Sammelbecken für ‚Freaks', während ‚männlich' und ‚weiblich' unangefochten bleiben? Mir erscheint es richtig, „divers' zu verteidigen, gerade weil es ein vager, deutungsoffener Begriff ist. Sein queeres Potenzial liegt meiner Ansicht nach darin, dass er kein drittes Geschlecht, sondern eine dritte Eintragsoption darstellt. Da der Begriff ‚divers' keine Identitäten festlegt, produziert er keine Ausschlüsse, sondern kann Widersprüchliches bedeuten: Er kann als Sammelbegriff für verschiedene Selbstverständnisse und Körperlichkeiten verstanden werden. Er verschließt nicht die Möglichkeit, sich damit als Selbstbezeichnung zu identifizieren. Divers kann aber auch für Veränderbarkeit und Nicht-Festlegbarkeit

27 BVerfG: Beschluss des Ersten Senats vom 10. Oktober 2017–1 BvR 2019/16 –, Rn. 1–69, www.bverfg.de/e/rs20171010_1bvr201916.html (15.06.2022).

28 Vgl. u. a. online verfügbare Stellungnahmen von TransInterQueer (TrIQ), des Deutschen Instituts für Menschenrechte (DIMR), der Organisation Intersex International (oii), des Bundesverband Trans* (BVT), des Instituts für Queer Theory (iQt), des Lesben- und Schwulenverbands Deutschland (LSVD).

von Geschlecht stehen – oder für die Überzeugung, dass Geschlechter einzigartig sind, alle Menschen nicht etwa ‚Varianten einer Norm' sind, sondern unendliche ‚Variationen' der Geschlechtsentwicklung aufweisen.

Solange die Deutungsoffenheit betont wird, lässt sich nicht rechtfertigen, dass der § 45b PStG lediglich für intergeschlechtliche Personen gelte, wie ein Urteil des Bundesgerichtshofs vom 20. April 2020 nahelegt,[29] gegen das wiederum vor dem Bundesverfassungsgericht Widerspruch eingelegt wurde (Entscheidung Januar 2024 immer noch ausstehend). Vielmehr könnte die Deutungsoffenheit von ‚divers' auch auf ‚weiblich' und ‚männlich' abfärben, bei denen ja auch nicht klar ist, ob sie eine trans*, eine inter* oder eine cis* Person bezeichnen.

Doch gibt es nicht auch gute Gründe, mit den Begriffen trans*, inter*, nonbinär* (TIN*) Politik zu machen? Diese womöglich sogar ins Recht aufzunehmen? Untergräbt der Begriff ‚divers' die Sichtbarkeit von inter*? Ist die queer-theoretische Kritik, dass Identitätspolitiken immer Ausschlüsse bzw. übergriffige Einschlüsse produzieren, uneingeschränkt treffend? So schreibt Vanja (2021), dass es bei der *Kampagne Dritte Option* darum ging, „durch einen expliziten dritten Geschlechtseintrag Sichtbarkeit und Akzeptanz zu schaffen für Inter* und Trans*" (ebd., S. 21). Nichtsdestotrotz betont Vanja auch Mehrfachzugehörigkeiten und dass es nicht um Eindeutigkeit gehe:

> „Sicher, mein veränderter Körper fühlte sich passender an [dank der Hormoneinnahme, A. A. E.]. Aber im Inneren war ich immer noch die gleiche Person. Nicht Frau, nicht Mann, sondern Inter*, Trans* und divers. Vor allem aber war ich wütend. [...] Ich will das nicht mehr. Mich wieder verstecken. So tun, als wäre ich ein Mann, nur damit die anderen sich nicht in ihrer ‚Zwei-Geschlechter-Matrix' gestört fühlen" (ebd., S. 19).

Reflexionsfragen:
Was halten Sie von dem Begriff ‚divers'?
Sollte TIN* lieber explizit genannt werden?

3.6 Sexualität

In QT/QS gilt nicht nur Geschlecht, sondern auch Sexualität als wirkungsmächtige Dimension gesellschaftlicher Differenz- und Ungleichheitsverhältnisse. Hierbei wird Sexualität so verstanden, dass sie nicht nur KörperSubjektivität und intime soziale Beziehungen, sondern auch gesellschaftliche Institutionen sowie staatliche und ökonomische Prozesse strukturiert (vgl. Richardson & Seidman, 2002). Wenn Sexualität als Empfinden und Erleben, als Aspekt von Identität oder Beziehungen oder als sexuelle Praxen thematisiert wird, dann erfolgt dies

29 BGH XII ZB 383/19, 20.04.2020.

ebenfalls in kritischer Distanz zu Thesen, die eine Naturgegebenheit dieser Phänomene behaupten. Stattdessen treten Fragen nach der diskursiven und sozialen Konstruktion von Sexualität in den Vordergrund, um die Entstehung und Veränderung von Wissen und Gewohnheiten, Darstellungs- und Ausdrucksweisen des Sexuellen zu untersuchen sowie historische und geografische, wissenschaftliche, kulturelle und religiöse Differenzen zu erklären (vgl. de Lauretis, 1996; Tuider, 2008; Foucault, 2012; Klauda, 2014; Quindeau, 2014; Katzer & Voß, 2016).

Es geht queer-theoretisch also darum, wie Macht und Herrschaft auf Sexualität einwirken und diese formen, aber auch, wie Macht und Herrschaft durch Sexualität ausgeübt werden – und hierbei auch rassistische, klassistische/kapitalistische, ableistische und sexistische Formen annehmen können. Mark Blasius (2013) spricht im Anschluss an Michel Foucault von ‚Regimen der Sexualität' und einem ‚Regieren mittels Sexualität'.[30] Gabriele Dietze (2017) befasst sich mit Bezug auf amerikanische (*sexual politics*), französische (*politique sexuelle*) und deutsche Begriffstraditionen (vgl. ebd., S. 10) damit, wie Sexualpolitik im 21. Jahrhundert als Machttechnik eingesetzt wird, die der Migrationsabwehr und dem Ausschluss rassisierter Anderer dient. Eine Sexualisierung des (neoliberal geprägten) Freiheitsbegriffs (vgl. ebd., S. 38) rechtfertige biopolitische Ausschlüsse, indem rassisierte Bedrohungsszenarien entworfen werden. Damit verändert sich Sexualpolitik[31] als Machttechnik und auch die Bedeutung des Begriffs erfährt, im Unterschied zu seiner früheren Verwendung zur Analyse sexistischer oder heteronormativer Verhältnisse, eine Verschiebung. Mit Florian Klenk ließe sich sagen, dass unter ‚post-heteronormativen' Bedingungen (vgl. Klenk, 2023) Sexualpolitik auf eine bedingte Integration einiger vormals marginalisierter sexueller Lebensweisen setze, während zugleich Diskriminierungen oder Ausschlüsse

30 Blasius interessiert vor allem, wie dank dieses Untersuchungsrasters ein internationaler Austausch auf Augenhöhe, ohne westlichen Paternalismus gefördert werden kann. Im Anschluss an Foucaults breiten Begriff des Regierens fragt Blasius, wie: „Sexualität als modus operandi des Regierens" (Blasius, 2013, S. 224; Übers. A. A. E.) funktioniert. Durch die Untersuchung von Verfahren und Technologien des Regierens werde es möglich, nach ‚Regimen der Sexualität' zu fragen, die sich zu einem spezifischen historischen Zeitpunkt in einem bestimmten geopolitischen Kontext ausbilden. Insbesondere gelte es zu verstehen, wie sich das jeweilige Regime der Sexualität z. B. mit einem Regime der Wohlfahrt oder des internationalen Rechts oder der Produktionsverhältnisse verschalte. Für den globalisierungskritischen Kontext ermöglicht dies zweierlei: a) wird Sexualität als eine gesellschaftspolitische Frage verstanden, die mit Problemen sozialer Gerechtigkeit und nicht lediglich individuellen Rechten und subjektiver Lebensqualität verknüpft ist, b) können die weltweit äußerst unterschiedlichen Formen wahrgenommen werden, wie Sexualität und Geschlecht politisch zum Einsatz kommen und Lebensmöglichkeiten von Einzelnen in ihren sozialen Kontexten formatieren.

31 In der queer-theoretischen Heteronormativitätskritik wird meist der Plural *sexual politics* verwendet, oftmals übersetzt als ‚sexuelle Politiken' (vgl. quaestio, 2000; Klenk, 2023).

durch die Projektion stereotyper Bilder von Geschlecht, Rassisierung und Klasse auf sexuelle Lebensweisen fortgesetzt würden.

Eine andere, wenngleich ebenfalls mit Rassismuskritik verbundene Verwendungsweise des Begriffs Sexualpolitiken (*sexual politics*) findet sich bei Patricia Hill Collins (2000). Im Kapitel ‚The Sexual Politics of Black Womenhood' (vgl., S. 123–135) verwendet Collins das Konzept, um die Bedeutung miteinander verschränkter Unterdrückungssysteme für die Sexualität Schwarzer Frauen zu analysieren. Indem Collins die Geschichte und Funktionsweisen des Heterosexismus aus Perspektive Schwarzer Frauen rekonstruiert, kann ens verschiedene Gründe des Schweigens über die Sexualität Schwarzer Frauen offenlegen und Vorschläge zur Überwindung des Schweigens, nicht zuletzt über lesbische Sexualität, machen. Hierbei nutzt Collins Sexualpolitiken als analytisches Konzept, um Widerstandskraft zu erfassen bzw. zu fördern. Obgleich nicht direkt im Bereich der QT/QS verortet, eröffnen Dietze und Collins Möglichkeiten, queer-theoretisches Denken rassismuskritisch und intersektional zuzuspitzen. Zugleich treten bei Collins die konkret gelebten sexuellen Praxen in den Vordergrund, die ebenso mit Reproduktion wie mit Lust einhergehen können (vgl. a. Hammonds et al., 1997).

Die Rede von sexuellen Orientierungen, um zu bezeichnen, wie Begehren ausgerichtet ist und bestimmte Beziehungen begründet bzw. andere verwirft, wird überhaupt erst dann sinnvoll, wenn Heterosexualität den Monopolcharakter verloren hat. Wobei Michel Foucault verdeutlicht, dass die als Identität verkörperte sexuelle Abweichung (Devianz) ein Produkt der modernen bürgerlichen Organisation des Sexuellen ist. Durch das Klassifizieren von ‚Devianzen' sei der vorgeblich ‚normale' Bereich der Heterosexualität überhaupt erst entstanden (vgl. Foucault, 2012). Hetero- und homosexuelle, lesbische, schwule, bi- oder pansexuelle Orientierungen sind demnach nicht im Inneren der Individuen angelegt, sondern entstehen in sozial und kulturell orchestrierten gesellschaftlichen Räumen.[32] Für die Individuen sind sie Teil eines psycho-sozialen Entwicklungsprozesses, den Teresa de Lauretis (1996; i. O. 1994) ‚sexuelle Strukturierung' nennt, Judith Butler die ‚Annahme einer Geschlechtsidentität', in der sich Identifizierungen und die Ausrichtung des Begehrens miteinander verschalten (vgl. Butler, 1997a; i. O. 1993). Sara Ahmeds queere Phänomenologie der sexuellen Orientierung zeigt, „how orientations ‚exceed' the objects they are directed toward, becoming

32 Der Begriff ‚asexuell' ist hier ganz bewusst nicht einfach eingereiht, weil Asexualität von denjenigen, die diese für sich beanspruchen, eben gerade nicht als sexuelle Orientierung gefasst wird (wenngleich sie gesellschaftlich als Devianz angesehen wird): „Die Erfahrung, dass platonische Beziehungen gesellschaftlich als weniger erstrebenswert betrachtet werden als romantische Beziehungen, führte innerhalb aromantischer [und asexueller, ae] Communities zu dem Bedürfnis nach einem Begriff, der beschreibt, dass es eine tiefe emotionale Beziehung gibt, die sich in dem Verständnis von ‚nur befreundet sein' nicht wiederfindet. Aus diesen Überlegungen heraus ist der Begriff ‚Queerplatonic Relationship' entstanden" (Profus, 2016, S. 241).

ways of inhabiting and coexisting in the world" (Ahmeds, 2006, S. 67). In einer Welt, in der heterosexuelle Orientierung aufgefordert ist, eine gerade (*straight*) Richtung einzuhalten, erscheine Homosexualität nicht einfach als eine schräge oder kurvige Linie, sondern als moralische Abweichung vom geraden Weg (vgl. ebd., S. 70). Doch wenn die Orientierung nicht einfach auf ein unzulässiges Objekt ausgerichtet sei, sondern die Welt schräg (*slantwise*) betrachte, entstehe „a queer orientation […] that does not overcome what is ‚offline', and hence *acts out of line with others*" (ebd., S. 107).

Ebenso wie queere Orientierung zu differenzierten Subkulturen führen mag, schlagen Lauren Berlant und Michael Warner (2005) vor, auch von heterosexueller Kultur zu sprechen, um Vereinheitlichungen und Verdinglichungen zu vermeiden: „Heterosexualität ist nicht ein Ding. Wir sprechen lieber von heterosexueller Kultur als von Heterosexualität, da diese Kultur niemals mehr war als eine provisorische Einheit. Sie ist weder eine symbolische Einheit, noch eine einzelne Ideologie oder ein einheitliches Ensemble gemeinsamer Überzeugungen" (ebd., S. 83). Der Begriff der Kultur erlaubt ihrer Ansicht nach auch, der Privatisierung von Sexualität und Intimität entgegenzutreten und deren öffentlichen Charakter zu unterstreichen, auch wenn gerade dies als skandalös angesehen werde:

> „Heterosexuelle Kultur erreicht einen großen Teil ihrer […] Verständlichkeit durch die Ideologien und Institutionen der Intimität. Wir wollen hier zeigen, dass Intimität selbst in mehrfachem Sinne öffentlich vermittelt wird, obwohl darin die intimen Beziehungen privater Personalität als Reich der Sexualität schlechthin auftreten und ‚Sex in der Öffentlichkeit' als völlig fehl am Platze erscheinen. […] Das Intimleben ist das ewig zitierte Anderswo des politischen öffentlichen Diskurses, der versprochene Zufluchtsort, der die Bürger[*innen] von den ungleichen Bedingungen ihres politischen und ökonomischen Lebens ablenkt" (Berlant & Warner, 2005, S. 85).

Dass auch psychoanalytisches Denken in der Queer Theorie keineswegs von der politischen Analyse gesellschaftlicher Macht- und Herrschaftsverhältnisse ablenkt, ist immer wieder demonstriert worden (vgl. Butler, 1997a; de Lauretis, 1996; Dean, 2000; Bersani, 2010; Hutfless & Zach, 2017). Hier sei der als Dialog aufgezogene Band von Lauren Berlant und Lee Edelman (2014) herausgegriffen, die unter dem Titel *Sex, or the Unbearable* gemeinsam über Sexualität als Begegnung mit d* Anderen nachdenken. Sie interessieren sich für Erfahrungen, die Selbstgewissheit erschüttern und Lust an der Irritation wecken können: „sex, for us, denotes an encounter with otherness" (Edelman in Berlant & Edelman, S. 1), „the encounter with what exceeds and undoes the subject's fantasmatic sovereignty" (ebd., S. 2), „being undone by being in relation" (Berlant in Berlant & Edelman, S. 2).

Edelman und Berlant heben die Erfahrung des *being undone* positiv hervor und verwenden für diese Entgrenzung dennoch den Begriff ‚Negativität'. Eine Kontroverse entsteht, weil sie mit Negativität ziemlich Unterschiedliches meinen. Für Edelman resultiert daraus eine Antisozialität: „[J]e näher wir dem Genießen kommen, desto mehr müssen wir uns dagegen verteidigen […], gegen die Negativität, die unsere Souveränität zu entleeren droht" (ebd., S. 8, Übersetzung A. A. E.), woraus eine ‚Nicht-Beziehung' entstehe (vgl. ebd., S. 10). Berlant hingegen versteht Negativität als gelebte Ambivalenz, nicht „antisocial, just socially awkward" (merkwürdig, unbeholfen) (ebd., S. 5). Sie führe keineswegs zur Nicht-Beziehung, sondern könne sogar Wachstum ermöglichen (vgl. ebd., S. 12).

> „ich denke, dass Subjekte üblicherweise nicht schockiert sind, wenn sie ihre eigene Widersprüchlichkeit und die Widersprüchlichkeit der Welt um sie herum entdecken; oft finden sie es komisch, schämen sich ein bisschen oder finden es interessant, oder aufregend, oder auch mühsam, angesichts des permanenten Drucks sich immer wieder neu sortieren zu müssen, den das Nicht-souverän-Sein ausmacht: der Instabilität und Zusammenhanglosigkeit unterworfen, die eine*r ins sich und um sich herum erfährt" (ebd., S. 6).

Der Verzicht auf Souveränität, als Negativität bezeichnet und im Sex erfahren, gilt für Berlant wie für Edelman als zugleich verunsichernd, aber auch lustvoll. Wie kann diese Lust auch Beziehungen und Sozialität begründen? Kann sie eine Bereitschaft zur Fürsorge (*care*) wecken?

3.7 Queer Care und Konflikt

Die Figur eines post-souveränen Subjekts lässt sich auch durch den Hinweis darauf begründen, dass wir keine unabhängigen (autonomen) Wesen, sondern aufeinander angewiesen sind (und zwar alle, wenn auch in unterschiedlicher Weise). Diese unhintergehbare Angewiesenheit ist ein zentraler Gedanke feministischer Care-Theorien. In queer-theoretischer Version ist eine Begriffsverschiebung von Sorgepraxen bzw. Sorgearbeit zu *Caring Communities* (sorgenden Gemeinschaften, Fürsorgeräumen) zu verzeichnen (vgl. Laufenberg, 2012; Seeck, 2021, S. 169 ff.). Francis Seeck (2021) entwickelt die theoretischen Vorteile einer solchen Verschiebung anhand einer empirischen Studie, die Care-Praxen von trans und nicht-binären Person, insbesondere auch unter dem Aspekt von Klassenunterschieden, untersucht. Das Konzept der Caring Communities, so Seeck, nimmt ernst, dass es nicht nur die Umsorgten, sondern auch die Umsorgenden sind, die Care benötigen. Neben Fürsorge bedarf es auch der Selbstsorge, denn Sorgearbeit ist anstrengend und emotional erschöpfend. Deutlich macht diese Perspektive außerdem, dass sich Gemeinschaften nicht durch vereinzelte (individualisierte) oder kommerzialisierte Tätigkeiten ersetzen lassen. Doch deutlich zeigt sich auch, dass die Sorgegemeinschaften de facto aus einer Mischung selbstorganisierter und schlecht vergüteter professioneller Arbeit bestehen, in die Ausbeutung und Selbstausbeutung eingeschrieben sind.

Wie lassen sich die Asymmetrien und möglichen Konflikte, die Risiken der Abhängigkeit und der Ausbeutung in das Konzept der Caring Communities einbeziehen. Gilt es, Negativität in den Care-Bezügen zu verorten?[33] Und wenn ja, dann in Edelmans Sinne der Asozialität und der Nicht-Beziehungen oder in Berlants Sinne der gelebten Ambiguität? Martin Manalasan IV (2018) spricht von der *messiness* von Care-Beziehungen unter Bedingungen von Armut und Migration, um die ungeordneten/unordentlichen Aspekte in den Blick zu bekommen, die normativen Erwartungen widersprechen, aber dennoch Care vermitteln. Mit genauer Aufmerksamkeit für strukturelle Asymmetrien entwickelt Elizabeth Povinelli (2011) ein Verständnis von queer sociality, das die Effekte historischer Gewalt nicht ignoriert, sondern als Bedingung von Freundschaft annimmt. In diesem Sinne sind auch die Praxen des *caring for conflict* (vgl. Thajib et al., 2020) zu verstehen.

3.8 Queering Begehren

Begehren zieht sich wie ein roter Faden durch QT/QS ebenso wie durch die Videos zur Einführung in Queer Theorie. Begehren lenkt einerseits den Blick auf Subjektivität und Beziehungsformen, kann aber auch der Herrschaftsanalyse dienen (Govrin, 2023) sowie als Methode der Analyse oder der Veränderung (vgl. Probyn, 1995; Engel, 2011; Tuck & Yang, 2013; Boger, 2019). So heißt es bei Elspeth Probyn: „Für mich ist Begehren keine Metapher, sondern eine Methode, Dinge zu tun, weiterzukommen. Ich möchte das Begehren als etwas Singuläres denken, ich möchte die Einzigartigkeiten des Begehrens zum modus operandi meiner Theorie der queerness machen“ (Probyn, 1995, S. 55). In der Verschränkung von Macht und Begehren kann es durchaus auch zur Verschärfung von z. B. rassistischen, sexistischen und kapitalistischen Hierarchien und zur Stabilisierung von Herrschaftsverhältnissen kommen (vgl. hooks, 1994a; Savigliano,1995; Gibson-Graham, 2006; Kilomba, 2008, Govrin, 2023). Ähnlich wie Gayatri Gopinath (2005) thematisiert auch Robert Reid-Pharr sexuelles Begehren zwischen unterschiedlich rassisierten Personen:

---

33 Vgl. auch, nicht explizit queer-theoretisch, Jurczyk (2020): *Doing und Undoing Family*; sowie bell hooks (2022): *Alles über Liebe* – eine Mischung aus Manifest und persönlicher Ethik; ähnlich: Şeyda Kurt (2021).

> „ich will auch nicht sagen, dass ‚Rassen'-Grenzen [cross-racial] überschreitendes Begehren grundsätzlich etwas Schlechtes sei, oder etwas, für das man sich schämen müsste. Im Gegenteil, ich bin ein Produkt der ‚liberalen' Siebziger und kann mir durchaus vorstellen, dass wir alle der geliebten Community einen Schritt näher sind, wenn schwarzer Schwanz auf weißen Schwanz trifft. Dennoch bleibt die Frage: Was denken wir, wenn wir ficken? Wie kommt es, dass ein ‚Rassen'-Grenzen überschreitendes Begehren unter People of Color so nachhaltig diskutiert wird, während Weiße meist darüber schweigen?" (Reid-Pharr, 2005, S. 41)

Welche neuen Verständnisse und Neuordnungen (Rekonzeptualisierungen) von Begehren wären also nötig, um subversive und Herrschaft destabilisierende Potenziale zu aktivieren? Wie wird es möglich, dass aus queer-theoretischer Perspektive dem Begehren auch ein veränderndes Potenzial zukommt, das unerwartete Verbindungen im Sozialen stiftet, das sich in Institutionen und hegemoniale Prozesse einschleicht, das Subjekte aus sich selbst herausträgt und unbestimmte Zukünftigkeiten eröffnet?

Feministische Kritik an bisherigen Auffassungen von Begehren hat als zentrales Problem die Subjekt-Objekt-Konstellation des Begehrens herausgearbeitet (vgl. Benjamin, 1992, i. O. 1988; Grosz, 1994; hooks, 1994a; Probyn, 1995): Wenn in einer Beziehungskonstellation eine Person den Status des Begehrenssubjekts für sich reklamieren kann, verweise dies die andere Person, unter dem vielsagenden Titel ‚Objekt des Begehrens', das heißt, auf die Funktion, der anderen deren Subjektstatus zu bestätigen. Somit ist dem Begehren eine Hierarchie eingeschrieben, die sich auch nicht dadurch auflöst, dass die Positionen gewechselt werden. Ein queerer Ansatz besteht darin, die Abgrenzbarkeit der Positionen infrage zu stellen und die Aufmerksamkeit auf das Begehren als ein relationales Geschehen zu lenken. „Das Verlangen oder das Begehren nach Selbstbeharrung weicht dann einem Begehren, in einem unabschließbaren Prozess des Werdens zu existieren" (Mertlitsch, 2016, S. 191). Teresa des Lauretis (1996) beschreibt dies als ein ‚geteiltes Fantasieszenario', in dem alle Beteiligten gleichzeitig Subjekt, Objekt und Beobachtende der sich entfaltenden Szene sind. Für Judith Butler (2011; i. O. 2004) ist Begehren ein relationales Geschehen, in dem das Subjekt ‚außer sich gerät' und zum ek-statischen Selbst wird (vgl. ebd., Kap. 1 und insb. S. 242). Elspeth Probyn betont, dass sich Begehren nicht zwischen autonomen, von ihrer Umwelt getrennten Personen abspiele, sondern ‚Verbindungslinien im Sozialen' ziehe, welche eingespielte Muster bestätigen oder neue Pfade legen: „I wish to articulate desire as that which gives life to static categories [...]. Put in other terms, singularity is what emerges after we have enumerated our differences – moments and movements that establish contact across a geography of division" (Probyn, 1996, S. 13).

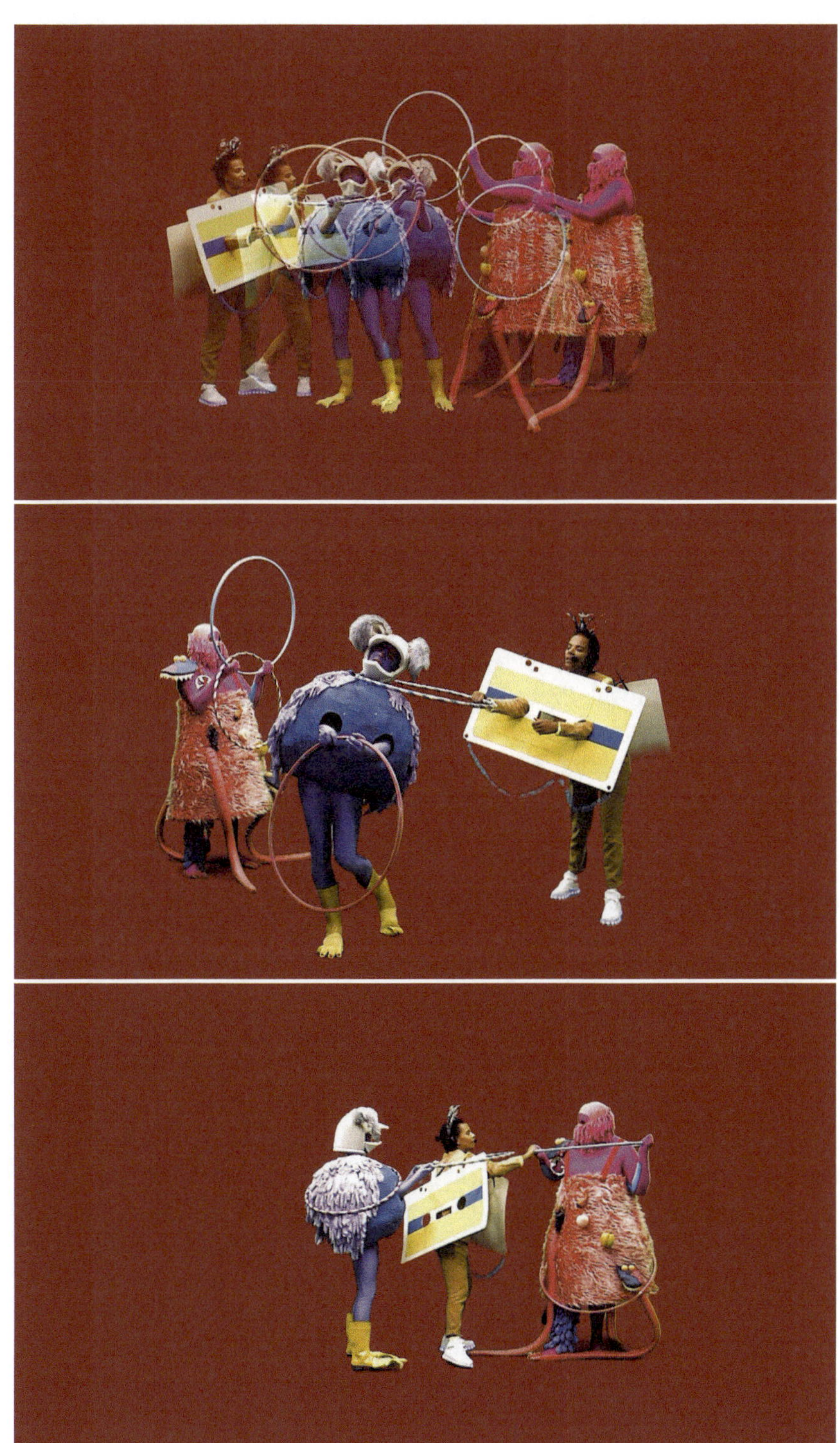

Videoausschnitte:

KÖRPER 13:42–14:04; KÖRPER 11:55–12:36; KÖRPER 14:04–14:58

Eingebettet in Elspeth Probyns Auffassung vom Begehren als Bewegung, die neue Verbindungslinien zieht, entfaltet sich in diesen Videoausschnitten ein dynamisches Geschehen. Vielleicht vermittelt insbesondere der mittlere Ausschnitt, der sehr wohl eine bedeutsame Audioschiene aufweist, aber auf verständliche Worte verzichtet, einen Eindruck queeren Begehrens. Wieder sind es Hula-Hoop-Reifen, die die Begegnungen zwischen den Beteiligten orchestrieren. Welche Rolle spielen sie? Im dritten Ausschnitt erklären AB*in und ki-wi zwei queertheoretische Konzepte: Teresa de Lauretis' Idee ‚geteilter Phantasieszenarien" und Sara Ahmeds Vorschlag, dass sich in diesen Szenarien die ‚Orientierung' des Begehrens auspräge und verändere. Inwiefern wird damit die Kritik an traditionellen Begehrenstheorien, die ki-wi im ersten Abschnitt vorstellt, produktiv gewendet? Eine Illusion machtfreier queerer Begehrensrelationen kann dennoch nicht aufkommen. Wie werden Macht und Gewalt – visuell und diskursiv – verhandelt?

Probyn schlägt vor, dass es Bilder sind, die als Transportmittel des Begehrens im Sozialen dienen (vgl. Probyn, 1995, S. 65). Dies können Medienbilder sein oder Vorstellungsbilder oder es kann ein belebter Körper als Bild fungieren. Wenngleich Probyn hiermit eine Kritik an der Psychoanalyse leisten möchte, die das Begehren in das Innere der Subjekte zu verlagern trachte, lassen sich doch Ähnlichkeiten mit de Lauretis und Butler erkennen, die mit der Psychoanalyse gegen deren heteronormative Ausformung argumentieren: So erklärt de Lauretis das Begehren als fetischistisch und kennzeichnet Fetische als Objekte oder Bilder, mittels derer sich Begehren in den ‚geteilten Phantasieszenarien' bewege (vgl. de Lauretis, 1996, S. 110 f.). Butlers Figur des ‚lesbischen Phallus' ist beispielsweise ein solcher Fetisch, der sich durch seine Mobilität auszeichnet: Der lesbische Phallus könne durch alle möglichen Körperteile und Objekte dargestellt und herumgereicht werden (vgl. Butler, 1997a, S. 124).

Aufgegriffen wird von de Lauretis wie von Butler die psychoanalytische Auffassung, dass ein enger Zusammenhang zwischen Begehren und Fantasie bestehe. Demnach erklärt sich Begehren nicht – oder zumindest nicht nur – durch die Eigenschaften des realen Gegenübers, sondern speist sich aus Wunschvorstellungen, die mit dieser Person verknüpft bzw. auf diese projiziert werden. Dies erklärt, weshalb Begehrensrelationen zu Orten des Konflikts und der Konfliktaustragung werden, z. B., wenn Widersprüche zwischen Gender-Erwartungen und Gender-Ausdruck entstehen (vgl. Butler, 2011, Kap. 6). Dank der Aufmerksamkeit für die Bedeutung von Fantasie erweist sich das Begehren als ein Prozess, der mitnichten durch biologische Tatsachen oder vorgeblich natürliche Triebe vorbestimmt ist. Vielmehr ist Begehren ein Geschehen, in dem vorherrschende

Fantasien des kulturellen Mainstreams mit persönlichen (vielleicht abgewehrten oder verklausulierten) sowie künstlerisch-kulturellen oder subkulturellen Fantasieproduktionen konfrontiert werden können, deren Spektrum breiter ist als die heteronormative Zwei-Geschlechter-Ordnung.

Queer-theoretische Umarbeitungen von Konzepten des Begehrens sind also a) einer Denaturalisierung des Begehrens verpflichtet, sehen das Begehren b) als wirkmächtige Kraft im Sozialen an und laden c) dazu ein, Fantasie und deren Ausprägung in (Vorstellungs- und Medien-)Bildern als Möglichkeit zur Veränderung gesellschaftlicher Ordnung zu sehen. Letzteres wird im folgenden Kapitel aufgegriffen und vertieft.

Reflexionsaufgabe:
In den Intros der drei Queer Theorie-Videos tauchen Macht und Begehren in jeweils unterschiedlichen Formulierungen auf. Mehrfach wird auch auf ein Zusammenspiel von Macht und Begehren hingewiesen – oder deren Bedeutung für Herrschaft und Herrschaftskritik betont. Die Zusammenhänge sind komplex. Es wird nicht so getan, als würden diese widerspruchsfrei nebeneinanderstehen oder als ließen sie sich in eine einheitliche Theorie überführen.

Vergleichen Sie die drei Versionen:
Intro Figurationen: *In der Queer Theorie phantasiert die Macht. Reguliert die Macht. Begehrt die Macht. Keine Heteronormativität ohne Begehren. Doch auch keine Herrschaftskritik. Das Begehren bewegt sich in Bildern.*
Intro Körper: *Queer Theorie sieht Körper als Produkte der Macht. Heteronormativität ist Herrschaft, die Identität und Binarität zur Norm erhebt. Körper werden geformt. Begehren wird kanalisiert. Doch aus der Macht des Begehrens erwächst auch Herrschaftskritik.*
Intro Welten: *Queer Theorie ist Herrschaftskritik, die Binaritäten anficht. Unterschiede sind komplexer als Gegensätze. Wir können Komplexität begehren. Und Begehren durchkreuzt heteronormative Macht. Aber Macht reguliert auch das Begehren, die Körper, die Phantasien, die Welt.*

3.9 Empfohlene Literatur zur Vertiefung

bell hooks (1994): *Das Einverleiben der Anderen*
Judith Butler (2011): Einleitung von *Macht der Geschlechternormen …*
Antke Engel (2011): *Queer/Assemblage*
Zairong Xiang (2018): *TransDualism* (engl.)
Sara Ahmed (2006): *Queer Phenomenology*, S. 65–72, 112–117

Für vollständige Literaturangaben siehe Literaturverzeichnis.

4 Sprache, Bilder, Medien

Videoausschnitt: FIGURATIONEN 03:02–04:45

Jayrôme C. Robinet tritt mit einer *Spoken Word Performance* ins Szenario ein, die persönliche Erfahrungen mit der Gewalt von Sprache thematisiert. Die drei anderen Protagonens u-m/m-u, ki-wi und AB*in werden in diesem Falle zum Publikum, obwohl sie selbst ebenfalls auf der Bühne stehen. Die Konstellation ist tricky, weil Robinet zum einen Bild auf einer Leinwand ist (einer Leinwand, die aus einem gekippten Tisch besteht), zum anderen aber aus der Leinwand heraustritt und im geteilten Raum performt. Entsprechend werden auch wir als Betrachtende_Zuhörende unterschiedlich adressiert.

Reflexionsfragen:
Wie erleben Sie die Adressierung?
Was bedeutet oder bewirkt für Sie das Heraustreten aus dem Bild?

In diesem Kapitel geht es um die Macht von Sprache und Bildern. Da Sprache und Bilder sowohl verletzend als auch ermächtigend wirken können, ist eine Auseinandersetzung mit dieser Zweischneidigkeit (Ambivalenz) gefragt. Unter welchen Bedingungen funktioniert ein und derselbe Begriff – z. B. queer – mal als Schimpfwort, mal als Ausdruck stolzer Selbstbehauptung, mal als Hinweis auf kapitalistische Eingemeindung? Wie können wir Körper von vornherein in die Überlegungen einbeziehen, statt einen Gegensatz von Körper und Sprache aufzumachen? Denn Körper und Sprache sind vielfältig verbunden: Körper können Projektionsflächen von Bildern sein; Körper können medial gestalten, und sei es durch Körpersprache; Körpern wird durch Sprache und Bilder Ausdruck verliehen. Im Folgenden werden Figuren bzw. Figurationen als verbindendes Moment zwischen Körper und Sprache/Bildlichkeit angeboten. Das Video mit dem entsprechenden Titel erweist sich insofern als Gesprächspartnens dieses Kapitels.

Neben den Konzepten der Heteronormativität und des Begehrens erweist sich auch Figuration als ein zentrales, zugleich bewährtes wie auch bewegliches und vieldeutiges Konzept der QT/QS. Hier soll verdeutlicht werden, wie Figuration dazu dient, den Zusammenhang zwischen Sprache und Körper nicht nur zu theoretisieren, sondern (leiblich/sensorisch) erfahrbar zu machen.[34] Die Aufmerksamkeit auf Figuren (statt auf Personen oder Objekte) zu lenken, erlaubt außerdem, Handlungsmächtigkeit (*agency*) nicht an (autonome) Subjekte zu koppeln, sondern als etwas zu verstehen, was sich relational entfaltet – also innerhalb von (Macht-)Beziehungen unter mehr-als-menschlichen (*more-than-human*) Akteurens, wie es in der posthumanen Theorie heißt. Wie solche Beziehungen, die die klare Unterscheidung zwischen Mensch, Tier, Maschine oder belebt und unbelebt infrage stellen, in queerer Wissenschaftskritik zum Tragen kommen, wird in Kapitel 6 vertieft.

Was in Kapitel 2 als Produktivität der Diskurse (Foucault) und diskursive/soziale Konstruktion behandelt wurde, wird im Folgenden mit Bezug auf Repräsentation wieder aufgegriffen. Repräsentation ist Bedeutungsproduktion und Wirklichkeitskonstruktion (vgl. Engel, 2002, S. 127 ff.). Zunächst scheint der Begriff Repräsentation durch die Vorsilbe Re- nahezulegen, dass etwas erneut zu präsentieren, zu vergegenwärtigen sei bzw. dass Repräsentation abbilde, was vorgefunden oder vorgestellt wird. Doch im Zuge des sogenannten *linguistic turn* (vgl. Castro Varela, 2019) ist verdeutlicht worden, dass dies kein neutraler oder mechanischer Abbildungsprozess ist (auch nicht im Falle von Fotografie oder digitaler Ultraschall-/Infrarotaufzeichnung), sondern ein Gestaltungsprozess: „Repräsentation bildet keine Wirklichkeit ab, sondern produziert Bedeutung, indem sie auf Wirklichkeit referiert und diese dabei konstruiert" (Engel, 2002, S. 16). Dem Repräsentationsprozess auf die Spur zu kommen und zu untersuchen, wie diese Bedeutung, Wissen und soziale Wirklichkeit produziert, ist Anliegen

34 Der Begriff Figuration wird hier abgeleitet vom kulturwissenschaftlichen Konzept der Figur verwendet (und zwar nicht im Sinne figürlicher Darstellung, sondern als gestalthaftes Artefakt) bzw. dem Verb figurieren: darstellen, eine Rolle spielen, auftreten, erscheinen. Vielleicht ließe sich sagen: Figurationen sind Artikulationen, die eine Gestalt annehmen. Interessant ist die Frage, inwiefern auch die sozialwissenschaftliche Bedeutung des Beziehungsgeflechts oder der dynamischen Personenkonstellation hineinspielt (etwa Norbert Elias' Konzept der Figuration als Interdependenzgeflecht). Ich danke Maik Wunder für diesen Hinweis.

der Kultur- und Medien-, der Sprach- und Literaturwissenschaften, der Kunst und der Philosophie. Aufgeworfen werden zum Beispiel Fragen wie: Welche Rolle spielen hierbei Grammatik, eine durch binäre Oppositionen bestimmte Logik, die biografischen Erfahrungen von Rezipientens, ästhetische Formgebung, die Körper (als Repräsentierte und Repräsentierende), der Stand der wissenschaftlichen Erkenntnis, verfügbare Medientechnologien? María do Mar Castro Varela (2019) konkretisiert mit Bezug auf die Geschichte von Rassismus und Kolonialismus, dass Sprache unter anderem Subjekte produziert: „Eine der wichtigsten Annahmen der Critical-Race-Theorie ist, dass Sprache nicht nur unterwirft, sondern ebenso die rassistisch unterwerfbaren Subjekte erzeugt und dabei gleichzeitig eine unhintergehbare Differenz zwischen dem europäischen, *weißen* ‚Wir' und den ‚Anderen' postuliert" (ebd., S. 4). In Anbetracht der Gewalt, die in der Hervorbringung rassistisch, klassistisch, ableistisch und heteronormativ unterschiedener Subjekte durch Sprache und Repräsentation vollzogen wird, stellt sich die Frage, ob der Gewalt wiederum auch mit Mitteln der Repräsentation zu begegnen sei (vgl. ebd., S. 5 f.).

Bezüglich der Frage, wie der Gewalt medial entgegengetreten werden kann, bringt dieses Kapitel erneut Praxen des Queering und die Strategie der VerUneindeutigung ins Spiel (s. Kap. 1 und 2). Wenngleich Queering angewiesen bleibt auf die Analyse der Normen, in die eingegriffen werden soll, verschiebt dieses Kapitel die Aufmerksamkeit von der Frage, ‚was' gequeert werden soll zur Frage, ‚wie' gequeert werden kann. In diesem Sinne wäre Queering als eine ästhetische Praxis zu verstehen.[35] Neben Darstellungsformen stehen auch Vorstellungsweisen zur Debatte: Visionen und Fiktionen, Imagination und Fantasie sind sowohl Quellen als auch Ergebnisse sprachlicher, visueller und multimedialer Artikulationen und Artefakte. Vor dem Hintergrund einer psychoanalytischen Verknüpfung von Fantasie und Begehren (vgl. de Lauretis, 1996; Butler, 1997; Dean, 2017) werden Vorstellungskraft (Imagination) und (unbewusste) Fantasien als Kräfte angesehen, die die Ausrichtung des Begehrens verschieben und auf diese Weise zur Veränderung sozialer und globaler Wirklichkeit beitragen können (vgl. Muñoz, 2009; Spivak, 2012). Für J. K. Gibson-Graham (2006) liegt hierin das Potenzial, sogar die kapitalistische Ordnung zu untergraben.

35 Johanna Schaffer (2021) merkt an, dass ästhetische Praxen sich zunehmend von der Ausrichtung am Schönen zur Ausrichtung am Wissen verschieben – ein Prozess, der nicht unmaßgeblich von einer kapitalistischen Einnähung der Kunst begleitet sei. Künstlerische Forschung als Konzept sowie die so benannten Studiengänge seien, wie Schaffer unter Bezug auf Tom Holert argumentiert, als Ausdruck dieser Entwicklung zu verstehen.

Videoausschnitt: Körper 14:04–14:30

„Realität ist Fantasie, und Fantasie inspiriert Realitäten“, stellt ki-wi fest, nachdem ens darüber reflektiert hat, wie Normen aber auch Widerständigkeit in komplexen Szenarien zur Wirkung kommen. Die Überlegungen werden vorgetragen, während ki-wi mit u-m/m-u und AB*in in einem Tanz mit den Hula-Hoops verwickelt ist.

Reflexionsfrage:

Was könnte die Aussage „Realität ist Phantasie und Phantasie inspiriert Realitäten“ bedeuten?

4.1 Repräsentationskritik

Repräsentationskritik, also die kritische Auseinandersetzung damit, wie etwas vorgestellt und dargestellt wird, stellt ein zentrales Gebiet der QT/QS dar. Welche un-/bewussten Fantasien, linguistischen Ordnungen sowie sozialen, kulturellen und technologischen Bedingungen der Artikulation kommen zum Tragen, wenn beispielsweise eine homo- oder transphobe Äußerung getätigt wird? Oder wenn ein Gerichtsurteil, eine medizinische Diagnose, eine Schulempfehlung oder ein Märchen so formuliert werden, als würde/n die benannte/n Person/en selbstverständlich in der Zwei-Geschlechter-Ordnung beheimatet sein?

Dies sind auch Fragen der Herrschaftskritik sowie der Repräsentationspolitik: Wie beeinflussen Macht und Herrschaftsverhältnisse die Sprache und visuelle Darstellungen? Aber auch: Welchen Einfluss nehmen Sprache und Bilder auf Macht- und Herrschaftsverhältnisse? Und nicht zuletzt: Welche Repräsentationsbedingungen oder -strategien befördern die Kritik oder Veränderung dominanter Verhältnisse?

Videoausschnitt: Figurationen 05:20–06:43

Dieser Videoausschnitt ist komplex. Zunächst treten uns AB*in, ki-wi und u-m/m-u in Nahaufnahmen gegenüber und erklären, ergänzt durch die geschweiften Klammern, was sich im Queering vollzieht: wie Beleidigendes umgewertet, resignifiziert, verUneindeutigt wird. Dann löst eine Stimme, die zunächst nicht zuzuordnen ist, Verwirrung aus. Es stellt sich heraus, dass ein Bild spricht; genauer, eine Zeichnung dens Künstlens Laylah Ali von einem küssenden Paar. Als die drei Protagonens ihre Stimme wiedergefunden haben, sinnieren sie darüber, wie das Abgebildete im Verhältnis zum Abbildungsmedium steht – und was es heißt, dem Medium Akteursstatus zuzugestehen.

Reflexionsfragen:
Wie wird in diesem Ausschnitt die Macht von Sprache verhandelt?
Liegt Ihrer Ansicht nach ein Queering-Potenzial darin, dass in diesem Ausschnitt ein Bild als Akteurens zum Auftritt kommt?
Was könnten Gründe dafür sein, dass mit dem Bild und nicht über das Bild gesprochen werden soll?

Der Begriff der Repräsentationspolitik verweist auf diejenigen gesellschaftlichen Praxen, die mittels Sprache, Bildern und Medien Herrschaft sichern oder infrage stellen oder auch darauf abzielen, Veränderung sprachlich bzw. medial zu initiieren oder zu vollziehen (vgl. Engel, 2002). Im Bereich queerer Bewegungen kommen zudem im engeren Sinne kulturelle Politiken zum Einsatz. Diese bedienen sich ästhetischer Strategien des Queering, um eingespielte Normen, Normalitäten oder Institutionen zu irritieren (vgl. Engel, 2009).

Johanna Schaffer (2008) hat eine sowohl für heteronormativitäts- als auch rassismuskritische Ansätze bedeutsame Kritik an einem vereinfachten Verständnis von ‚Sichtbarkeit' als politischer Forderung und politischem Versprechen entworfen. Unter dem Titel *Ambivalenzen der Sichtbarkeit* weist sie darauf hin, dass Sichtbarkeit zwar der Ermächtigung dienen könne, aber nicht ohne Preis komme: Zum einen könne Sichtbarkeit für marginalisierte Subjekte auch eine Gefährdung bedeuten,[36] zum anderen sei die Herstellung von Sichtbarkeit ein normierender Prozess, der über den Einsatz bestimmter visueller Codes erfolge, die oftmals Stereotypen reproduzieren.

Dass und wie Stereotypisierung als machtvoller Prozess sozialer Hierarchisierung wirkt, hat Stuart Hall (1997, S. 257 ff.) erklärt. Auf Stuart Hall Bezug nehmend, schlagen Sabine Hark und Paula-Irene Villa (2017) den Begriff der Repräsentationsregime als Instrument vor, das es erlaubt, zu untersuchen, wie politische Ereignisse (in ihrem Falle die Geschehnisse in der Silvesternacht 2015 in Köln) durch Medienbilder und Diskurse in einer Weise strukturiert werden, die Differenzen produziert und in asymmetrischen Konstellation festzuschreiben sucht:

> „Repräsentationsregime, wie Hall sie versteht, bilden Differenzen dabei nicht einfach ab. Im Gegenteil. Die zentrale Leistung eines Repräsentationsregimes besteht darin, dass Differenz in einer spezifischen Weise produziert wird und uns nicht zuletzt dadurch regiert, dass uns Differenzen eben so oder so zu sehen gegeben werden" (ebd., S. 19).

Sichtbarkeit wird also gestaltet und dies befördert „deren Indienstnahme für die Absicherung von Herrschaft und die differentielle Verteilung von Prekarität, für die Organisation von Anerkennung und die Regulierung sozial ungleicher Verhältnisse" (ebd., S. 15; vgl. a. Schaffer, 2008; Yekani & et al., 2022).

Nicht jeder repräsentationskritische Ansatz arbeitet mit dem Begriff der Repräsentation. So können stattdessen z. B. Medien im Fokus der Analyse stehen (vgl. Köppert, 2019; Ernst, 2019) oder Intermedialität (vgl. Paul et al., 2017), Sprache (vgl. Babka & Hochreiter, 2008; Castro Varela, 2019; T., 2020) oder Visualität, visuelle Kultur, Bilder (vgl. Brandes & Adorf, 2008; Lummerding, 2009; Engel, 2009; Hoenes & Paul, 2014; Hoffner, 2018) oder es kann ein besonderer Fokus auf rassistischen Diskursen und Bildern liegen (vgl. hooks, 1994a; Haritaworn, 2009; Rage et al., 2017; Onat, 2017; Adusei-Poku, 2021; Yekani & et al., 2022; Onat, 2022). Der Aufsatz von Waltraud Ernst (2019) sei hervorgehoben, weil ens mit Fokus auf die Medialisierung von Geschlecht und die Vergeschlechtlichung von Medien eine konsequent intersektionale Darstellung entfaltet, indem Gender als eine ‚interdependente Kategorie" (vgl. Walgenbach et al., 2007; s. Kap. 2) verwendet wird. Vor allem aber überträgt Ernst den Ansatz des agentiellen Realismus

36 Dies ist ein Argument, das auch gegen das Coming-out als Norm ins Feld geführt wird (vgl. Çetin, 2012; Hoenes & Paul, 2014, S. 15); T., 2020), denn Sichtbarkeit kann heißen, zur Zielscheibe von Diskriminierung und Hass zu werden.

(vgl. Barad, 2012; s. Kap. 6) auf die Medienforschung. Ernst erklärt die Prozesse vergeschlechtlichter Medialisierung und medialisierter Vergeschlechtlichung „als vielfältig miteinander verknüpfte und widersprüchliche Phänomene des Werdens" (Ernst, 2019, S. 2) und siedelt genau hierin Potenziale der Veränderung an.

Es gibt verschiedene Sammelbände, die in den deutschsprachigen Raum Debatten um den Zusammenhang von queeren ästhetischen Strategien und gesellschaftspolitischer Veränderung eingebracht haben. Den Auftakt bildete die bereits in Kapitel 1 erwähnte Queer-Nummer der Zeitschrift FKW (Brandes & Adorf, 2008). In der Einleitung benennen die Herausgebens Kerstin Brandes und Sigrid Adorf konkrete Felder queerer Politik wie z.B. neoliberale Instrumentalisierungen oder den Bereich Sexualität und Arbeit; vor allem aber fordern sie, dass Queer Theory sich sehr viel sorgfältiger mit dem ‚Feld des Visuellen' befassen solle. Queer Theory solle ein kritisches Verständnis von Bildern, Blickregimen und Formen des Zu-Sehen-Gebens entwickeln, um sich der Frage nach den „politischen Möglichkeiten ästhetischer Arbeit" (Brandes & Adorf, 2008, S. 9) und der Frage, „welchen politischen Handlungsraum Bilder selbst bereitstellen" (ebd., S. 8) zu nähern. Der Band *Mehr(wert) Queer* (Paul & Schaffer, 2009) unterstreicht, dass auch Kultur in die neoliberale ökonomische Matrix eingebunden sei. Halb ironisch wird in diesem Sinne gefragt, „welcher Mehrwert sich ‚für queer, mit queer und durch queer' gewinnen lässt" (ebd., S. 8). Doch sodann wird angemahnt, „gegenüber Aneignungsbestrebungen diskursiv wirksamer Institutionen aufmerksam zu sein [...], ein reflexives Verhältnis zur Überschneidung ökonomischer und sexueller Diskurse einzunehmen und die Formen des daraus resultierenden Regiertwerdens zu problematisieren" (ebd.). Auch hier kommt wieder dem Begehren eine entscheidende Rolle zu, wenn gezeigt wird, dass und wie queer-theoretisch aktivierte Verständnisse des Begehrens mittels künstlerischer Praxen und kultureller Politiken aus der Repräsentationskritik eine Ökonomiekritik werden lassen (vgl. Lummerding, 2009; Engel, 2009). Der Band QUE*E*RULIEREN (Klaassen & Seier, 2023) erweitert dies um eine besondere Aufmerksamkeit für die Aneignung des Verquerens und Störens durch rechte politische Kräfte.

Um konkrete Lektüren herum konstruiert, gleichwohl mit dem Anspruch verbunden, das Verständnis des Prekären zu erweitern, ist der Band *Queeres Kino/ Queere Ästhetiken als Dokumentationen des Prekären* (Deuber-Mankowsky & Hanke, 2021). Das Besondere sei, dass die prekäre Form sich im queeren Kino auch in der Weise des Dokumentierens, nicht nur in der Form des Dokumentierten zeige. Diese Art der Verwebung von Darstellungsweisen bzw. ästhetischen Formen und Dargestelltem kennzeichnet auch den Band *un/verblümt. Queere Politiken in Ästhetik und Theorie* (Hoenes & Paul, 2014). Dies wird ergänzt um die Frage, wie „künstlerische Verfahrensweisen und Argumentationsstrategien [...] die dem Denken vielfach inhärente Heteronormativität [...] untergraben" (ebd., S. 15) können. Herausgebens Josch Hoenes und Barbara Paul setzen hierbei, wie der Titel *un/verblümt* andeutet, auf die Gleichzeitigkeit von Strategien und Formationen des Sich-Versteckens und Sich-Zeigens (vgl. ebd.). Dass es möglich ist, queere Kunsttheorie und Repräsentationskritik, trans*-affin und dekolonial, in enger Verwobenheit mit künstlerischen Praxen und den (selbst-)reflexiven Überlegungen von Künstlens zu entwickeln, demonstrieren die Bände *Perverse Assemblages* (Paul et al., 2017) sowie *Pink Labor on Golden Streets* (Erharter et al., 2015). In diesem Sinne sei Künstlens Jakob Lena Knebel das letzte Wort gegeben, um dieses Unterkapitel abzuschließen, indem ens queere Kunst und Politik wie folgt charakterisiert: „Transformation that embodies itself within specific situations as statement and construct, but then continues to transform" (ebd., S. 36)

4.2 Sprache der Gewalt – Sprache der Überquerung

Während es queerer Repräsentationskritik einerseits darum geht, Räume zu eröffnen, um Transformationen zu vollziehen, „Widerständiges zu formulieren" (Hoenes & Paul, 2014, S. 19) und „in und mit verschiedenen Medien queere Lebens- und Begehrensweisen [zu artikulieren]" (ebd.), stehen andererseits Erfahrungen symbolischer Gewalt immer wieder auf der Tagesordnung. Der einleitend bereits zitierte Text von Castro Varela (2019) bietet einen systematischen Einstieg in das Thema Gewaltverhältnisse und Sprache. Hinsichtlich queer-theoretischer Ansätze stellt für Castro Varela Judith Butlers Buch *Hass spricht* (1998, i. O. 1997) eine wichtige Referenz dar. Entscheidend sei, dass Butler angesichts sprachlicher Gewalt nicht auf Zensur, sondern auf Resignifizierung setze, also auf die Möglichkeit, „eine Bedeutungsverschiebung bewusst und öffentlich" (ebd., S. 6) durchzusetzen

Reflexionsfragen:
Befassen Sie sich unter diesem Aspekt noch einmal mit dem Videoausschnitt der *Spoken Word Performance*, die dieses Kapitel eröffnet hat. Kann diese als öffentliche Inszenierung einer Bedeutungsverschiebung verstanden werden?
Was wird resignifiziert? Beachten Sie diesbezüglich nicht nur den Text, sondern die Ausdrucksweisen des Körpers.

Auch Eva von Redecker (2011), die Butlers gesamtes Werk unter den Aspekten der Gewaltkritik und des Kampfes um Gewaltlosigkeit liest, betont die Bedeutung der Resignifizierung. Unter der Überschrift „In der Widerrede: Verheißungen der Wiederholbarkeit" (ebd., S. 79) greift von Redecker Butlers Konzept der Performativität (s. Kap. 3.2) auf, um zu argumentieren, dass in der Wiederholung der (verletzenden) Norm eine Kluft entstehe, „die jede Imitation von ihrem Ideal trennt [..., sodass; A. A. E.] unkonventionelle Aneignungen [...] das Repertoire möglicher Optionen erweitern" (ebd., S. 80). Jo Bucher und Angelika Göres (2009) verdeutlichen mit Bezug auf die künstlerisch-performativen Interventionen von Claude Cahun und Marcel Moore unter dem Pseudonym ‚Soldaten ohne Namen', dass mit queerender Resignifikation sogar faschistischer Gewalt entgegengetreten werden kann.

Doch zugleich sind diejenigen, die Resignifizierung und Fehlaneignungen der verletzenden Normen versuchen, die, wie von Redecker schreibt, „einen Keil zwischen die Äußerung und ihre verletzende Vorgeschichte treiben" (von Redecker, 2011, S. 78), wie alle anderen Subjekte auf Benennungen angewiesen, die ihre soziale Anerkennbarkeit vorstrukturieren (vgl. ebd.). Mit dem Subjektstatus geht sprachliche Verletzbarkeit einher (vgl. Kuch & Herrmann, 2007) und doch trifft diese nicht alle gleichermaßen: „Bestimmte Namen und Äußerungen sind durch die Geschichte ihres Gebrauchs so mit gesellschaftlichen Traumata aufgeladen, dass sie als verlässliches Ritual funktionieren und jede ihrer Wiederholungen mit der Kraft ausstatten, aus dem sprachlichen Austausch zweier Körper den einen verletzt hervorgehen zu lassen" (von Redecker, 2011, S. 78 f.).

Verletzende oder gewaltvolle Sprache[37] behindert oder verhindert die Handlungsfähigkeit der adressierten Person, bewirkt eine „Beraubung der Selbstkontrolle" (Castro Varela, 2019, S. 6), und zwar im Extremfall, indem sie deren Status des Menschlichen infrage stellt oder verweigert (was einem ‚sozialen Tod' gleichkommt) oder sogar in den physischen Tod treibt (vgl. Kuch & Herrmann, 2007; Butler, 2011, S. 97; Preciado, 2020). Es ist nicht auszuschließen, dass Suizide im Zusammenhang mit wiederkehrender sprachlicher Diskriminierung, Mobbing oder dem Ignorieren einer Geschlechtsidentität oder selbst gewählter Namen und Pronomen stehen (vgl. Preciado, 2020, S. 195 ff.). Doch sieht Paul Preciado neben der tödlichen Macht symbolischer Gewalt auch ein Potenzial, unter Bedingungen der Gewalt eigensinnig zu sprechen:

> „Aber was heißt Sprechen für die, denen der Zugang zu Vernunft und Wissen verwehrt wird, was heißt es für uns, die wir als Geisteskranke betrachtet werden? Mit welcher Stimme können wir sprechen? Können der Jaguar oder d[ie, A. A. E.] Cyborg uns ihre Stimme leihen? Sprechen heißt, die Sprache des Übergangs, der Überquerung zu erfinden, die Stimme auf eine interstellare Reise zu schicken, unsere Differenz in die Sprache der Norm übersetzen, während wir insgeheim fortfahren, uns in einem fremdartigen Kauderwelsch zu üben, das das Gesetz nicht versteht" (Preciado, 2020, S. 25 f.).

37 Bei diesen zwei Formulierungen ist zu bedenken, dass nicht jede gewaltvolle Sprache verletzt (es kommt darauf an, ob und wie sie Adressatens erreicht) und nicht jede verletzende Sprache gewaltvoll ist (z. B. kann eine scheinbar harmlose Formulierung eine traumatische Erfahrung reaktivieren (Triggering) oder zu humorvollem oder spielerischen Widerstand führen).

Genau in diesem Sinne sind, wie Anna T. (2020) hervorhebt, weltweit und zu verschiedenen historischen Zeiten immer wieder queere Sprachen (*queer slang*) erfunden worden, die den Menschen der Dominanzkultur unverständlich bleiben, aber marginalisierten Gruppen nicht nur den Austausch, sondern das Ausbilden von Subkulturen und widerständigem Wissen erlauben. Anna T. entwickelt ihre Überlegungen mit Bezug auf Édouard Glissants Konzept der Opazität sowie auf José Muñoz und Gloria Anzaldúa, was eine produktive Verschränkung queerer und dekolonialer Politiken bewirkt. Ens leitet ein queeres Plädoyer für das Closet aus Glissants Überlegung ab, dass für marginalisierte Personen das Opake Überlebensmöglichkeiten bereitstellt – also Taktiken, die nicht in der Opposition sichtbar versus unsichtbar aufgehen (vgl. ebd., 75 ff.). Auf dieses Weise entwirft T. zugleich ein intersektionales Verständnis von Gewaltverhältnissen sowie von Strategien, diese zu überwinden oder ihnen zumindest zeitweise zu entkommen.

Filmtipp:
Orlando, meine politische Biographie (Paul Preciado, 2023, F, 98')

4.3 Selbstdefinition und Gender-Pronomen

Angesichts der Gewalt, die durch Sprache verübt wird, sowie der normierenden Zurichtungen und Ausschlüsse, die auch durch scheinbar neutrale Kategorien und erst recht durch Stereotypisierungen bewirkt werden, ist Respekt vor Selbstdefinitionen sowie selbst gewählten Namen, gewünschten Anreden und geschlechtsmarkierenden Pronomen äußerst wichtig. Weder institutionelle Regeln noch soziale Gewohnheiten oder gar ein Wunsch nach Bequemlichkeit rechtfertigen es, diese Formen einer widerständigen, herrschaftskritischen oder schlicht am persönlichen Wohlbefinden orientierten Selbstbehauptung zu ignorieren.[38] Doch angesichts zahlreicher Formulare, Gesetze und sozialer Interaktionen, die weiterhin nur die beiden Optionen männlich oder weiblich kennen, und

38 Wie Davina Cooper (2020) betont, ist es auch und gerade dann, wenn wir Geschlecht als ein relationales Geschehen verstehen, entscheidend, dass wir lernen, Vorannahmen über Menschen (sei es bezüglich Geschlecht, sexueller Orientierung, Gesundheit, Befähigung, Herkunft oder Ethnizität) zu verlernen. Zwar gäbe es gerade auch eine problematische Tendenz, Geschlecht nicht relational, sondern lediglich als persönliches Identitätsmerkmal zu verstehen (vgl. ebd., S. 24). Dennoch sei Selbstbestimmung als politische Forderung wichtig. Denn sie habe bewirkt, dass es zunehmend unangemessen erscheint, „to declare what other people are, assuming and asserting something that is for them, and only for them, to disclose *if they want to.* […] [G]endered readings of others may be faulty in the sense of not corresponding with a person's self-identification. They may seem impossible where a person's gender is unreadable or unplaceable within conventional categories. And ethically and morally, gender-based assumptions my be received as improperly intrusive" (ebd., S. 22).

der Tatsache, dass Heterosexualität die nahezu ungebrochene Vorannahme ist, scheint Respekt ein unrealistischer Wunsch. In der Telefonkommunikation beispielsweise wird nahezu immer und ohne jedes Zögern eine Geschlechtsannahme getroffen, die in die Adressierung als Herr oder Frau mündet. Zwischen einem Personenstandsgesetz (PStG § 45b), das seit 2019 vier Optionen der Erfassung von Geschlecht sowie den Wechsel zwischen diesen kennt, und einer binär verfassten sozialen und gesellschaftlichen Praxis klafft noch eine weite Kluft.

Gender-Pronomen abzufragen,[39] die eigene Pronomenwahl offenzulegen, auch wenn diese mit standardisierten Erwartungen übereinstimmt, und davon auszugehen, dass sich Selbstdefinitionen, Namen und Pronomen verändern können, ist somit aus trans*- und queer-politischer Sicht erwünscht. Zugleich gilt es, sich darüber im Klaren zu sein, dass die Regeln eines respektvollen Umgangs mit geschlechtlicher und sexueller Vielfalt fortwährender Veränderung unterliegen und zudem in unterschiedlichen sozialen und geografischen Kontexten verschiedene Formen annehmen (vgl. Baumgartinger, 2017; Sifuentes, 2021). Gerade wenn wir Geschlecht und Sexualität als interdependente Kategorien verstehen, sind vereinheitlichte, universelle Regeln und Umgangsformen schwierig. Vielmehr gelte es, wie Mauro Eugenio Sifuentes im Hinblick auf queer-dekoloniale Pädagogik hervorhebt, kontextspezifisch zu handeln, Widersprüchliches zu moderieren. Zudem sei davon auszugehen, dass Vertrauen aufgebaut und (komplexe) Machtungleichgewichte reflektiert sein müssen, bevor Menschen bereit sind, ihre Selbstverständnisse offenzulegen (vgl. Sifuentes, 2021, S. 6). Pronomenabfrage sollte also auch nicht als Ritual oder unreflektierte Norm erfolgen. Persson Perry Baumgartinger zitiert aus dem Profil eines Vereins, an dem ens selbst beteiligt ist:

> „Vor diesem Hintergrund geht es bei nicht-diskriminierenden Sprachpolitiken unserer Meinung nach nicht darum, einen Sprachkodex zu erstellen, wie ‚richtig' kommuniziert werden soll. [...] Ein respektvoller Sprachgebrauch braucht die ständige und kritische Auseinandersetzung mit Diskriminierungsformen auf den Ebenen von Wort/Gebärde, Satz, Grammatik genauso wie der von Bildern, Gesten und Symbolen oder jener von Diskursen und sozialen Normen sowie deren historischer (Entstehungs-)Kontexte" (Verein][diskursiv, 2011a, o. S.; zitiert nach Baumgartinger, 2017, S. 220).

Verfügbare Pronomen oder Anreden für nicht-binäre Lebensformen oder gendergerechte Schreibweisen wie die überholte Doppelnennung oder das Binnen-I, der Einsatz von Gender_Gap, Asterisk* oder Doppel:punkt unterliegen historischem

39 Hierbei geht es nicht um die Anredeform (Duzen oder Siezen), sondern darum, wie in der dritten Person über jemens gesprochen wird: ‚Ohne Pronomen" heißt, dass die Person wünscht, dass immer dann, wenn ein Satz ein geschlechtsmarkierendes Pronomen erfordert, stattdessen der Vorname wiederholt wird (Jolu sagte, dass Jolu käme). Es gibt auch verschiedene Möglichkeiten, geschlechtsfreier Pronomen, im Englischen *they/them*, im Deutschen z. B. dey, xier, sier, ens (Jolu sagte, dass dey käme).

Wandel und sozio-kulturellen Kämpfen. Der 2021 erschienene Band *Wie schreibe ich divers? Wie spreche ich gendergerecht?*, dem auch die in diesem Buch verwendete ens-Form entnommen ist, bietet einen Überblick über historische Entwicklungen, macht undogmatische, kontextsensible Praxisvorschläge und gibt zahlreiche Beispiele. Im Sinne der Kontextsensibilität schlagen Autorens[40] Lann Hornscheidt und Ja'n Sammla vor, drei verschiedene Versionen des geschlechtergerechten Sprechens gleichzeitig verfügbar zu haben und diese differenziert einzusetzen: genderinklusive, genderfreie und die Diskriminierungsstruktur des Genderismus[41] benennende Formen (vgl. Hornscheidt & Sammla, 2021, S. 28 f., kompakt-detailliert: S. 53–70) Den genderfreien ens-Formen werden zudem die ex-Formen zur Seite gestellt: „Ex steht für Exit Gender, ein Verlassen von Gender als Zuordnungskategorie" (ebd., S. 61).

Es gilt also durchaus, mit Widersprüchen und manchmal unvereinbaren Wünschen bezüglich dem Ausbuchstabieren von Geschlechtergerechtigkeit umzugehen. Doch auch angesichts von Widersprüchen greift die aus dem Enthinderungsaktivismus bzw. den BeHindertenbewegungen vertraute Formel: „Nichts über uns – ohne uns".[42] Dabei gilt es allerdings wahrzunehmen, dass unterschiedliche ‚uns' den Raum teilen und dass der Raum durch komplexe Machtungleichgewichte, durch Privilegien und Diskriminierungsgeschichten geprägt ist. Ein Engagement, diese abzubauen, erwächst aus dem Anspruch von QT/QS als Macht- und Herrschaftskritik.

---

40 Korrekterweise müsste es hier „Autens" heißen, da Hornscheidt und Sammla die Regel vorschlagen, ens an den Stamm anzuhängen (hier: Aut), um die maskuline Form (Autor) nicht zur Grundlage zu nehmen. Dies funktioniert zum Beispiel für Studens gut. Manchmal entstehen hierbei jedoch so vieldeutige oder unverständnliche Gebilde, dass ich mich entschieden habe, im Einzelfall undogmatisch zu konstruieren.

41 Hornscheidt und Sammla bieten folgende Definition: „Genderismus bezeichnet, in Erweiterung von Sexismus, alle Formen von genderbezogener Gewalt und Diskriminierung. Auf diese Weise wird nicht nur die Gewalt gegen Personen, die sich als Frauen verstehen, sondern auch die Gewalt gegen Menschen, die sich als trans*, Frauen*, non-binär, agender usw. verstehen, benennbar" (Hornscheidt & Sammla 2021, S. 29). Ironischerweise, so möchte ich anmerken, entsteht mit dieser Definition von Genderismus eine quasi queere Subversion des sogenannten Anti-Genderismus, der damit nicht mehr konservativ-politischen Kampf gegen Gender Studies und geschlechtliche und sexuelle Diversität bezeichnen würde, sondern (ähnlich wie der Begriff Anti-Rassismus) Kritik an und Kampf gegen genderistische Herrschaftsstrukturen.

42 „Nothing about us, without us" (aus dem Lateinischen „Nihil de nobis, sine nobis"). Im politischen Aktivismus manchmal auch: „Nicht über uns, sondern mit uns".

Reflexionsfrage:
Suchen Sie Beispielsituationen, in denen der Gebrauch genderinklusiver und genderfreier Formulierungen in Spannung oder Konkurrenz miteinander treten.
Warum kann es manchmal schwierig sein, sich (zum Beispiel beim Schreiben einer Hausarbeit oder eines Artikels) für die eine oder andere Version zu entscheiden?

4.4 Körpersprache und Performance

Bislang sind Körper queer-theoretisch als diejenigen in den Blick gekommen, die für die heteronormative Ordnung zugerichtet werden, die neben der Binarität weiteren Normierungen unterworfen sind und die Verletzungen erfahren (s. Kap. 3). Doch gilt es, Körper zugleich auch als in Darstellungs- und Gestaltungsprozesse verwickelt zu betrachten: Welche Rolle kommt Körpern als dargestellten und wahrgenommen, aber auch als darstellenden und gestaltenden zu? Butlers Konzept der Performativität, das sich auf die sprachliche Herstellung von Realität durch das Zitieren einer Norm bezieht, ist immer wieder auch zu Formen körperlicher und künstlerischer Performance in Bezug gesetzt worden (vgl. Butler, 1991, S. 198 ff.; Muñoz, 1999, 2020; Krämer, 2004; Oster et al., 2008; Lorenz, 2012; Rodriguez, 2014; Knaup, 2020). „Jede Aufführung (Performance) ist zugleich eine Ausführung (Performativität) von Geschlecht" (Oster et al., S. 10). Doch worin bestehen Unterschiede, Ähnlichkeiten und Verbindungen zwischen Performativität und Performance? Wie kommen in der Performance alltägliche, gewohnheitsmäßige und theatrale oder spektakuläre Momente zusammen?

Für die queeren Performance Studies haben José Esteban Muñoz (1999, 2020) und Juana María Rodríguez (2014) entscheidende Beiträge geleistet. Für beide sind Rassismuserfahrungen von Latinx-Communities in den USA Bezugspunkt, um Performance als politische Intervention und Form der kollektiven und Selbstermächtigung zu denken. Muñoz hat diesbezüglich das Konzept der Desidentifizierung in die Diskussion eingebracht (1999, 2007). Desidentifizierung zeichnet sich dadurch aus, dass sie die „in der dominanten Kultur materiell und psychisch verankerten Plätze weder zurückweist noch sich mit ihnen vollständig identifiziert" (Muñoz, 2007, S. 35). Das Konzept soll erklären, „wie People of Color, Queers und andere minoritäre Subjekte unter feindlichen Bedingungen handeln und überleben" (ebd.). Später schlägt Muñoz das affekttheoretisch informierte Konzept eines *sense of brown* (2020) vor, um innerhalb des Spektrums der Queers of Color ein antiessentialistisches, aber kollektive Handlungsmacht stiftendes Gemeinschaftsgefühl zu benennen, dessen Ausdrucksformen Muñoz in künstlerischen Performances analysiert. Rodríguez (2014) konzentriert sich darauf, wie körperlichen Bewegungen ethnisierende Bedeutung zugeschrieben wird, was nicht nur für die kulturelle Praxis, sondern vor allem auch im Alltag wirksam wird. Mit dem Begriff ‚queere Gesten' (*queer gestures*) zeigt ens, wie

Raum für nicht-normgerechte sexuelle Subjektivität (insbesondere von und durch Latina Femmes) in den Zwischenräumen rechtlicher Regulierung und künstlerischer Praxis entsteht. Der Fokus auf Gesten, soziale Rituale und Alltagspraxen wird auch von denjenigen Ansätzen verfolgt, die Pierre Bourdieus Konzept des Habitus in QT/QS aufgegriffen haben, um die ‚feinen Unterschiede' sozial ausdifferenzierter Einkörperungen wahrzunehmen (vgl. Degele, 2005).

Eine vielfach diskutierte Praxis sind Drag-Performances und damit einhergehende Fragen, wie Imitationen stereotypen Geschlechtsausdrucks, die Lust an Unstimmigkeiten und Schrägem sowie das Spiel mit Drag, wissen zu wollen, wer ‚hinter' der Maskerade steckt, zur Veränderung erlebter Diskriminierung oder gesellschaftlicher Unterdrückung beitragen können. Jin Haritaworn (2009) nimmt diesbezüglich eine durchaus skeptische Position ein, insofern in Drag-Performances oder Drag-Workshops gern auch rassistische Stereotype reproduziert, ‚weiße' und Klassenprivilegien ausagiert würden und dies durch Medienberichte entsprechender Veranstaltungen unterfüttert werde (vgl. ebd., S. 47 ff.). Es fragt sich also, wie die ‚Ballroom-Culture' von Schwarzen und Latinx-Personen, die in den USA bis in die 1920er Jahre zurückreicht, sowie die Bedeutung von BIPoC Drag-Queens und trans* Personen in den LGBT-Subkulturen und Befreiungsbewegungen in einer Weise repräsentiert werden können, die weder ignorant noch aneignend ist (vgl. hooks, 1994b).

Videoausschnitt: Figurationen 07:38–08:46

Die drei Protagonens beginnen ein Gespräch untereinander und mit dem Bild über Strategien, sich in einer ablehnenden oder hasserfüllten Öffentlichkeit oder in dominant weißen Projekten Raum zu verschaffen. Die eckige Klammer leistet Verstehenshilfe.

Reflexionsfragen:
Unter welchen Umständen und in welchen Kontexten können Kiss-ins eine Strategie darstellen?
Inwiefern sind sie vielleicht auch problematisch?

J. Jack Halberstam hat mit *Female Masculinities* (1998) ein historisches Archiv maskuliner Frauen* oder weiblicher Männlichkeiten vorgelegt, das nicht nur eine Denaturalisierung von Männlichkeit bewirkt, sondern ein Spektrum minoritärer Geschlechter, die nicht in die binäre Geschlechterordnung passen, als Aktens in Erscheinung treten lässt.[43] Für den deutschsprachigen Raum nimmt Utan Schirmer (2010) die Drag-King-Szenen empirisch in den Blick und fragt, wie sich Geschlecht dank kollektiver subkultureller Praxen anders denn zweigeschlechtlich gestalten und erfahrbar machen lässt. Schirmer macht sich hierbei Butlers Auffassung zunutze, die im Drag ein Potenzial zur Denaturalisierung von Geschlecht sieht. Durch Drag-Performances könne, so Butler, deutlich werden, dass Geschlechtsidentität aus der Imitation eines Ideals hervorgehe bzw. dass sich „‚das Original' als ‚Kopie' erweist, und zwar als eine unvermeidlich verfehlte, ein Ideal, das niemand verkörpern *kann*" (Butler, 1991, S. 204). Diesem Performativitätsverständnis zu folgen, das besagt, dass – in Alltagspraxen wie im Drag – kein authentisches oder konstruiertes Geschlecht zum Ausdruck gebracht, sondern Geschlechternormen zitiert und reinszeniert werden (vgl. von Redecker, 2011, S. 61 ff.), bedeutet auch, dass kollektiv, z. B. im Drag-Kinging (Schirmer), mit anderen Normen oder Idealen experimentiert werden kann. So „löst sich die Notwendigkeit auf, die Performance krampfhaft einer von zwei vorgefertigten Schubladen zuzuordnen und an ihrer Passgenauigkeit zu messen" (ebd., S. 65).

Auch Renate Lorenz (2012) interessiert sich für das Veränderungspotenzial in Butlers Ansatz und spezifiziert dieses, indem ens die drei Formen des *radical*, des *transtemporal* und des *abstract drag* entwirft, und zwar mit dem Ziel, Methoden queerer Kunst benennen und deren Wirkungsweisen untersuchen zu können. Der Fokus ist nicht primär die Wiederholung von und das sich Abarbeiten an Normen, sondern sind Möglichkeiten, eine Distanz zu bewirken: „drag is a way to organize a set of effective, laborious, partially friendly, and partially aggressive methods to produce distance to these norms, for instance the two-gender-system, to being-white, to being-able, and to heteronormativity. In so (un)doing, drag proposes images in which the future can be lived" (ebd., S. 21).

Lorenz bezieht sich kurz auch auf einen Artikel von Sigrid Adorf (2007), in dem eine Performance von Elodie Pong im Pandabärkostüm beim Pole-Dance im Mittelpunkt steht – wenn ens so will, ebenfalls eine Form von Drag. Adorf (2007) entwickelt im Dialog mit dieser Performance sowie im Nachdenken über ihre Rezeptionserfahrungen theoretische Überlegungen, die sich auf die „verführende

43 Es liegt ein Ausschnitt in deutscher Übersetzung vor (Halberstam, 2012).

und subjektbildende Wirkmacht von Bildern" (ebd., S. 20) beziehen. Adorfs Interesse gilt hierbei insbesondere feministischen Zugängen zum Medium Video und dessen Möglichkeiten, „der unsteten Figur des ‚Ichs'" (ebd., S. 19) neue, unerwartete Wegweisungen zu eröffnen.

Dies ist auch das Interesse von Bettina Knaup, die das Videoarchiv *re.act. feminism* (2008–2014) zu queer-feministischer Performancekunst co-kuratiert hat. Wenn Knaup in einem Foto-Essay mittels der Bilder argumentiert und demonstriert, dass die Auseinandersetzung mit der Performancekunst des Archivs „verkörperte [...] Perspektiv- und Haltungswechsel" (Knaup, 2020, S. 28) eröffne, bezieht sich dies gerade nicht nur auf die performenden Künstlens, sondern auch auf die Betrachtens. Die Rezeptionserfahrung vollzieht sich jedoch nicht einfach als Auseinandersetzung dens Betrachtens mit dem Werk, sondern wird dadurch noch komplexer, dass es Knaups Worte sind, die die Bewegung der Lesens anleiten, die ens durch die Fotostrecke hindurch folgt. Das Zu-Sehen-Gegebene wird im Akt der Präsentation mit den Betrachtens vernetzt – Veränderung erfolgt in der Intraaktion, wie es im Kapitel 6 heißen wird. Wenn Knaups Untertitel des Artikels lautet: *Vom Traum das re.act.feminism Archiv zu bewohnen*, deutet dies eine körperliche Vertrautheit mit dem Archiv und dessen Bildern an, die im Folgenden als Figuration wieder aufscheinen wird.

4.5 Figurationen bewohnen

„Figurationen sind [...] Bilder, die bewohnt werden können" (Haraway, 1997, S. 11; Übers. A. A. E.). Dieses verkürzte und ausnehmend rätselhafte Zitat von Donna Haraway hat dem FIGURATIONEN-Video den Titel beschert. Während eine Figur zu bewohnen wie ein übergriffiger Akt, ein illegitimes Eindringen, ein sich Überidentifizieren wirkt, erscheint die Idee, eine Figuration zu bewohnen wie ein vielversprechendes Beleben eines sonst womöglich abstrakten, blutleeren Ausdrucks. Zugleich gewinnt auch Bewohnens etwas, dadurch dass ens die Beziehung mit der Figuration eingeht. Was könnte dies sein? Wichtig ist in diesem Verständnis der Figur bzw. Figuration, dass kein Körper ihnen vorausgeht. Die Figur ist ein Bild, das einen Körper adressiert, zu dem sich Körper ins Verhältnis setzen, aber die Figur repräsentiert keinen Körper.[44]

44 Damit ist ein anderer Zugang zur Figuration gewählt als im Sammelband des Netzwerks ‚Körper' (2012), wo der Schwerpunkt auf Körperpraxen liegt und Figurationen also als materialisierte Formen des Körpers gelten, die die Möglichkeiten von Körpern tendenziell verengen.

Reflexionsfrage:
Nehmen wir die Figuration der ‚Regenbogenfamilie', die dem abstrakten Konzept queerer Verwandtschaftsverhältnisse zu einem Bild, vielleicht sogar zu einem Körper, verhilft. Wie wirkt sich diese Verschiebung auf das Verstehen aus?

In ausführlicher Version lautet Haraways Zitat folgendermaßen:

> „Figures do not have to be representational and mimetic, but they do have to be tropic; that is, they cannot be literal or self-identical. Figures must involve at least some kind of displacement that can trouble identifications and certainties. Figurations are performative images that can be inhabited. Verbal or visual, figurations can be condensed maps of contestable worlds. [...] We inhabit and are inhabited by such figures that map universes of knowledge, practice, and power" (Haraway, 1997, S. 11).

Mit diesem Zitat räumt Haraway das Missverständnis einer figürlich-abbildenden Auffassung von Figur aus. Stattdessen betont ens eine Verlagerung, die Identifikationen und Gewissheiten (im positiven Sinne) durcheinanderbringe. Die Unterscheidung von Figur und Figuration wird nicht erklärt, doch als Bild, noch dazu als performatives Bild, das vollzieht, was es äußert, scheint in der Figuration eine Komplexität von Elementen, vielleicht mehrere Figuren in einer Figuration, somit eine Konstellation/Konfiguration vorzuliegen. Diese Deutung harmoniert mit dem folgenden Satz, der Figurationen als verdichtete (kondensierte) Karten bezeichnet, die umstrittene Welten verzeichnen. Doch warum sind es dann kurz danach Figuren (statt Figurationen), die wir bewohnen und die uns bewohnen, um Wissen, Praxen und Macht zu kartografieren?

Im Figurationen-Video ist es zum einen das sprechende Bild, das als Figur auf der Bühne erscheint und in der Szene mitspielt (figuriert). Zum anderen kann das Zusammenspiel der vier (bzw. fünf) Figuren als Figuration bezeichnet werden: Sie formen gemeinsam ein Bild, das bewohnt werden kann, in das wir als Betrachtens eintreten können und das sich als performativ erweist, wenn ich mich aus der Zuschauensposition darauf einlasse, ebenfalls mit und nicht über das Bild zu sprechen: Eine Figuration des gleichberechtigten (egalitären) Dialogs? In Welten gibt es eine Szene, in der es um Bewegung und die Richtungen der Veränderung geht.

Videoausschnitt: FIGURATIONEN 10:54–12:17

Ausgehend von der Aussage, das queer sei, was sich weigert, eine feste Form anzunehmen (Probyn), finden sich die drei Protagonens zunächst erneut im Gespräch mit dem Bild wieder. Sodann nutzen sie das Gelernte, um gemeinsam eine Performance und *Spoken Word*-Szene zur Bedeutung von Queering auf die Bühne zu bringen. Hierbei spielen neben verkörperten und alltagstauglichen Begriffen auch die Fremdworte Ambiguität, Hybridität, Fluidität, Changieren, Nuancen, Paradoxien, Absurdes eine Rolle. Was bedeuten sie? Welche Ähnlichkeiten weisen sie auf? Die Szene endet in dem Plädoyer, Konflikte auszuhalten. Warum?

Reflexionsfragen:

Würden Sie das Zusammenspiel der vier Figuren dieser Szene als Figuration bezeichnen? Wenn ja, warum?

Wenn Sie die Figuration dieser Szene auf einen Begriff bringen wollten, wie würden Sie sie benennen?

Festgehalten werden soll hier, ohne die Offenheit der Fragen zu verschließen, dass Figuren und Figurationen mit Momenten der Irritation einhergehen, die auch als Queering verstanden werden können. Diese Irritation hat eine leibliche Dimension, insofern sie aus dem Bewohnen von Bildern erwächst. Somit tritt in den Figuren/Figurationen hervor, was Haraway seit dem *Cyborg Manifesto* (2012, i. O. 1985) immer wieder betont, nämlich dass mit dem Begriff ‚materiell-semiotisch' eine untrennbare Verknüpfung ausgedrückt ist. Körper sind nicht getrennt von Sprache, und Sprache ist nicht jenseits der Verkörperungen erfahrbar. Indem

Repräsentationskritik mit den Konzepten von Figur und Figuration verbunden wird, wird also ein Gegensatz von Sprache und Körper vermieden.[45]

Verkörperungen kommt auch in Diskursanalysen von vornherein Aufmerksamkeit zu. Zugleich wird betont, dass Figur nicht einfach gleichgesetzt werden kann mit physischem Körper oder sozialer Person – vielmehr begegnet uns die Figur als medial gestaltetes (sprachliches, audio-visuelles, technologisches) Artefakt. Aus dieser Künstlichkeit oder Gestaltetheit heraus eröffnen Figurationen die Reflexion auf (trans*) Körperkonzepte und (transhumane) Handlungsmächtigkeit (agency). Sie regen zu leiblichem Erleben und sinnlicher Wahrnehmung an, die nicht auf Identifizierung, sondern auf Begegnung (*encounter*) beruhen. Als *strange encounters* (vgl. Ahmed, 2000) bergen sie Potenziale der Veränderung.

Katharina Liebsch unterstreicht zudem die performative Dimension, die sie allerdings nicht nur den Figuren, sondern auch abstrakten Konzepten zuschreibt. Ens zufolge dienen

> „Konzepte und Figuren nicht als Werkzeuge zum Begreifen der Welt [...], sondern vielmehr als performative und generative Entitäten, die aktiv an der Re(kon)figurierung der Welt teilhaben. Figuren und Konzepte, so die Überzeugung [posthumanistischer feministischer, A. A. E.] Denkerinnen, sind materiell und leibhaftig, und sie haben ethische und politische Konsequenzen, die es einerseits theoretisch zu analysieren und andererseits politisch zu bearbeiten gelte" (Liebsch, 2019, S. 272; s. a. Kap. 6).

Um diese abstrakten Überlegungen konkreter zu machen, sei hier auf Lee Edelmans Kritik an der Figur des KINDES als Zukunftsversprechen westlicher Gesellschaften verwiesen. Unter der provokanten Überschrift *No Future* (2004, dt. 2012) argumentiert Edelman, dass die Figur des KINDES der Figuration eines Diskurses diene, den ens als ‚reproduktiven Futurismus' bezeichnet. Dieser stelle eine, für liberale Politikverständnisse typische, normative Anforderung an alle – Queers eingeschlossen – dar, eine privatisierte Verantwortung für die Zukunft der Gesellschaft bzw. des Planeten in Form Kinder aufziehender Familien zu übernehmen. Die Figur des reinen, sorgebedürftigen KINDES lenke davon ab, dass die politischen Verhältnisse an Vernichtung bzw. dem, was Edelman mit Sigmund Freud den Todestrieb nennt, ausgerichtet sind. Alternativ schlägt Edelman vor, dass Queerness, die in dieser Ordnung als Figur der Verderbnis gilt, auf die also der Todestrieb sowieso schon projiziert ist, diese Rolle aktiv annehme.

45 Teresa de Lauretis (2017) definiert Figuren als „begriffliche Instanzen, die sich im Zwischenraum von Materie und Geist spannen, einem Zwischenraum, von dem wir keine phänomenale Erkenntnis haben und der nicht gemessen oder empirisch untersucht werden kann. Diese Begriffe sind Figuren, die sich dem bildlichen Potenzial der Sprache verdanken" (ebd., S. 247 f.). Für de Lauretis ist, was ens als „queerer Trieb" bezeichnet, eine solche Figur, auch als ‚Schwellenfigur' konkretisiert (ebd., S. 248).

> „Als Figur für das Verderben der Zivilgesellschaft, als Todestrieb der herrschenden Ordnung zu gelten, bedeutet weder, dieser Trieb zu sein noch zu diesem Trieb zu werden; um ein solches Sein geht es nicht. Dieser figurativen Position zuzustimmen bedeutet vielmehr, die Konsequenzen, die sich ergeben, wenn die Realität auf der Verleugnung des Todestriebs gegründet wird, zu erkennen und sich diesen zu verweigern" (Edelman, 2012, S. 205).

Ob aus dieser Verweigerung allerdings eine neue Zukünftigkeit auch für reale Kinder, queer oder nicht, erwächst, lässt Edelman offen. Kirstin Mertlitsch (2016), dens ein Denken in feministischen ‚Begriffspersonen' vorschlägt, die ich hier als Figuren interpretieren möchte, sieht in einem solchen Denken hingegen explizit Veränderungspotenziale. Anhand der Begriffspersonen ‚Sister', ‚Cyborg', ‚Nomadic Subject', ‚New Mestiza' und ‚Drag', die alle fünf eine reiche feministische Geschichte aufweisen,[46] argumentiert Mertlitsch, wie Lesens in der Begegnung mit diesen Figuren emotional angesprochen (affiziert) wird und intellektuelle Erkenntnisse gewinnt, die als „Prozesse des Körper-Denkens" (ebd., S. 25) erlebt werden. Dass somit ‚Denkbewegungen" zustande kommen, die leiblich sind und aus Beziehungen heraus neue Beziehungen stiften, ist genau das, was ich hier als Figurationen bezeichne. Figurationen machen „als aktiv tätige Geschöpfe" (ebd., S. 11) eine Verbundenheit von Sprache und Körper produktiv.

46 Ergänzen ließe sich dies mittlerweile durch dens feministische Spaßverderbens (*feminist killjoy*) (vgl. Ahmed, 2018, i. O. 2017).

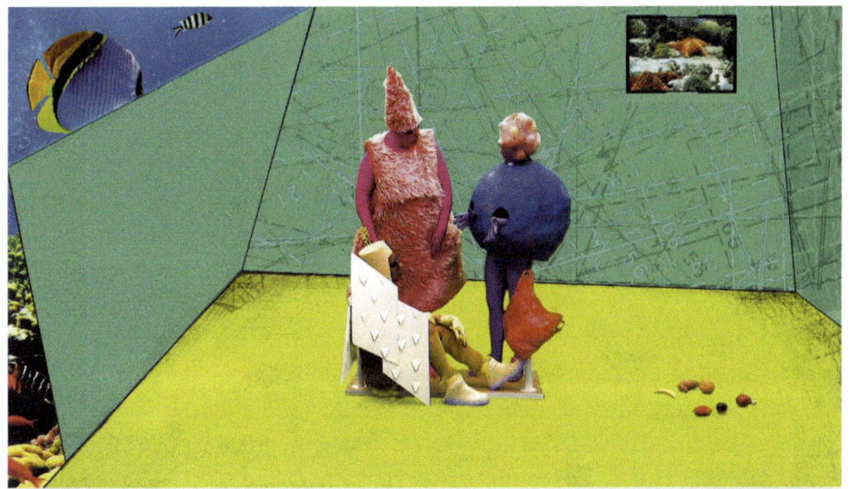

Videoausschnitt: WELTEN 09:19–09:58

AB*in, in einem aus dem Tisch gebauten „Boot“ (?) sitzend, erklärt ki-wi, dass queere Sozialität, also das Zusammenleben von unterschiedlichen, menschlichen und nicht-menschlichen Wesen und kulturellen Artefakten nur im „Durchgang durch die Konflikte“ möglich sei. Währenddessen läuft ein Tausendfüßlens rückwärts durchs Bild und schnattert vor sich hin.

Reflexionsfragen:
Wie werden Sie durch diese Szene emotional angesprochen?
Sind Ihre Verstehensprozesse durch körperliche Empfindungen und durch Gefühle beeinflusst?

4.6 Lust an der Irritation in der Begegnung mit der Andersheit dens Anderen

Queer Theorie ist eine Form der Herrschaftskritik, jedoch eine, die durch Lust an der Irritation, den Verzicht auf universelle Antworten und den Mut zur offenen Zukunft gekennzeichnet ist. Die Strategie der VerUneindeutigung (vgl. Engel, 2002; s. Kap. 1.2) greift dies auf. Sie setzt dort an, wo eine Identität fixiert, eine Normalität behauptet, eine Wahrheit verabsolutiert wird, stellt diese infrage und produziert Ambivalenzen, Vieldeutigkeiten und unerwartete Bewegungen und Verbindungen. Dies kann schmerzhaft oder beglückend sein; es ist jedenfalls kein harmloses Spiel, denn implizit bleibt immer der Verweis auf die gewalt- oder herrschaftsförmigen Setzungen bestehen, die Ausschlüsse und Hierarchien durch eine vorhergehende Vereindeutigung begründet haben. Dieses Kapitel hat gezeigt, dass sich VerUneindeutigung als politische Strategie ästhetischer Mittel bedienen kann. Damit bleibt sie keineswegs auf das Feld der Repräsentation oder des Kulturellen beschränkt, sondern kann auf gesellschaftliche Institutionen einwirken, z. B. auf die Familie durch Trans*-Elternschaften oder den Kapitalismus durch die Verunklarung von Besitzverhältnissen und Kapitalströmen.

Die Irritation, die mit der VerUneindeutigung einhergeht, kann als Begegnung mit der „Andersheit dens Anderen" verstanden werden, eine Andersheit, die sich nicht in Worten fassen oder durch Normen stillstellen lässt. Judith Butler (2004) hat den schönen Begriff *the Other of the Other* – im Englischen ohne geschlechtszuweisendes Pronomen – eingeführt; zunächst, um den aneignenden, unterwerfenden und zum Objekt machenden Tendenzen des Begehrens etwas entgegenzusetzen – dann aber auch, um sozialen Raum für *the Other of the Other* zu schaffen. Was bedeutet es, das unverständliche und/oder nicht-kategorisierbare Andere*, welches mir in meinem eigenen Denken, Fühlen und Körpererleben sowie im sozialen Miteinander begegnet, nicht abzuwehren? Es bedeutet, Differenzkonstruktionen als Begründung von Herrschaft und sozialer Ungleichheit zurückzuweisen, aber gleichzeitig Anerkennung für Differenz als Besonderheit und Einzigartigkeit und das Begehren nach einer offenen Zukunft zu schaffen. Eine Programmatik, die äußert geeignet für die Queer_Pädagogik zu sein scheint.

4.7 Empfohlene Literatur zur Vertiefung

María do Mar Castro Varela (2019): *Gewaltverhältnisse Sprache*

Josch Hoenes (2008): *Und wenn sie eine feste Form angenommen haben*

Waltraud Ernst (2019): *Phänomene des Werdens*

José E. Muñoz (2020): *Feeling Brown* (engl.)

Für vollständige Literaturangaben siehe Literaturverzeichnis.

5 Queer_Pädagogik

Reflexionsfrage:
Was halten Sie vor dem Hintergrund der bisherigen Kapitel für bedeutsam, um ein Verständnis von Queer_Pädagogik zu entwickeln?

In diesem Kapitel soll ausgelotet werden, welche Bedeutung Queer Theorie speziell für die Bildungs- und Erziehungswissenschaften bzw. die Pädagogik haben kann. Um zu unterstreichen, dass sowohl die Begriffe Queer und Pädagogik als auch der Zusammenhang zwischen den beiden Elementen keineswegs klar, sondern mehrdeutig und umstritten ist, ist die Schreibweise Queer_Pädagogik mit Unterstrich gewählt worden. Gemäß dem zuvor begründeten Verständnis einer grundsätzlich intersektionalen Queer Theorie wird der Fokus nicht allein auf den Umgang mit Geschlecht und Sexualität, sondern auf den queer_pädagogischen Umgang mit Differenz und sozialer Ungleichheit gelegt. Dementsprechend werden die Bedeutungen von Pädagogik der Vielfalt, geschlechterreflektierter Pädagogik, Inklusionspädagogik, antirassistischer bzw. dekolonialer Pädagogik und Sexualpädagogik im Hinblick auf Queer_Pädagogik jeweils kurz angerissen. Kann einer dieser Ansätze die anderen umfassen bzw. ist eine universelle Pädagogik denkbar, die die verschiedenen Dimensionen der Macht- und Herrschaftskritik in sich vereint? Oder kann, wenn post-/dekoloniale und queer/feministische Kritik an Universalisierungen ernst genommen wird, Pädagogik nur positioniert verstanden und betrieben werden, um geopolitisch und soziohistorisch formierte Körper_Subjektivitäten in ihrer Verschiedenheit wahrzunehmen?

Pädagogik als staatliche bzw. durch Autoritäten definierte Institution ist zutiefst mit rassistischer, antisemitischer und kolonialer Gewalt, mit sexistischen, ableistischen und heteronormativen Ausschlüssen sowie klassistischen Hierarchisierungen verbunden (vgl. Bittner, 2015; Kleinau & Opitz, 1996; Gomolla & Radtke, 2009; Kazeem-Kamiński, 2018; Hirschberg & Köbsell, 2021; hooks, 1994; Wellgraf, 2021; Castro Varela, 2016). Dennoch sind immer wieder auch alternative Pädagogiken und selbstorganisierte Formen des Lernens entstanden, die der Herrschaftskritik, der (Selbst-)Ermächtigung und Befreiung aus Unterdrückung verpflichtet waren und sind (z. B. Arbeiter- und Frauenbildung, anarchistische und feministische Pädagogik, Pädagogik der Unterdrückten, dekoloniale und indigene Pädagogik). Queer_Pädagogik positioniert sich in Solidarität mit derartigen Ansätzen, indem sie die kritische Reflexion auf binäre Gegensätze, hierarchisierende Klassifikationen und die Bedeutung von Geschlecht, Sexualität und Begehren für die Formierung sozialer Ungleichheit und Gewalt betont (vgl.

Alexander, 2005; Bergermann, 2013; Hartmann et al., 2017; Debus & Laumann, 2018; Sifuentes, 2021; Klenk, 2023; Waldmann, 2022).

Heteronormativitätskritik in der Pädagogik kann darauf ausgerichtet sein, das vorherrschende Bild einer auf Reproduktion und Paarbildung ausgerichteten Sexualität zu kritisieren. Eine solche Kritik kann, intersektional betrachtet, nicht ausschließlich auf eine hierarchische Hetero-/Homo-Opposition hinweisen. Denn einerseits sind Kinder sowie Paar- und Familienkonstellationen heute auch in lesbischen und schwulen Kreisen verbreitet und andererseits gibt es zahlreiche Formen der Heterosexualität, reproduktiv oder nicht, die normativen Idealen widersprechen – was sich z. B. anhand von rassistischen, klassistischen und ableistischen Bildern von Sexualität nachvollziehen lässt (s. Kap. 2.3). Queer_Pädagogik interessiert sich nicht nur für Heteronormativität, sondern für die intersektionale Komplexität von Norm und Abweichung im Feld der Sexualität. Ein Ansatzpunkt kann dennoch darin liegen, Curricula und Lehrpläne (nicht nur der Sexualpädagogik/sexuellen Bildung und Biologie, sondern z. B. des Literatur-, Geschichts-, Erd- und Gesellschaftskundeunterrichts) daraufhin zu untersuchen, welche dominanten Bilder von Heterosexualität verbreitet und welche sexuellen und geschlechtlichen Lebensweisen verschwiegen, marginalisiert, entwertet, pathologisiert oder kriminalisiert werden. Homosexualität unter Männern war beispielsweise in der BRD bis 1994 nicht vollständig entkriminalisiert; Transsexualität wird bis heute (2023) juristisch pathologisiert. Wie hat sich dies auf die Pädagogik ausgewirkt? Was kann Pädagogik dazu beitragen, nicht nur Respekt und Anerkennung zu fördern, sondern auch die strukturelle Ungleichheit zu überwinden? Was hieße es, sozialen Raum für Körper, Subjektivitäten, Beziehungs- und Lebensformen zu schaffen, die unter heutigen Bedingungen undenkbar sind?

Bettina Kleiner (2016) formuliert diese Herausforderung folgendermaßen:

> *„Im Zentrum einer heteronormativitätskritischen Pädagogik steht die Thematisierung von Normen, Zwängen und Privilegien, die Destabilisierung von Identitätskategorien und die Ermöglichung des Artikulierens von Grenzgängen, hybriden Identitäten und vielfältigen und widersprüchlichen Zugehörigkeiten" (Kleiner, 2016, o. S.).*

Queer_pädagogische Ansätze stellen nicht nur das System normativer Heterosexualität, sondern damit verbunden auch das der Zweigeschlechtlichkeit grundsätzlich infrage. Ob hierbei jedoch affirmativ auf eine ‚Vielfalt der Geschlechter' verwiesen wird (vgl. Debus & Laumann, 2018) oder die Gewalt- und Herrschaftsförmigkeit der ‚Herstellungsprozesse von Geschlecht' zum Ausgangspunkt genommen wird (vgl. Hartmann, 2004; Hechler, 2016; Krell & Oldemeier, 2017), bringt durchaus unterschiedliche politische und pädagogische Konsequenzen mit sich. Was, wenn benannte Vielfalt nicht ihrerseits als sozial konstruiert, sondern als naturgegeben erklärt wird? Dies birgt erneut das Risiko einer Essentialisierung von Geschlecht. Es werden ähnliche Argumentationsmuster reproduziert, wie sie bei der Naturalisierung der Binarität zu finden sind (vgl. Palm, 2005). Was ist überhaupt mit ‚naturgegeben' gemeint? Zumal sich dieses Verständnis in Folge des sogenannten New Materialism (s. Kap. 6.1) verändert.

5.1 Pädagogik als Praxis

In Fortführung des feministischen Konzepts des Doing Gender (s. Kap. 3.1) interessiert sich Queer_Pädagogik für Prozesse des *doing sex_gender*. Queere Ansätze in den Sozial- und Kulturwissenschaften, aber auch der Medizin, Biologie und Ökologie (s. Kap. 6.1) stellen die strikte Trennung von Natur und Kultur infrage und zeigen, wie biologische (inklusive genetischer) Prozesse sozial bedingt und beeinflusst sind. Was naturgegeben ist, kann also dennoch auch sozial konstruiert sein. Dementsprechend macht das dekonstruktive Anliegen, Gewalt und Herrschaftsprozesse in der Herstellung von Geschlecht zu unterbrechen, vor der Biologie und Medizin nicht halt; umgekehrt können auch Naturwissenschaften genau dieses Anliegen unterstützen. Im engeren Sinne auf Pädagogik bezogen heißt dies, dass die medizinischen und biologischen Aspekte von Sexualität sowie Geschlechtsentwicklung und Geschlechtsmodifikation durchaus wichtige Aspekte queerer Pädagogik sind, wie z. B. HIV-/Aids-Aufklärung, sex-positive Safer-Sex-Videos, Initiativen zur Förderung von Trans*- und Inter*-Gesundheit oder weiter gefasst zu geschlechtlicher und sexueller Selbstbestimmung verdeutlichen – nicht zuletzt auch entgegen ableistischer, rassistischer und klassistischer Bevormundung.

Des Weiteren sind dekonstruktive Ansätze in der Queer_Pädagogik darauf aus, Klassifikationen sowie damit einhergehende Normierungen und Hierarchisierungen zu vermeiden – und zwar nicht nur bezogen auf Geschlecht und Sexualität, sondern auf jegliche Differenz, die zur Rechtfertigung sozialer Ungleichheit herangezogen wird. Wenn Binarität auf Kategorisierung aufsitzt, dann gilt es, Differenz anders zu denken als gemäß einer Logik der Kategorisierung. Demnach kann eine queer_pädagogische Aufgabe darin bestehen, zu vermitteln, auf welch unterschiedliche Weise Differenz verstanden werden kann (s. Kap. 1), aber auch zu ermöglichen, Ausdrucksweisen von Differenz (Differenzartikulationen) zu erproben, die nicht auf Identitätslogik und Binarität beruhen. Die in Kapitel 3 und 4 thematisierten Formen eines prozesshaften Werdens, des Aushaltens oder Herstellens von Vieldeutigkeit oder Uneindeutigkeit sowie das Queering unhinterfragter Wahrheiten und Normalitätsregime sind Thema queer_pädagogischer Theorie und Praxis.

Je nachdem, ob Dekonstruktion sich auf Subjekt- und Identitätskonstrukte, auf Strukturen oder auf Wissen bezieht und ob Dekonstruktion sozial-konstruktivistisch, sprachphilosophisch oder poststrukturalistisch begründet wird, ergeben sich auch für die Pädagogik unterschiedliche Ansätze im Hinblick darauf, was und wie gelernt und verändert werden kann/soll. So kann die Dekonstruktion heteronormativer Strukturen (z. B. der Institution der heterosexuellen Ehe) aus Sicht eines sozial-konstruktivistischen Ansatzes sehr wohl unter Beibehaltung stabiler binärer Geschlechtskategorien von Frau und Mann erfolgen, wenn Frauen Frauen und Männer Männer heiraten dürfen. Sie kann sogar über diese Kategorien hinausgehen, wenn eine ‚Ehe für alle' eingeführt wird, ohne dass ‚alle' weiter charakterisiert sind. Hingegen würde ein poststrukturalistisch-queerender Ansatz die (historische und fortdauernd wiederholte) Herausbildung der Ehe als Institution problematisieren und ausloten, wie diese untergraben bzw. gequeert werden könnte.

Videoausschnitt: Welten 03:50–05:05
Alle drei Klammern, rund, geschweift und eckig, spielen in diesem Ausschnitt, der sich mit Heteronormativität, Familienformen, Reproduktion und Sorgearbeit befasst, eine Rolle. Die runde Klammer, eine „Denkblase" über u-m/m-us Kopf, drückt u-m/m-us innere Stimme aus – nachdenkliche Überlegungen, die hier die Bedeutung von Besitzlogik für Familien beleuchtet. Dieser Gedanke wird abschließend von der eckigen Klammer aufgegriffen, die Queers in globale Wirtschaft einordnet. Dazwischen ki-wi und die albernde geschweifte Klammer, beide damit befasst, ob Queers oder Regenbogenfamilien eine besondere Stellung zur Heteronormativität zukommt.

Reflexionsfragen:
Dieser Ausschnitt eröffnet zunächst eine Dimension der Analyse und Kritik. Sehen Sie darin auch ein Potenzial, zum Queering zu gelangen?
Liegt dies eventuell in der Performance, vor allem von ki-wi, oder Ästhetik des Videos begründet?

Wenn Queering als ein entscheidendes Moment der Queer_Pädagogik begriffen wird, stellt sich die Frage, ob und wie gleichzeitig Begriffe wie lesbisch, schwul, bisexuell, trans*, inter*-, a*geschlechtlich, ein Akronym wie LGBTIAq* oder die Unterscheidung cis, trans, non-binär oder männlich, weiblich, divers aufgegriffen werden können. Handelt es sich dann um (Minderheiten-)Kategorien, um strategische politische Gruppenbildungen oder um Selbstbezeichnungen? Oder arbeitet Queer_Pädagogik mit abstrakten Allgemeinbegriffen wie ‚geschlechtliche und sexuelle Lebensweisen' oder Sammelbegriffen wie ‚geschlechtliche und sexuelle Vielfalt', die jeweils alle Menschen umfassen?

Auch wenn diversitätsorientierte und identitätskritische, normalisierende und queerende, ermächtigende und dekonstruktive Ansätze in der Praxis durchaus miteinander vereinbart werden, bleiben doch konzeptionelle Spannungen, Widersprüche, Unvereinbarkeiten bestehen, die sich mehr oder weniger konfliktreich ausprägen.

Maximilian Waldmann (2022) formuliert dementsprechend eine Spaltung zwischen „anerkennungs-, gleichstellungs- und antidiskriminierungspädagogischen" Ansätzen und solchen, die dem „Überschreiten, Unterlaufen, Abtragen und Ambiguisieren von rigiden sexuell-geschlechtlichen Identitätskonstruktionen und Hegemonien" (ebd., S. 341) verpflichtet sind. Gilt es, diese Spaltung zu überbrücken oder auszuhalten? Welche Funktion kommt dem Begriff Queer_Pädagogik diesbezüglich zu?

5.2 LGBTIAq* – ein pädagogisches Spannungsverhältnis

Inwiefern unterscheiden sich identitätskritisch-queerende von pädagogischen Ansätzen, die an den Bedürfnissen, Interessen und der Ermächtigung von als LGBTIAq* identifizierten Personen orientiert sind? Insbesondere Bildungsinitiativen, die sich schulisch oder außerschulisch an Kinder, Jugendliche und junge Erwachsene richten, aber auch NGOs, die auf Rechtspolitik setzen oder/und Beratung anbieten, gründen ihre Arbeit oft auf Prinzipien der Antidiskriminierung und Ermächtigung, die sich einer minderheitenpolitischen Logik bedienen.[47] Exemplarisch können hier das Netzwerk Queere Bildung, der Bundesverband Trans*, der LSVD oder die international agierende ILGA herangezogen werden.[48] Ebenfalls beispielhaft lässt sich sagen, dass das Bildungs- und Forschungsinstitut Dissens e. V., die Kompetenzstelle intersektionale Pädagogik i-PÄD oder TrIQ e. V. mit einem Bekenntnis zu queeren Perspektiven, für eine Kompromissbildung einstehen, die sich vielleicht als selbst-reflexiver und politisch-kritischer Umgang mit dem Einsatz von Kategorien bezeichnen lässt; xart splitta e. V. spitzt dies auf die Analyse von und Intervention in diskriminierende/n Strukturen und Ungleichheitssysteme/n zu und verbindet dies mit queerendem Empowerment.[49] Von diesen Initiativen lässt sich sagen, dass, wenngleich Menschen in ihren (identitären) Selbstverständnissen und sexuellen Orientierungen angesprochen werden, sie doch ausloten, wie Potenziale des Queering in die Pädagogik hineingetragen werden können, um ein anderes Verständnis von Differenz jenseits von Kategorisierung und Identitätsfixierung zu eröffnen. Maximilian Waldmann (2019) diskutiert dies als eine in sich komplexe, mehrdeutige Politik der „verkennenden Anerkennung“ (ebd., S. 247 ff.).

Das von mir gegründete und geleitete Institut für Queer Theory (iQt)[50] ist hingegen darum bemüht, politische Bildungs- und kulturelle Vermittlungsarbeit zu leisten, die im Rahmen eines weitestgehenden Verzichts auf Identitätskategorien erfolgt. Diese Art der Arbeit ist darauf aus, Gewalt- und Herrschaftsprozesse in der Herstellung heteronormativer Zweigeschlechtlichkeit durch VerUneindeutigung, Denormalisierung und eine Politik der Paradoxie zu unterbrechen (vgl. Waldmann, 2019, S. 230 ff.). Im Sinne der Queerversität (s. Kap. 7) geht es im iQt nicht darum, Raum für zählbare, klassifizierbare Vielfalt, sondern für Multiplizität und undefinierte (undefinierbare) Andersheit (Alterität) zu schaffen. Hierbei steht die Gewalt der Normalität im Fokus, da sich Normalität erst im intersektionalen Zusammenwirken vieler Differenzordnungen herstellt. Leitend ist die Frage, wie normative Gewalt (vgl. Chambers & Carver, 2008) zu überwinden

47 Diskutierenswert ist, ob und inwiefern menschenrechtsbasierte pädagogische Ansätze zugleich minderheitenpolitisch aufgestellt sind. Betrachten Sie daraufhin die Yogyakarta Prinzipien, die geschlechtliche und sexuelle Rechte für alle Menschen formulieren, um auf diese Weise rechtlichen Schutz auch für Lesben, Schwule, Bi-, Poly- und Asexuelle, trans*, inter* und non-binäre Personen zu gewähren. Vgl. www.hirschfeld-eddy-stiftung.de/infozentrum/yogyakarta-prinzipien/yp-10 (29.03.22).

48 Links: Netzwerk Queere Bildung: http://queere-bildung.de; Bundesverband Trans* (BVT): www.bundesverband-trans.de/; Lesben- und Schwulenverband Deutschland (LSVD): www.lsvd.de/de/home; International Lesbian, Gay, Bisexual, Trans and Intersex Association (ILGA): https://ilga.org (29.03.2022).

49 Links: Dissens – Institut für Bildung und Forschung: www.dissens.de; iPäd – Kompetenzstelle Intersektionale Pädagogik: https://i-paed-berlin.de; TransInterQueer (TrIQ): www.transinterqueer.org (29.03.2022).

50 Link: Institut für Queer Theory (iQt): www.queer-institut.de.

ist, sodass sich ein Horizont umfassender Gerechtigkeit eröffnet. Gudrun Perko (2005) nennt dies ein ‚plural-queeres Denken', das sie immer wieder in konkrete pädagogische Handlungsweisen übersetzt, u. a. gemeinsam mit Leah Czollek als ‚plural-queeres Denken' (vgl. Czollek et al., 2009) oder ‚Radical Diversity' (2011).

In jedem Falle müssen Queer Theorie und Queer_Pädagogik in der Lage sein, konkrete Selbstverständnisse, Lebensverhältnisse und Erfahrungen wahr- und ernst zu nehmen, ob diese nun im Identitätsformat geäußert werden oder nicht. Laut Waldmann (2019) beinhaltet dies zudem, die ‚Alterität', d. h. die unhintergehbare Andersheit der anderen intersubjektiven Begegnungen nicht zu verkennen (vgl. ebd., S. 253). Queer-theoretische Abstraktion darf also nicht dazu führen, dass konkrete Diskriminierungen ignoriert oder die Gewalt der Normalität relativiert werden. Personen, die nicht in die Raster der Heteronormativität passen, sind der Gewalt der Normalität oder offener Homo- und Transphobie auch durch pädagogische Institutionen und Praxen ausgesetzt, wie Paul Preciado (2020) in pointierten feuilletonistischen Texten anhand zahlreicher Alltagsepisoden verdeutlicht. Dies kann auch durch das Reproduzieren von Stereotypen oder das Pressen in Schubladen geschehen; die Gewalt der Normalität vollzieht sich durch Kategorisierungen. Deshalb verweist, wie in Kapitel 1 und 2 herausgearbeitet, queere Identitätskritik auf Anpassungsdruck, Ausschlüsse und Entmenschlichung, die durch Kategorisierung und hierarchische Klassifikationen erfolgen. Deshalb verweigert sie, ihrerseits Fixierungen von Identität vorzunehmen, und setzt aufs Queering (hetero-)normativer Erwartungen und Institutionen. Nichtsdestotrotz können Identitäten politisch machtvolle Sprech- und Handlungspositionen darstellen, die keineswegs als eindimensional oder fix betrachtet werden müssen (s. Kap. 1.2). Queer-politische KörperSubjektivitäten können Handlungsmächtigkeit durch Queering beweisen. In diesem Sinne besteht kein strikter Gegensatz zwischen LGBTIAq*-Pädagogik und Queer_Pädagogik. Vielmehr geht es darum, die Spannung zwischen Queering/Identitätskritik und geschlechtlicher und sexueller Vielfalt/LGBTIA* auszuhalten und produktiv zu wenden. Wenn Queer_Pädagogik als ein umstrittenes, in sich heterogenes, kontext-spezifisches und für Veränderung offenes Feld aufgestellt sein soll, ist es notwendig, die verschiedenen Perspektiven nebeneinander bestehen zu lassen.

Auch im Hinblick auf das zugrunde gelegte Geschlechterverständnis queer_pädagogischer Ansätze eröffnen sich unterschiedliche Möglichkeiten: Es kann von der dominanten Geschlechterbinarität ausgegangen werden, die heteronormativitäts- und diskriminierungskritisch durch ihre Dezentrierung und die Stärkung nicht-binärer, trans* und inter* Geschlechter zu kontern ist. Es kann aber auch von einer (historisch gewachsenen) Vielfalt der Geschlechter ausgegangen werden, die es zu enthierarchisieren gilt. Damit würde sich das Gleichstellungsanliegen nicht länger nur auf Frauen und Männer, sondern auf sämtliche Geschlechter beziehen (vgl. Baumgartinger, 2021). Perspektivisch kann ein Queering von Geschlecht Möglichkeiten eröffnen, uneindeutige oder fluide, sich wandelnde Formen von Geschlecht zu leben, oder aber im Sinne des Exit-Gender (vgl. Hornscheidt & Oppenländer, 2019; Hornscheidt & Sammla, 2021) auf die Abschaffung der Geschlechterunterscheidung hingewirkt werden. Letztere Zielsetzung wird damit begründet, dass Gender historisch und strukturell grundlegend mit Ausschlüssen und Hierarchien verbunden sei.

Im Studienbrief *Geschlechterreflektierte Pädagogik*[51] der FernUniversität in Hagen hat Katharina Debus eine Entscheidung zugunsten konstruierter Vielfalt statt Dekonstruktion oder Exit getroffen. Heteronormativitätskritik kommt darin zum Ausdruck, dass Debus mit dem Sternchen arbeitet, also von Mädchen*, Jungen*, Frauen*, Männern* schreibt, um einer Geschlechtervielfalt Ausdruck zu verleihen. Damit kann einerseits der Dominanz der binären Geschlechterordnung Rechnung getragen werden und andererseits doch eine fortwährende Bedeutungsverschiebung hinsichtlich dessen, was/wen diese Begriffe bezeichnen, erreicht werden. Das heißt, der Asterisk hält offen, wie cis oder trans, inter, wie hetero, homo, bi- oder asexuell die Begriffe im konkreten Kontext zu verstehen sind. Dennoch bleibt die Frage, ob damit nicht-binäre, trans* und inter* Personen sowie das Spektrum geschlechtlicher und sexueller Existenzweisen (auch innerhalb dessen, was als heteronormative Ordnung gilt) unterthematisiert bleiben. Steht die binäre Unterscheidung weiterhin im Mittelpunkt, sodass nicht-binäre, trans* und inter* Personen auf einer Minderheitenposition verbleiben?

Nachdem lesbische und schwule Lebensweisen in den vergangenen dreißig Jahren in Deutschland eine weitreichende Normalisierung erfahren haben (was nicht bedeutet, dass Diskriminierung und Homophobie damit überwunden wären, vgl. Krell & Oldemeier, 2017), liegt die politische und mediale Aufmerksamkeit seit einiger Zeit auf Trans*- und Intergeschlechtlichkeit (in geringerem Maße auch auf nicht-binären Lebensweisen) (vgl. Nay, 2019b). Dies hat auch Konsequenzen für die pädagogische Arbeit. So hat SCHLAU NRW (2019) eine Broschüre mit Handreichungen und Praxistipps unter dem Titel *Trans und Schule* herausgegeben;[52] Melanie Groß & Kathrin Niedenthal (2021) haben einen Sammelband veröffentlicht, der wichtige Hinweise bietet, wie es in der sozialpädagogischen und schulischen Arbeit gelingen kann, Intergeschlechtlichkeit zu thematisieren, ohne Othering-Prozesse zu bestärken. Die Initiative *Nonbinary Universities* der Akademie der Bildenden Künste Wien kann als Beispiel herangezogen werden, wie Bildungsinstitutionen einen diskriminierungsfreien Umgang mit trans*-, inter*- und non-binären Personen gestalten können.[53] Kritisch wird aber auch gefragt, welche neuen Ausschlüsse und Normen sich im Rahmen dieser

---

51 Seit 2021 an der FernUniversität in Hagen im B. A. Bildungswissenschaft im Einsatz.

52 www.schlau.nrw/wp-content/uploads/2020/01/TransUndSchule_Brosch_2020_web.pdf (06.02.2024).

53 www.akbild.ac.at/de/studium/trans-inter-nicht-binaer (16.06.2022); dort auch zum Download: *Nonbinary Universities. Vademekum zu geschlechtergerecht(er)en Hochschulen* (2019).

Trans-Normalisierung vollziehen, z. B. entlang rassistischer oder klassistischer Achsen (vgl. Nay & Steinbock, 2021; Smythe, 2021; Tudor, 2021).

Pädagogik vollzieht sich aus queer-theoretischer Perspektive demnach innerhalb eines Spannungsverhältnisses. Einerseits geht es darum, Diskriminierung abzubauen, vielfältige geschlechtliche und sexuelle Lebensweisen zu fördern und LGBTIAq*-Personen zu ermächtigen, andererseits darum, Identitätsfixierungen und Minderheitenkonstrukte zu vermeiden. Diese Spannung auszuhalten, erinnert an Eve Kosofky Sedgwicks Analyse, dass modernes Denken Homosexualität entweder gemäß einer minorisierenden Sicht als Eigenschaft einer bestimmten Minderheit oder universalisierend als potenziell allen Menschen zu eigen auffasst – zwei Auffassungen, die einander widersprechen, aber doch gemeinsam moderne Sexualitätsverständnisse charakterisieren (vgl. Sedgwick, 2003).

5.3 Pädagogik der Vielfalt und Pädagogik vielfältiger Lebensweisen

Auch die ‚Pädagogik der Vielfalt' nach Annedore Prengel (1993) stellt sich dem Dilemma, ob Pädagogik an Gleichheit oder Differenz auszurichten sei, und verweigert die Entweder-oder-Entscheidung, indem sie den Begriff der ‚egalitären Differenz' einführt. Dieser zielt darauf ab, gleichzeitig gegen die Hierarchisierung vorzugehen, welche Differenz ohne Gleichheit mit sich bringe, und die Angleichung an eine Norm zu unterlaufen, die durch Gleichheit ohne Differenz befördert werde. Eine Pädagogik der Vielfalt, die – so die damaligen Begriffe – feministische, interkulturelle und Integrationspädagogik zusammenführt, zeichnet sich also dadurch aus, die dem Differenzbegriff innewohnende Spannung nicht aufzulösen, sondern anzuerkennen. Der jüngst von Stefan Timmermanns und Maika Böhm (2020) veröffentlichte Sammelband *Sexuelle und geschlechtliche Vielfalt* verdeutlicht nicht nur die Ausdifferenzierung und Normalisierung, die mittlerweile zu verzeichnen ist, sondern stellt auch die Herausforderungen heraus, die dies für unterschiedliche pädagogische Felder sowie für die Arbeitswelt bedeuten.

Jutta Hartmann (2004) führt den Begriff ‚Pädagogik vielfältiger Lebensweisen' ein, der im Sinne einer kritisch-dekonstruktiven Pädagogik Herrschaftskritik mit dem Dynamisieren von Normalitäten und Identitätszwängen in der Pädagogik verbindet (vgl. ebd.; Hartmann et al., 2017; Klenk, 2023). Indem kritisch-dekonstruktive Ansätze „weniger der identitätslogischen Frage ‚Wer oder was bin ich?', denn der dynamischen Frage ‚Wie will ich leben'" (Hartmann, 2004, S. 66) folgen, zielen diese auf Möglichkeiten zum verändernden oder sogar kreativen Gestalten. Anliegen ist „eine öffnende Auseinandersetzung, die sich einem Entweder/Oder widersetzt […] und den Raum zwischen den Dualitäten erhellt" (ebd.). Neben der Dekonstruktion binärer Geschlechter und Sexualitäten erfordere dies jedoch auch, eine (selbst-)reflexive Pädagogik zu entwickeln, denn wenn queere Pädagogik sich intersektional denkend gegen jegliche Normalitätsregimes (*normalcies*) richtet, bedeute dies auch, die eigene Eingebundenheit in Normalitätsvorstellungen und Privilegien zu problematisieren (vgl. ebd., S. 76). Unter neoliberalen Bedingungen, so betonen Jutta Hartmann, Astrid Messerschmidt und Christine Thon (2017) in der Einleitung des von ihnen herausgegeben Sonderhefts des *Jahrbuchs für Frauen- und Geschlechterforschung in der Erziehungswissenschaft*, erfordert dies auch eine Skepsis gegenüber Toleranzdiskursen und einem Feiern von Diversität:

> „Das Einklagen von Toleranz gegenüber als abweichend betrachteten Geschlechtern und Sexualitäten realisiert noch lange nicht den Anspruch einer Kritik von Hierarchisierungen und Kategorisierung. Im Gegenteil kann dieses Einklagen sehr funktional werden für einen neoliberalisierten Bildungsmarkt, der jede Differenz verwertet und deshalb begrüßt" (Hartmann et al., 2017, S. 19).

Aufmerksamkeit braucht die Pädagogik also auch dafür, die hierarchische Anordnung zwischen Tolerierten und Tolerierenden nicht zu wiederholen.

Subjektivierungsprozesse, also die Anrufung zur Unterwerfung unter bestehende Verhältnisse, und Bildungsprozesse, also die Handlungsmächtigkeit, die aus reflexiver Kritik erwächst, sind somit in der Pädagogik unweigerlich verflochten. Denise Bergold-Caldwell (2020) verdeutlicht dies in einer empirischen Studie, die zeigt, wie die von ihr interviewten Frauen* lernen, entgegen ihren rassistischen Erfahrungen im deutschen Schulsystem eine (sich selbst) ermächtigende Position ‚Schwarzer Weiblich*keit' auszubilden – ein Bildungsprozess, der sexistische und heteronormative Sozialisationserfahrungen Schwarzer weiblicher Körper und das rassistische Verständnis von ‚Schwarz' als konstitutivem Außen des modernen Subjekts nicht hinter sich lassen kann. Und doch lernen die Interviewpartnens einen Schwarzen weiblichen Subjektstatus zu reklamieren, indem stereotype Bilder reflexiv zugänglich gemacht und transformiert werden (vgl. Bergold-Caldwell, 2020, S. 365). Bergold-Caldwell betont, „dass es hier um ein Umarrangieren von Begehrensstrukturen geht" (ebd., S. 363), die es ermöglichen, „gesellschaftlich abgewertete(n) Identitätsanteile" (ebd., S. 362) aufzuwerten.

Eine weitere qualitativ-empirische Studie, die auf die Essentialisierung von Identitäten verzichtet, aber dennoch die Wichtigkeit des pädagogischen Umgangs mit der Vielfalt und fortdauernder sozialer Ungleichheit geschlechtlicher und sexueller Lebensweisen betont, stammt von Florian Cristobál Klenk (2023). In *Post-Heteronormativität und Schule* untersucht Klenk die Umgangsweisen von Lehrenden mit geschlechtlicher und sexueller Vielfalt im Schulalltag. Indem sowohl lesbisch, schwul, trans* sowie cis-heterosexuell identifizierte Interviewpartnens befragt werden, vermeidet Klenk, geschlechtliche und sexuelle Vielfalt als eine Minderheitenthematik zu markieren. Interessantes Ergebnis der Studie ist, dass die drei verschiedenen Umgangsweisen der Dethematisierung, Fragmentierung und Responsibilisierung, die Klenk herausarbeitet, keinerlei Rückschlüsse auf die (cis-/trans-)geschlechtliche oder (homo-/hetero-/bi-/a-)sexuelle Selbstpositionierung der Lehrenden oder deren politische Visionen erlauben. Als ‚Professionsambivalenz' bezeichnet Klenk das je persönliche Aushandeln von „Grenzen der *institutionellen Zuständigkeit* und professionellen *pädagogischen Verantwortung*" (ebd., S. 9), mit dem die Lehrkräfte auf vielfältige Lebensweisen eingehen oder auch nicht. Ganz im Sinne der von Klenk als Post-Heteronormativität gekennzeichneten gesellschaftlichen Situation, wird Heteronormativität im schulischen Umgang mit geschlechtlicher und sexueller Vielfalt „sowohl gefestigt als auch dynamisiert" (ebd.). Auf Basis einer sorgfältigen Analyse des Interviewmaterials entwickelt und unterfüttert Klenk die Typologie der drei Umgangsweisen. Klenk erklärt, wieso Dethematisierung und Fragmentierung zu Verschärfung vor allem rassistischer Ungleichheitsverhältnisse führen, und kommt zu dem Schluss, dass eine verstärkte Responsibilisierung die Antwort auf ein zwar oberflächlich modernisiertes, aber weiterhin heteronormatives Schulsystem sei. Mit Responsibilisierung ist eine „berufliche und gerade nicht individuelle (!) Form der Zuständigkeit und Verantwortung für vielfältige Lebensweisen" (ebd., S. 443) gemeint, die das Thema (als pädagogisches Handlungsfeld und Unterrichtsgegenstand) eben nicht an LGBTIQ*-Lehrkräfte delegiere, sondern zu einer systematischen Aufgabe für alle mache.

Ebenfalls auf Schule und auf Umgangsweisen von Lehrkräften, in diesem Falle mit Sexualität, bezogen, ist die qualitativ empirische Studie von Julia Kerstin Maria Simoneit (2021). Auf Grundlage des Widerspruchs, „in einer asexuell konstruierten Schulstruktur ein Thema zu behandeln, das im Idealfall eine größere Nähe voraussetzt" (ebd., S. 17), befasst sich Simoneit mit „der Ausbalancierung von Nähe und Distanz in der Bearbeitung sexualitätsbezogener Themen" (ebd., S. 16) in der Schule. Sexualität wird hiermit nicht ausschließlich als Thema der Sexualaufklärung, sondern als Dimension der pädagogischen Beziehung betrachtet, die schon dadurch zum Tragen kommt, dass Lehrens wie Schülens die Schule als geschlechtliche und sexuelle Wesen betreten. Siemoneit kommt zu dem Schluss, dass Sexualpädagogik weniger als Wissensvermittlung zu verstehen sei, sondern es darum gehe, die Schule als einen Ort sexualitätsbezogener Aushandlungsprozesse zu gestalten. Autorens räumt abschließend ein, dass die Problematik sexualisierter Gewalt sowie das Lehrkraft-Eltern-Verhältnis diesbezüglich noch genauer zu bedenken seien.

Reflexionsfragen:
Blicken Sie auf Ihre eigene Schulzeit zurück:
Wurden sexuelle und geschlechtliche Vielfalt eher ignoriert und als ‚nicht wichtig' zur Seite geschoben?

Wurden manche Personen oder Gruppen als ‚Andere' herausgehoben, abgewertet oder als besonderer Toleranz bedürftig markiert?
Waren geschlechtliche und sexuelle Vielfalt oder Homosexualität oder unterschiedliche sexuelle Vorlieben oder Trans- oder Intergeschlechtlichkeit Thema in verschiedenen Unterrichtsfächern?
In welchen?
Wie wurden sie behandelt?

5.4 Sexualpädagogik/sexuelle Bildung

Sexualpädagogik bzw. sexuelle Bildung, die biologistische Theorien zurückweist und Sexualität als historisch und kulturell spezifisch versteht, greift oftmals auf sozial-konstruktivistische oder diskurstheoretische Auffassungen von Sexualität zurück. Diese sind in der Regel informiert durch Michel Foucaults These von der Produktivität historischer Macht-/Wissen-Komplexe (vgl. Foucault, 2012). Sexualität ist demnach keine Naturgegebenheit, sondern wird unter bestimmten historischen Bedingungen mittels produktiver Diskurse in bestimmter Form hervorgebracht. Die charakteristische Form der westlichen Moderne, die Foucault in *Der Wille zum Wissen. Sexualität und Wahrheit I* (2012, i. O. 1976) rekonstruiert, sei dadurch gekennzeichnet, dass Sexualität nicht (länger) über Praxen definiert, sondern als Identitäten gefasst wird. Durch das Klassifizieren von Abweichungen (Devianzen) werden nicht nur die entsprechenden Identitäten, sondern auch der Bereich einer vorgeblich ‚normalen' (weißen, bürgerlichen) reproduktiven Heterosexualität hervorgebracht. Dieser diskursive Prozess einer heteronormativen Formierung der Sexualität wird mit Bezug auf Foucault von Queer-Theoretikens wie David Halperin (2003), Teresa de Lauretis (1996, 2016), Judith Butler (1991, 1997), Nina Degele (2005) zum Ansatzpunkt für Veränderung gewählt. Es wird allerdings auch kritisiert, dass Foucault selbst hierbei eine ungerechtfertigte Universalisierung weißer Körper vornimmt und die Sexualität rassisierter Körper ignoriert (vgl. Ross, 2005, S. 167). Entsprechend überrascht es nicht, dass Texte, die sich mit Sexualität unter Bedingungen von Rassismus und Kolonialismus befassen, weitgehend ohne Foucault auskommen und gleichwohl die Naturalisierung von Sexualität kritisch analysieren (vgl. McClintock, 1995; Collins, 2000; El-Tayeb, 2003; Cohen, 2005; Johnson & Henderson, 2005; Reid-Pharr, 2005; Alexander, 2005).

Romantipp:
Marge Piercy (2006): *Sex Wars*

Auch psychoanalytische Theorie denaturalisiert Sexualität. Gleichwohl sind die Formen der Sexualität, die durch psychisch-physiologische Prozesse des Unbewussten hervorgebracht werden, vielfach als rigide normativ und hierarchisch heterosexuell kritisiert worden. Dadurch dass aber, z. B. auch im sogenannten Ödipuskomplex, Geschlecht und Sexualität nicht als gegeben, sondern als Ergebnis von Entwicklungsprozessen verstanden wird, die scheitern oder von der Norm abweichen können, haben feministische oder queer Theoretikens wie z. B. Gayle Rubin (2006, i. O. 1975), Teresa de Lauretis (1996), Leo Bersani (1996), Judith Butler (1997), David L. Eng (2001), Lee Edelman (2004), Tim Dean (2017) unterschiedliche Formen eines Queering der Psychoanalyse vorgeschlagen. Auf Deutsch zum Einstieg geeignet ist der Sammelband *Queering Psychoanalyse* (Hutfless & Zach, 2017).

Die Sexualpädagogik ist, in Zeiten des Antigenderismus, also der diffamierenden Abwehr der Gender Studies und geschlechtlicher Vielfalt vonseiten rechtspopulistischer Kräfte, ein hochgradig umstrittenes Feld (vgl. Eggers, 2014; Hark & Villa, 2015; Tuider, 2016). Elisabeth Tuider (2016) analysiert, wie mit ideologischen Begriffen wie ‚Frühsexualisierung' und ‚Gender-Wahn' gegen sexuelle Bildung oder eine Sexualpädagogik der Vielfalt nicht nur polemisiert, sondern bildungspolitisch gekämpft wird. Zentral sei hierbei eine Phantasie vom ‚unschuldigen Kind'. Wenn jedoch geleugnet wird, dass und wie Kinder von Geburt an in einen geschlechtlichen und sexuellen Erwartungshorizont hinein sozialisiert werden, der ihr Begehren formatiert, wird die Chance vergeben, ihnen darin Handlungsmächtigkeit zu verleihen. Ansätze wie eine ‚Sexualpädagogik der Vielfalt' (vgl. Tuider et al., 2012), die Praxismethoden für die Pädagogik bereitstellen, ‚Nichtdiskriminierender Sexualpädagogik' (vgl. Debus, 2017), Konzepte der ‚sexuellen Bildung' (vgl. Schmidt & Sielert, 2013) oder auch die Forschungsarbeit von Heinz-Jürgen Voß an der Universität Merseburg dienen in diesem Sinne immer auch der Gewaltprävention (vgl. Krolzik-Matthei & Voß, 2016) und der Ermächtigung der Einzelnen in ihrer geschlechtlichen und sexuellen Besonderheit (vgl. Katzer & Voß, 2016): Gleichzeitig betreiben sie eine Denaturalisierung von Sexualität. Ilka Quindeau (2014) bietet, mit psychoanalytischem Hintergrund, eine für Pädagogik und Erziehungswissenschaft hervorragend geeignete Einführung in Theorien der Sexualität.

Der Begriff der sexuellen Orientierung (vgl. Timmermanns, 2013) bezieht sich keineswegs ausschließlich auf die Frage, hetero- oder homosexuell, sondern eröffnet Auseinandersetzungen mit Bisexualität (vgl. Fritzsche, 2007), Asexualität (vgl. Profus, 2016), Polyamorie (vgl. Hofmann & Zimmermann, 2012) und BDSM (vgl. Bauer, 2020). Nicht zuletzt stehen Selbstbestimmung, sexuelle Rechte und reproduktive Gerechtigkeit von Schwarzen Menschen (vgl. Ross, 2021) und von Menschen mit Behinderung (vgl. Katzer & Voß, 2016) auf der Agenda, inklusive des Rechts auf selbstbestimmte Reproduktion. Übergreifend fordert Maureen Maisha Auma (2020), Sexualpädagogik rassismuskritisch zu gestalten.

Videoausschnitt: Körper 12:40–13:15

Begehren, hier im Sinne sexueller Orientierung verstanden, und geschlechtliches Selbstverständnis erweisen sich als miteinander verflochten und sich gegenseitig beeinflussend. Doch die jeweiligen Wirkungen sind mitnichten so klar, wie die heteronormative Ordnung suggeriert. „Ist die Lesbe, die einen Transmann begehrt, heterosexuell?" Ki-wi wirft diese Frage auf, während die drei Protagonens ein weiteres Mal gemeinsam im begehrlichen Hula-Hoop-Tanz engagiert sind.

Reflexionsfrage:

Im Videoausschnitt wird die Frage nach der Bisexualität aufgeworfen. Teilen Sie die Auffassung, dass sie mehr Abwehr erfährt als Homosexualität?

5.5 Disability Studies und Inklusionspädagogik

Marianne Hirschberg und Swantje Köbsell (2021) bezeichnen die Disability Studies als ‚Kritische Begleiterin' der Inklusionspädagogik (vgl. ebd., S. 142). In diesem Sinne geht es im folgenden Abschnitt um queer-theoretisch inspirierte Ansätze in den Disability Studies und die Frage, welche Beiträge diese zur Pädagogik bzw. einem kritisch-reflexiven Verständnis von Inklusionspädagogik/inklusiver Pädagogik leisten können.[54] Dies beinhaltet zum einen die Abgrenzung von einem engen, an Förderbedarfen oder Rehabilitation bzw. Behinderungen/Beeinträchtigungen orientierten Verständnis von Inklusionspädagogik (vgl. Simon,

54 Zur Unterscheidung inklusiver Pädagogik und Inklusionspädagogik vgl. Boger, 2019, S. 419.

2020), das in der Gefahr schwebt, minderheitenpolitische Klassifikationen oder toleranzpolitische Hierarchien zu reproduzieren. Zum anderen stellt sich die Frage, wie ein breites, an vielfältigen Differenzlagen intersektional orientiertes Verständnis von inklusiver Pädagogik, das im umfassenden Sinne an der „Verhinderung von Marginalisierung, Stigmatisierung und Diskriminierung, der Homogenisierung, Segregation und Selektion sowie der Barrierefreiheit" (Simon, 2020, online) ausgerichtet ist, dennoch kritisch zu diskutieren ist: Bleibt auch dieses einer minderheitenpolitischen Logik verhaftet, während es aus Perspektive der Critical Disability Studies wie auch der Queer Theorie darum geht, die Funktionsweisen der Norm in den Fokus zu rücken? Heike Raab und Simon Ledder (2022) liefern mit ihrem Artikel *Gender & Queer Studies in den Disability Studies* im *Handbuch Disability Studies* einen Einstieg ins Feld, der sich der Spannung stellt, Behinderung zu denken, ohne Kategorisierungen zu bestätigen.

Heike Raab für den deutsch-sprachigen sowie Robert McRuer für den englisch-sprachigen Raum sind zwei Theoretikens, die das Nachdenken über queertheoretische Impulse in den Disability Studies und die Bedeutung der Kategorien Be-/Enthinderung und Ableismus für die Queer Studies bereits seit den 1990ern vorantreiben. Heike Raab verdeutlicht eine Ähnlichkeit der Disability Studies zu den Queer Studies in der Verschiebung des Fokus auf die Dominanzgesellschaft: „Disability Studies [sind] im Kontext der Behindertenbewegung entstanden. Demgemäß wird in dieser Forschungsausrichtung nicht mehr aus der Perspektive der Mehrheitsgesellschaft eine minorisierte Gruppe untersucht – nämlich die Behinderten. Stattdessen wird umgekehrt, aus Sicht von Minorisierten, die Mehrheitsgesellschaft analysiert. Es schaut also nicht mehr das Zentrum auf den Rand, vielmehr schauen die an den Rand gedrängten auf diejenigen, dies sich selbst zum Zentrum erheben" (Raab, 2015, S. 229).

Heike Raab hat zahlreiche Aufsatzpublikationen vorzuweisen, in denen ens ausgehend von Foucault'scher Macht- und Diskursanalyse unter anderem Zusammenhänge von Behinderung, Geschlecht und Sexualität, die Entsexualisierung behinderter Körper und Queerness thematisiert (vgl. Raab 2010, 2015, 2022; Raab & Ledder, 2022). Raab wie auch Robert McRuer denken BeHinderung und Queer-Crip-Theorie und -Politik konsequent intersektional und legen einen Fokus immer auch auf die Kritik neoliberal bedingter Verschärfung sozialer Ungleichheit trotz Normalisierung. McRuers ins Deutsche übersetzter Vortrag *Queer Meets Disability* (2010) bietet eine hervorragende Einführung in die Geschichte der Queer Crip Studies und die Kritik essentialisierender Ansätze der Disability Studies.

McRuer hat den Begriff *Queer Crip*, so ens gleichnamiges Buch (2006), aus dem Aktivismus in die Wissenschaft übertragen und greift hierbei den Begriff *compulsory ablebodiedness* auf, den ens von Alison Kafer übernimmt (vgl. Kafer, 2003). Er ist abgeleitet vom Begriff *compulsory heterosexuality* (Zwangsheterosexualität, vgl. Rich, 1983) und deutet an, dass die Anforderung, einen funktionsfähigen Idealkörper (und Geist sowie Psyche) aufzuweisen, für moderne westliche Gesellschaften eine Norm darstellt, an der alle gemessen werden. Für viele Menschen geht dies mit der gewaltvollen Erfahrung einher, für die Dominanzgesellschaft das ‚Andere der Norm' verkörpern zu müssen. Durch den Begriff der *compulsory ablebodiedness* sind in die Theoretisierung der Unterdrückungs- und Herrschaftsform des Ableismus ein queer-theoretisches Wissen und der Bezug auf Heteronormativität eingezogen worden. Der für die Befragung der Normalität und gesellschaftlich strukturierender Normen wichtige Begriff des Ableismus, der die Funktionsweisen und Auswirkungen eines Herrschaftsverhältnisses benennt, statt lediglich isolierte Diskriminierungsprozesse zu betrachten, wird somit intersektional ausgedeutet (vgl. Goodley, 2016) und Queer Theorie wird in ihrer grundlegenden Bedeutung für das Verstehen von Ableismus betont (vgl. Campbell, 2013).

Umgekehrt ist für die QT/QS das von Mai-Anh Boger (2019) analysierte ‚Trilemma der Inklusion' von zentraler Bedeutung. Mit Bezug auf Behinderung, Critical Disability Studies und Aktivismus entwirft Boger eine Kartografie politischer Diskurse und Praxen, die für eine kritische Reflexion von Inklusion und Inklusionspädagogik und auch für andere Bereiche sozialer Ungleichheit erhellend sind. Um die Komplexität von Inklusion zu verstehen, legt Boger drei unterschiedliche Anliegen im Umgang mit Differenz dar, und zwar Empowerment, Normalisierung und Dekonstruktion (vgl. ebd., 2019, S. 36). Wenngleich jeweils motiviert durch das Begehren, nicht diskriminiert zu werden (vgl. ebd., S. 7), bringen sie dennoch unterschiedliche Formen von Antidiskriminierungspolitik und Pädagogik hervor. Um diese zu untersuchen, arbeitet Boger mit sogenannten Begehrensankern (vgl. ebd., S. 401), die zeigen, wie sich konkret geäußerte Wünsche jeweils mit Zielen des Empowerments, der Normalisierung oder Dekonstruktion vereinbaren lassen oder nicht. Da jeweils zwei der Ziele miteinander zu vereinbaren seien, hierbei aber das dritte ausschließen, spricht Boger von einem Trilemma, das der Inklusion eingeschrieben sei.

Die Nähe zu queer-theoretischem Denken zeigt sich darin, dass die Unvereinbarkeiten zwischen den Zielen des Empowerments, der Normalisierung und der Dekonstruktion nicht aufgelöst, die Ansätze aber auch nicht gegeneinander ausgespielt werden sollen. Vielmehr eröffnet der Blick auf das Trilemma, das sich zwischen diesen ergibt, die Möglichkeit, darauf zu reflektieren, wie sich eine spezifische affektive und soziale, biografische und strukturelle Nähe zu bzw. Abwehr von einzelnen der drei Ansätze erklären lässt. Damit kann eine Offenheit für Multiperspektivität und Ambiguität entstehen, die sich auch im Prinzip der Queerversität (s. Kap. 7) findet. Für Boger resultiert aus dem Trilemma der Inklusion der Anspruch, nach Pädagogik(en) zu suchen, die auf einen gerechteren Umgang mit Differenz zielen (vgl. Boger, 2019, S. 9). Neben Pädagogik der Ermächtigung und Pädagogik der Normalisierungskritik spricht Boger von Pädagogik der Vulnerabilität (Verletzlichkeit), die ‚fundamentale Andersheit' anerkenne (vgl. ebd.). In der Queer Theorie wäre fundamentale Andersheit das, was sich der Intelligibilität (Verstehbarkeit) entzieht (vgl. Butler, 1997, 2011; Waldmann, 2019).

Reflexionsaufgabe:
Erklären Sie und/oder finden Sie Beispiele, inwiefern sich die Ziele des Empowerments, der Normalisierung und der Dekonstruktion miteinander vereinbaren lassen, oder nicht.

Bei der Umsetzung von Inklusionspädagogik, die intersektional angelegt ist, sich also keineswegs nur auf BeHinderung/EntHinderung bezieht und auch nicht auf den schulischen Bereich beschränkt ist, findet – insbesondere in praktischer Hinsicht – auch die Schnittstelle queer und be_hindert/ver-rückt Berücksichtigung (Payk, 2017; Rudek/Sülze, 2018). Diese Schnittstelle (auch analytisch und konzeptionell) queer-theoretisch weiterzudenken, sodass minderheitenpolitisch-klassifizierende Ansätze vermieden werden und queer nicht einfach als Kurzform für LGBTIA* verwendet wird, ist eine zukünftig wichtige Aufgabe. Einen Ansatzpunkt für ein solch queer-theoretisch konzeptionelles Weiterdenken bietet der Vorschlag von Jasbir Puar (2016), ein Kontinuum des Un/Vermögens statt der binären Opposition gesund versus krank/behindert zugrunde zu legen. Puar verbindet dies mit einem explizit intersektionalen/interdependenten Anspruch, der Rassismus- und Klassismuskritik einbezieht. Theoretisch anspruchsvoll und auf Englisch sind die Beiträge von Margrit Shildrick (2009) und von Fiona Kumari Campbell (2013), die beide – auf sehr unterschiedliche Weise – Kritik am liberalen Inklusionsmodell formulieren und alternative Artikulationsformen von Behinderung vorschlagen, sowie von Shelley Tremain (2000) mit Fokus auf Sexualität und die Sex/Gender-Unterscheidung.

In der Praxis der Inklusionspädagogik finden sich Ansätze, die – auch in leichter Sprache – eine heteronormativitätskritische Sexualpädagogik mit Aufmerksamkeit auch für nicht-binäre, trans* und intergeschlechtliche Körper und Selbstverständnisse vertreten und entsprechende Bildungsmaterialien bereitstellen (vgl. de Silva & Weist, 2022).[55] Im Hinblick auf Kunst sowie kulturelle und politische Bildung mit queer-theoretischen Referenzen in der Inklusionspädagogik sind Eva Eggermann, Eliah Lüthi, Friederike Jonah Reher, die Pride

---

55 Zahlreiche Literaturtipps auch zu sexueller Bildung und Behinderung finden sich auf der Website von ProFamilia NRW: www.profamilia.de/ueber-pro-familia/landesverbaende/landesverband-nordrhein-westfalen/sexualpaedagogik (25.03.2022). Zu Barrieren an Hochschulen s. Zine *Barriers in Academia*: https://barriersinacademia0.wordpress.com/ (19.04.2024).

Parade Berlin und die Ausstellung *Crip Time* (F/M 2021) wichtige Referenzen.[56] Aus dem aktivistischen Kontext für *disability justice* mit besonderem Fokus auf die Bedürfnisse und Perspektiven von BIPoC-Personen mit Behinderung ist der Band *Care Work: Dreaming Disability Justice* (Piepzna-Samarasinha, 2018) entstanden. Dieser ist auch pädagogisch von Interesse, weil er in ein Netzwerk mit ‚Study Guides for Self-Education' im Hinblick auf soziale Gerechtigkeitskämpfe eingebunden ist.[57]

Tipp für poetisch-fiktionale Zugänge:
Eliah Lüthi (Hrsg.) (2020): *beHindert & verRückt: Worte Gebärden_Bilder finden*

Videotipps:
Shape of a Right Statement (Wu Tsang, USA 2008, HD Video 5:15 min)
In My Language (Amanda Baggs, USA 2007, Video 8:37 min)

5.6 Postkoloniale und queer-dekoloniale Pädagogens

Wie in der Inklusionspädagogik wird auch im Kontext dekolonialer Theorie und Pädagogik ein Potenzial darin gesehen, Wissen vom Körper aus zu entfalten, der immer ein Körper in Zeit und Raum ist. Dadurch könne auf die je konkreten geopolitischen, sozialen, kulturellen und ökologischen Kontexte verwiesen werden: Oder umgekehrt, können Generalisierungen vermieden werden, die die Situiertheit und historische Gewordenheit von Wissen und Welt ignorieren (vgl. Castro Varela & Dhawan, 2015; Driskill et al., 2011; Kazeem-Kamiński, 2018; Bergold-Caldwell, 2020).[58] Mit und durch die Körper werden sowohl Auswirkungen von Geschichte und historischer Gewalt, der Wichtigkeit traumatischen Erinnerns (vgl. Tuck & Ree, 2013; Sharpe, 2016; Hoffner, 2018) als auch die Bedeutung des Landes, des Landraubs, der Vertreibung, der Migration, aber auch der Verbundenheit mit dem Land in den Blick gerückt (vgl. Driskill et al., 2011;

---

56 Vgl. Eggermann, Herausgebens des *Crip Magazine* seit 2012: https://cripmagazine.evaegermann.com (22.06.2022); Lüthi, 2020; Reher, aktiv bei ‚Behindert und verrückt feiern: Pride Parade Berlin', u. a. bei der Herausgabe des Videos 2020: https://pride-parade.de/blog/der-pride-parade-film-2020 (20.06.2022); MMK, 2021: www.mmk.art/de/whats-on/crip-time (22.06.2022). Künstlens, deren Praxis als Queering Disability interpretiert werden könnte, wären z. B. auch: durbahn (vgl. Engel, 2008); Christine Sun Kim (vgl. Benedikt, 2021), Park McArthur (vgl. https://kunsthalle-bern.ch/ausstellungen/2020/park-mcarthur, 22.06.2022).

57 www.radicalinprogress.org/piepzna-samarasinha-2018-summary-part-1 (27.03.2021).

58 In postkolonialer Theorie liegt der Ansatzpunkt tendenziell eher bei den Logiken und Wissensregimen des Denkens der Aufklärung und westlichen Moderne, das von innen heraus, in Anerkennung der eigenen Verwicklung und des Double-Binds verändert werden soll (vgl. Castro Varela/Dhawan, 2015; Castro Varela, 2019; bildungsLab*, 2021).

Tuck & Yang, 2014; Simpson, 2017a; Goméz-Barris, 2017; Sifuentes, 2019). Mauro Eugenio Sifuentes (2019) weist darauf hin, dass Landrechte bzw. Enteignung, Vertreibung und Extraktivismus nicht nur für indigene Bevölkerungen bedeutsam sind. Vielmehr gilt für alle Menschen die Frage, auf welchen Territorien sie sich eigentlich bewegen, welche sie ‚ihre eigenen' nennen oder für welche sie ein Nutzungsrecht reklamieren – eine Frage, die von Schauplätzen historischer Gewalt, über Tourismus bis hin zu Companion-Species und ökologischer Verantwortung reichen kann (vgl. ebd., S. 75 f.; vgl. a. Driskill, 2010).

Ausgehend von einer *politics of location* (vgl. Rich, 1983) entwerfen María Gutiérrez Magallanes, Nina Hoechtl und Rían Lozano (2018) eine Pädagogik der ‚Ansteckung im Kontakt' (*contagion in contact*). Da sich in jedem einzelnen Körper biografische, soziale und geo-politische Geschichten, sprich, auch Heteronormativität, Ableismus, Rassismus, Klassendifferenzen sowie sexistische und koloniale Gewalt verdichten, kann im Kontakt der Körper die Begegnung mit diesen Erfahrungen erfolgen. Dekolonial-dekonstruktives Anliegen der *pedagogies of contagion in contact* ist es, sich angesichts von Differenzen und Ähnlichkeiten, individuellen Verletzungen, Wunden und Wünschen dem Versuch zu stellen, einen kollektiven Körper zu gestalten. Dies geschieht, indem die eigenen Körpergeschichten aufgebrochen und die Fragmente gemeinsam neu zusammengesetzt werden. Inspiriert von Gayatri C. Spivaks pädagogischem Anliegen, unsere Begehren neu zu arrangieren (*rearrangement of desires*, vgl. Spivak 2012, S. 125) wird die pädagogische Szene in eine multidirektionale, kollaborative transformiert. Gutiérrez Magallanes, Hoechtl und Lozano (2018) nennen dies ‚(un)teaching and (un)learning', ein Prozess, dessen einzelne Elemente nicht voneinander zu trennen sind (vgl. a. Castro Varela, 2016).

In ähnlicher Weise schlägt Sifuentes (2019) in ens Dissertation zu queer-dekolonialer Pädagogik vor, die pädagogische Beziehung als eine von *guest/host* (Gast/Gastgebens) zu imaginieren. Wenn Lernende als Gastgebende verstanden würden, die Pädagogens oder Lehrens einladen, erhöhe dies die Chance, dass pädagogische Angebote und Prozesse an den sozialen Positionierungen und Wünschen der Lernens ausgerichtet würden. In dem Versuch, ein Verständnis dekolonial-queerer Pädagogik zu umreißen, entwirft Sifuentes ganz gezielt kein einheitliches Konzept, sondern eine flexible, mehrdimensionale Rahmung (*framework*). Ausgehend von Interviews mit sechs Personen, die sich selbst als dekolonial-queere Pädagogens (*decolonial-queer educators*) bezeichnen, extrahiert Sifuentes elf Charakteristika dekolonial-queerer Pädagogik.[59] Zentral sind das Ausgehen von Erfahrungen, die Multiplizität von Identität und die Multimodalität der Praxen (vgl. ebd., S. 74–84). Die Interviewten betonen, wie

59 In Sifuentes (2021) sind diese auf sechs reduziert. In diesem Artikel werden die theoretischen Konzepte queer-dekolonialer Pädagogik am Beispiel eines vom Autorens initiierten Peer-Learning-Projekts vorgestellt.

wichtig es sei, die eigene pädagogische Theorie und Praxis kontextspezifisch und mit Aufmerksamkeit für Vermächtnisse (*legacies*) umzusetzen, seien dies biografische, intergenerationelle oder die Effekte von globalen Herrschafts- und Gewaltverhältnissen. Entsprechend zeigen sich überlappende, aber auch einander widersprechende Verständnisse von Gender und Sexualität, Queerness, Transness, Pädagogik und Politik; deutlich wird, wie persönliche Erfahrungen, sozio-kulturelle Herkünfte und Politisierungsprozesse pädagogisches Denken und Handeln beeinflussen.

Für die dekolonial-queere Pädagogik gilt also, dass Vielfältigkeit (*multiplicity*) und Vieldeutigkeit (*ambiguity*) nicht zu überwinden, sondern zu erlernen seien. Mit Formulierungen wie „queer-as-politics, rather than queer-as-identity alone" (ebd., S. 1) oder „refus[ing] facile categorization, noting the specificity of emergent identities in particular contexts" (ebd., S. 7) vermeidet Sifuentes es, Identität einfach zu verwerfen, kann aber dennoch Kategorisierung kritisieren. Motivation von Sifuentes' Arbeit ist die Feststellung, dass BIPoC, migrantische und indigene Queers und Trans-Personen, insbesondere, wenn sie aus niedrigen Einkommensverhältnissen kommen, verstärkte Diskriminierung im Bildungssystem erfahren. Kolonialität und Rassisierung sowie die Ausbeutung von Land, Kulturen, spirituellen Praxen und Wissensordnungen prägen das Schulsystem, aber auch queere Pädagogik. Die interviewten dekolonial-queeren Pädagogens betonen jedoch, dass Identitäten (ihre eigenen und die derjenigen, mit denen sie arbeiten) nicht generalisierbar, sondern räumlich und zeitlich positioniert sind. Sie sind aus konkreten Kontexten hervorgegangen und beruhen oftmals auf Disidentifikationen (vgl. Muñoz, 2007) mit herrschenden Verhältnissen. Bezüge auf eine Verbundenheit zum Land (*tierra*) oder die Bedeutung von Spiritualität, vom pädagogischen und wissenschaftlichen Mainstream in der Regel ignoriert oder marginalisiert, rufen für manche der Interviewten mit indigenen Hintergründen eine herrschaftskritische Funktion auf. Diese ist an Gerechtigkeit für alle statt Anerkennung von Minoritäten oder Spezialinteressen orientiert.

Interessant wäre es, weitere Sprach- und Kulturräume in die Reflexion einzubeziehen. Hier sollen lediglich zwei spanischsprachige Texte erwähnt werden, weil sie exemplarisch für eine reiche pädagogische Wissenschaft mit feministischen, queeren, dekolonialen und indigenen Aspekten in Spanien und Lateinamerika stehen: Mercedes Sánchez Sáinz (2019) argumentiert mit Fokus auf schulische Bildung, dass queere Pädagogik für Lernende und Lehrende die kritische Reflexion auf ihre Erfahrungen mit dem Zusammenhang von Körper und Macht eröffnet. Die Kritik am normierenden Einwirken auf Körper zum Ausgangspunkt pädagogischer Praxis zu nehmen, eröffne ein Verständnis dafür, dass an und in den Körpern heteronormative, rassistische, klassistische und ableistische Anrufungen zusammenwirken. Auch Francisco Ramallo et al. (2018) betonen die Wichtigkeit von Körpern, Gefühlen und Lüsten in der Pädagogik. Körper seien nicht nur Körper in Raum und Zeit, sondern fühlende, wahrnehmende und erotische, affizierte und affizierende Körper – und als eben solche würden sie in die pädagogische Beziehung eintreten. Als solche können sie zudem auch eine „Affektisierung – oder Erotisierung – von Theorien und Wissen“ (ebd., S. 11, Übersetzung A. A. E.) bewirken.

Die Überlegungen, die hier in Bezug auf pädagogische Praxis dargelegt sind, haben auch Bedeutung für die Forschung und die Art und Weise, wie empirische Forschung angelegt wird. Eve Tuck und K. Wayne Yang (2014) entwickeln eine zugespitzte Kritik an empirischer Forschung, welche Leidenserzählungen (*pain narratives*) bevorzugt und das Wissen der erforschten Subjekte (zumeist: als Forschungsobjekte bezeichnet) ausbeutet. Angesichts von fortdauerndem Rassismus und Siedlungskolonialismus (*settler colonialism*) sprechen sie sich für Verweigerung aus: „a refusal to do research, or a refusal within research“ (ebd., S. 223). Sie begründen, warum bestimmtes Wissen unter gegebenen Bedingungen nicht für die Wissenschaft bestimmt sei. Verweigerung „place(s) limits on conquest and the colonization of knowledge by marking what is off limits, what is not up for grabs or discussion, what is sacred, and what cannot be known“ (ebd., S. 225). Entgegen einer schmerz- oder schadenbasierten Forschung schlagen sie *desire-based research*, auf Begehren gründende Forschung, vor. Diese gehe vom Begehren der beforschten Subjekte aus bezieht deren traumatische Schmerz- und Gewalterfahrungen insofern ein, als daraus Weisheit (*wisdom*) erwachse (vgl. ebd., S. 231). Entscheidend sei die Bedeutung von Erinnerungsarbeit (*memory work*) (vgl. ebd., S. 226; Tuck & Ree, 2013). In diesem Sinne beruhe *desire-based research* auf einem Verweben von Vergangenheit und Zukunft:

> „Utilizing a desire-based framework is about working inside a more complex and dynamic understanding of what one, or a community, comes to know in (a) lived experience. […] Desire-based frameworks, by contrast, look at the past and the future to situate analyses. […] In this way, desire is time-warping. The logics of desire is asynchronous just as it is distemporal, living in the gaps between the ticking machinery of disciplinary institutions“ (Tuck & Yang, 2014, S. 231).

Anders als beispielsweise Driskill und Sifuentes arbeiten Tuck & Yang nicht mit dem Begriff queer oder dem Konzept des Queering. Durch den Fokus auf Begehren und die Überzeugung, „[that] desire can be a framework, mode, and space for refusal […] a counterlogic to the logics of settler colonialism. Rooted in possibilities gone but not foreclosed“ (ebd., S. 243), stellt sich jedoch eine Nähe zu queer-theoretischen Ansätzen her, die Begehren als Methode der Forschung und Veränderung ansehen (vgl. Probyn, 1995).

Romantipp:
Leanne Betasomake Simpson (2017b): *This Accident of Being Lost*

Die hier erwähnten queer-dekolonialen Pädagogens verbinden in ihrer Arbeit ein Spektrum an antidiskriminatorischem Gerechtigkeitsstreben, das Rassismus und fortdauernden Kolonialismus ebenso wie Heteronormativität, Sexismus, Ableismus, Ausbeutung, Extraktivismus und Unterdrückung religiöser oder spiritueller Praxen umfasst. Sie gewinnen Multiperspektivität, indem sie ihre eigenen Erfahrungshintergründe und politischen Überzeugungen explizieren und pädagogischen Raum für eben solche Erfahrungen und Überzeugungen der Adressatens schaffen.

Reflexionsfragen:
Was rechtfertigt es, diese Ansätze als queer und dekolonial bzw. queer-dekolonial zu bezeichnen?
Sollte dies nicht besser intersektional oder inklusiv heißen oder durch einen abstrakten Begriff wie Gerechtigkeit umrissen werden?
Halten Sie es für richtig und wichtig, dass bestimmte (theoretische und praktische) Entscheidungen und Kritiken aus Positionierungen (Positionalitäten) heraus begründet werden?

5.7 Queering Pädagogik und informelles Lernen

Das, was hier unter dem Begriff Queer_Pädagogik verhandelt worden ist, kann durchaus auf seine Überschrift hin befragt werden. Warum heißt es nicht Queere Pädagogik, Queer Pädagogik, Queer-Pädagogik oder Queere(nde) Pädagogik? Was können die unterschiedlichen Formulierungen zum Ausdruck bringen? Welchen Gewinn birgt es, die Grammatik herauszufordern? Des Weiteren wäre das Verhältnis von Pädagogik, Erziehung und Bildung queer-theoretisch zu durchdenken. Und ausgehend davon, dass Queer_Pädagogik auf Praxen und Prozesse des Queering dominanter Ordnungen und (hetero-)normativer Verhältnisse ausgerichtet ist, wäre in jedem konkreten Falle zu fragen: Was soll oder kann eigentlich gequeert werden? Die pädagogische Beziehung, Inhalte und/oder Curricula? Der gesellschaftliche Rahmen, die institutionellen Bedingungsgefüge, die epistemischen oder diskursiven Prämissen, die Werte und Normen, die Techniken (Didaktiken) und Technologien (Medien)?

In dem Artikel *Queer* (2022) gibt Maximilian Waldmann einen komprimierten Überblick in die erziehungswissenschaftliche Rezeption des Queer-Konzepts. Hierbei schlägt ens vor, U.S.-amerikanische und deutschsprachige Rezeption in dreierlei Hinsicht zu unterscheiden: erstens bezüglich der deutschsprachig verfügbaren Unterscheidung zwischen Erziehung und Bildung, die der englische Begriff *education* nicht hergibt; zweitens bezüglich einer kritischen deutschsprachigen Reflexion auf neoliberale Vereinnahmung von queer; drittens bezüglich der breit gefächerten Wissenschaftsfelder, die sich im U.S.-amerikanischen Diskurs mit einem *queering* von Curricula und Methoden befassen.

In jedem Falle aber erweisen sich pädagogische Praxis und pädagogische Theorie bzw. Bildungsprozesse und deren Theoretisierung als zutiefst miteinander verwoben. Queering kann gleichermaßen von beiden Seiten aus ansetzen: Sie kann von der Theorie auf die Praxis oder der Praxis auf die Theorie einwirken. Mein Vorschlag wäre es, auch im Hinblick auf pädagogische Beziehungen über die darin sich entfaltenden Dynamiken von Macht_Begehren zu forschen. Welche Weisen (Modi) des Begehrens entfalten sich, wie durchdrungen von Machtverhältnissen und mit welchen Machteffekten? Wie können queere Verständnisse des Begehrens zur Veränderung pädagogischer Praxen und vielleicht sogar zu gesellschaftspolitischer Veränderung beitragen? Über Begehren in pädagogischen Beziehungen nachzudenken, bedeutet auch, sich mit dem Risiko sexualisierten Machtmissbrauchs und sexueller Gewalt zu befassen. Doch lautet die Konsequenz angesichts dieses Risikos, dass Erotik und Begehren in der pädagogischen Beziehung nichts verloren haben? Hängt dies davon ab, wie die Asymmetrie – auch institutionell – gestaltet ist und welche Formen der Abhängigkeit bestehen?[60] Katja Krolzik-Matthei und Heinz-Jürgen Voß (2016) bieten eine systematische Diskussion bezüglich dessen, wie – langsam und entgegen langwährender Widerstände – sexuelle Gewalt als Thema der Sozialen Arbeit in den Blick kommt.

Filmtipp:
Verfolgt (Angelina Maccarone, 2006, D, 87')

Zum Abschluss des Kapitels sollen noch einmal die drei Queer Theorie-Videos in Erinnerung gerufen werden, die neben der Einführung in Themenfelder und Problemstellungen der Queer Theorie auch eine Reflexion auf die pädagogische Beziehung darstellen. Sie können als Plädoyer für informelle Lern- und Bildungskontexte gelesen werden, wie sie sich z. B. in Lese- oder Sport- oder Kulturguppen, in Gesundheitsinitiativen oder Selbsthilfe oder im Spiel entfalten. Angesichts von expliziten oder impliziten Ausschlüssen aus formalen Bildungsverläufen, die marginalisierte Subjekte erfahren (sei es, weil sie übersehen, weil sie diskriminiert oder gemobbt werden, sei es, weil ihnen der Zugang verwehrt wird) (vgl. Castro Varela, 2016; Sifuentes, 2019; Auma, 2020; Preciado, 2020; Seeck, 2022), sind selbst organisiertes oder community-basiertes Lernen in Queer-Kontexten von entscheidender Bedeutung. In den Videos werden drei verschiedene Formen des informellen Lernens durchgespielt, die die Gruppe der drei Freundens in einem jeweils anderen Licht erscheinen lassen.

In Körper geht es um unterschiedliche Formen, pädagogische Autorität auszuüben und zu dekonstruieren. Die Besserwissens-Figur gerät dank dens

60 Engel (2012) behandelt diese Fragen bezogen auf den Film *Verfolgt* (Angelina Maccarone, 2006), der Dynamiken von Macht und Begehren in der Beziehung zwischen einem männlichen Jugendlichen und seiner Bewährungshelferin inszeniert.

Freundens in (Selbst-)Zweifel, als ens am eigenen Körper die (hetero-)normativen Zurichtungsprozesse erfährt, aber auch eingeladen wird, sich auf geteiltes Begehren einzulassen.

In FIGURATIONEN pflegen die Protagonens eine Freundschaft, in der sie auf Augenhöhe miteinander im Gespräch sind. Sie interagieren zudem mit einer Zeichnung, die sich aktiv ins Bühnengeschehen einmischt. Es geht also auch um Medien und Medienbilder als handlungsmächtige Gegenüber.

In WELTEN ringen die drei Protagonens miteinander um Verständnis und Solidarität angesichts unterschiedlicher Sichtweisen auf die Welt. Konfrontiert mit Konflikten, die sich aus der Wiederkehr kolonial-rassistischer Ausbeutungsstrukturen ergeben, fragen sie sich, ob es womöglich mehr als eine Welt gibt. Lernen im Konflikt.

Für alle drei Ausprägungen der pädagogischen Beziehung lässt sich argumentieren, dass Begehren bzw. das Zusammenspiel Macht_Begehren als analytisch produktiv angesehen werden kann. Im KÖRPER-Video wird inszeniert, wie aus Verunsicherung und Irritation ein Wunsch nach Veränderung erwächst – kein einsamer, individueller Wunsch, sondern einer, der in einem gemeinsamen Tanz des Begehrens inszeniert wird. Im FIGURATIONEN-Video kommt dialogisches Lernen auf die Bühne, das eine Beziehung zum ‚Material' einschließt, das nicht passives Objekt, sondern lebendiges Gegenüber ist, das (zurück-)spricht und dem Respekt gezollt werden kann. Im Unterschied dazu inszeniert WELTEN ein Lernen im Konflikt und unter Bedingungen der Asymmetrie. Doch auch dieses ist nicht frei von Begehren. Begehren als das, was ungewöhnliche und unerwartete Verbindungslinien zieht, erlaubt es z. B., den Nord-/Süd-Konflikt zu thematisieren, ohne fixierte Rollen oder einen simplen Antagonismus darzustellen. Stattdessen treffen sich die Konfliktpartnens in einer reflektierenden Gemeinschaft, in der sie offenhalten, ob sie einander mit unterschiedlichen Perspektiven auf ‚die eine Welt' oder der Verortetheit in ‚verschiedenen' Welten konfrontieren. Diese queertheoretisch gefeierte Uneindeutigkeit und Unabschließbarkeit ermöglicht, so der Schlusssatz „Kontakt im Konflikt", und richtet Begehren auf soziale Gerechtigkeit, nicht als einheitliches Ideal, sondern als Horizont.

Reflexionsfragen:
Welche Schlüsse können aus dem Fokus auf informelle und selbstorganisierte Lern- und Bildungskontexte für das erziehungs- und bildungswissenschaftliche Verständnis der pädagogischen Beziehung als asymmetrischer Konstellation gezogen werden?
Erklären Sie Ihr Verständnis des Begriffs Queer_Pädagogik und begründen Sie diese Sichtweise. Ist er notwendig mit Identitätskritik und Prozessen des Queering verbunden? Und wenn ja, steht er im Gegensatz zur LGBTIAq*-Pädagogik?
Oder umfasst Queer_Pädagogik vielfältige, teilweise widersprüchliche Ansätze und das Aushalten von Konflikten?

5.8 Empfohlene Literatur zur Vertiefung

Jutta Hartmann (2004): *Dynamisierung der Triade*
Paul Preciado (2020): *Eine Schule für Alan*
Florian C. Klenk (2022): *Einleitung aus Postheteronormativität und Schule*
Mauro E. Sifuentes (2021): *Queer-Decolonial Pedagogy* (engl.)

Für vollständige Literaturangaben siehe Literaturverzeichnis.

6 Queer Theorie – Queer Studies

Nachdem im vorigen Kapitel Queer zugespitzt auf Pädagogik betrachtet worden ist, soll dieses Kapitel wissenschaftlich in die Breite gehen und das trans- und interdisziplinär angelegte Feld der QT/QS in den Blick nehmen. Queere(nde) Ansätze finden sich innerhalb und quer durch alle Disziplinen, sei es z. B. innerhalb der Informatik oder der Physik, den Musikwissenschaften, der Psychologie oder in den Sozialwissenschaften. Darüber hinaus zeichnen sich die QT/QS jedoch, ähnlich wie die Gender- und die Disability Studies, dadurch aus, dass sie Disziplinengrenzen überschreiten oder durchkreuzen, z. B. indem Konzepte oder Methoden aus verschiedenen Disziplinen kombiniert oder konfrontiert werden, vielleicht auch, indem Begriffsverständnisse und Forschungsfragen aus verschiedenen Disziplinen und durchaus auch durch außeruniversitäre Wissensproduktion gespeist werden.

Im bisherigen Verlauf des Buches ist bereits eine Unterscheidung von Queer Theorie und Queer Studies vorgenommen worden, die hier erklärt werden soll (vgl. a. Degele, 2005, FN. 5). Ich schlage folgende Definitionen vor:

- Queer Theorie ist eine Macht- und Herrschaftstheorie, die danach fragt, wie Geschlecht und Sexualität zur Ausbildung sozio-kultureller Hierarchien sowie gesellschaftlicher und globaler Ungleichheitsverhältnisse beitragen.
- Queer Studies sind ein breit gefächertes, disziplinäres und transdisziplinäres Forschungsfeld, das unterschiedlichste Themen, Methoden und Theorieansätze anbietet, um Geschlecht und Sexualität in ihren vielfältigen Ausprägungen, Bedeutungen und Zusammenhängen zu erforschen.

Das heißt: Das breite Forschungsfeld der Queer Studies bezeichnet ein tendenziell unbegrenztes Spektrum an unterschiedlichen Themen, Methoden und Theorieansätzen, die nicht notwendig mit einer Macht- und Herrschaftsanalyse verbunden sind oder diese vielleicht nur implizit oder als kritische Motivation mit sich tragen. Im vorliegenden Buch wird der Begriff Queer Theorie für eine (in sich umstrittene) intersektionale Macht- und Herrschaftstheorie reserviert, die Heteronormativität sowie – so mein Vorschlag – Begehren als entscheidende Begriffe der Analyse, Kritik und Veränderung zum Einsatz bringen. Die Videos beanspruchen ganz gezielt, Einführungen in Queer Theorie zu sein (s. Kap. 3.8, Vergleich der Intros der drei Videos), auch wenn sie, um die theoretischen Einsätze zu verdeutlichen, auf Fragestellungen und Themen der Queer Studies Bezug nehmen.

Der Vorteil der Unterscheidung von Queer Theorie und Queer Studies ist, dass im Bereich der Queer Studies Ansätze verortet sein können, die queer als

Oberbegriff für LSBTIA+ verstehen und die sozialen Realitäten der so klassifizierten und/oder sich selbst so identifizierenden Menschen, sozialen Gruppierungen oder Lebensweisen erforschen. Dies kann, muss aber nicht herrschaftskritisch angelegt sein; Queer Studies können auch deskriptive, positivistische oder quantitativ empirische Forschung beherbergen. Queer Theorie hingegen nimmt ihren Ausgangspunkt in einer Kritik an Klassifikationen, den damit einhergehenden Vereinheitlichungen, Ausschlüssen, Grenzziehungen und Hierarchiebildungen. Statt unreflektiert von geschlechtlichen und sexuellen Identitäten, Minderheiten oder Orientierungen zu sprechen, verschiebt sich das Interesse auf die Prozesse der Hervorbringung hierarchisierter Differenz.

Die vorgeschlagene Unterscheidung überlappt sich, ist aber nicht identisch mit der Unterscheidung theoretischer und empirischer Untersuchungen. Denn zum einen können sich (empirische) Queer Studies ganz gezielt queerer Macht- und Herrschaftstheorie bedienen oder zu deren Entwicklung beitragen (vgl. Çetin, 2012; Klenk, 2023), zum anderen können Theorien entworfen werden, die keine Macht- und Herrschaftstheorien sind (z. B. psychologische oder biologische Theorien zur Herausbildung von zwei – oder mehr als zwei – Geschlechtern, Medientheorien, die den Zusammenhang von Geschlechterbildern und sozial gelebten Beziehungspraxen erklären, soziologische Theorien, die Funktionsweisen von Familie erklären (vgl. z. B. Jurczyk, 2020). Zudem kann eine Macht- und Herrschaftstheorie, die den Anspruch erhebt, gesellschaftliche und globale Ungleichheitsverhältnisse zu erklären, nicht unabhängig von deren Erforschung entstehen. Innerhalb der QT/QS ist also eine Spannung zu verzeichnen. Diese ist nicht als sorgfältige Trennung zu verstehen, sondern mit ihr ist so zu arbeiten, dass sie bezogen auf je konkrete Forschungsfragen und Problemstellungen immer neu erklärt und produktiv gemacht werden kann. Begehren als theoretisches Konzept und Methode eröffnet, so meine These, Möglichkeiten, dieses Spannungsverhältnis zu bearbeiten.

Im Verlauf dieses Kapitels werden nicht Queer-Ansätze einzelner Disziplinen (z. B. der Musikwissenschaft oder der Informatik), sondern transdisziplinäre Themen- und Forschungsfelder in den Blick genommen.

6.1 Queer(ing) MINT und STS

Videoausschnitt: WELTEN 11:25–12:25

Dieser Ausschnitt stellt eine Chorszene dar, die durch die Art der Inszenierung queere Temporalität als nicht-lineares Geschehen thematisiert. Im Anschluss werden zwei monologische Positionen von Kugel und Zacken_Welle präsentiert, die Traumatisierungen aufscheinen lassen, welche dadurch entstehen, dass Menschen der Status des Menschlichen abgesprochen wird.

Reflexionsfragen:
Würden Sie diesen Ausschnitt dem Bereich von Queer Studies oder Queer Theory zuordnen?
Hat queere Temporalität etwas mit Naturwissenschaften und Technik zu tun?

MINT (Mathematik, Informatik, Naturwissenschaften und Technik) sowie STS (Science and Technology Studies) sind Bereiche, in denen queer-theoretische und -empirische Forschung wichtige Ausprägungen gefunden haben. Der Sammelband *Queering MINT* (Balzter et al., 2017) bietet eine geeignete Einführung, zumal dieser auch dezidiert pädagogische Fragestellungen behandelt. Das Online-Portal Gendering MINT digital (2018–2020) stellt Online-Ressourcen bereit (www.genderingmint.uni-freiburg.de). Bereits 2006 haben Smilla Ebeling und Sigrid Schmitz den Sammelband *Geschlechterforschung und Naturwissenschaften* herausgegeben, in welchem Schmitz sowohl einen Aufsatz zu sexistischen Stereotypen in der Hirnforschung als auch zur *Geschlechtsentwicklung, Intersex und Transsex im Spannungsfeld zwischen biologischer Determination und kultureller Konstruktion* veröffentlicht hat.

Videoausschnitt: Welten 13:16–13:37

Überraschend ändert sich der Hintergrund der Szene. Aus dem Innenraum wird eine Sand- oder Lehmkuhle, in der Kegel und Zacken_Welle selbstvergessen auf dem Boden hocken, den Untergrund untersuchen und Hula-Hoops hin und her schieben. Zunächst interessiert sich nur Kugel für die sprechenden Lippen der eckigen Klammer. Nach und nach wenden auch Kegel und Zacken_Welle ihre Aufmerksamkeit dorthin. Doch was wird hier eigentlich über sex_gender gesagt?

Reflexionsfrage:
Spielen Sie die verschiedenen Adjektive durch, die der Abschnitt zum Verständnis von sex_gender anbietet. Was hat diese Kombination mit Naturwissenschaften zu tun?

Innerhalb der Naturwissenschaften eröffnen Biologie und medizinische Forschung entscheidende Kontroversen der Queer Studies (s. a. Kap. 3, FN 12). Wenngleich eine begründete Skepsis gegenüber und fundierte Kritik an biologistischen Erklärungen geschlechtlicher und sexueller Differenz besteht (vgl. Schmitz, 2006; Ebeling & Schmitz, 2006; Voß, 2010), scheint es doch wenig zielführend zu sein, eine simple Opposition zwischen biologischen und konstruktivistischen Ansätzen zu errichten, wie dies im geistes- oder sozialwissenschaftlichen Blick auf Biologie und Medizin teilweise erfolgt (vgl. Kraß, 2003; Baumgartinger, 2017). Denn in Biologie und Medizin selbst finden sich mit der umweltbezogenen Epigenetik, der non-binären Hormonforschung oder Thesen zur Plastizität des Gehirns Ansätze, die physiologische, soziale und psychische Körperlichkeit als untrennbar verwoben ansehen und komplexe gegenseitige Beeinflussungen aufzeigen (vgl. Fausto-Sterling, 2000; Hines, 2004). Häufig würde jedoch, so Martha Kenney und Ruth Müller kritisch, die epigenetische These, dass Umwelteinflüsse und Lebenswandel – über Generationen – Einfluss auf die Gene nehmen, soziobiologisch unterfüttert. Entsprechend dienen dann biologische Faktoren zur Rechtfertigung sozialer Ungleichheit, zur Naturalisierung von Konkurrenz und Aggression sowie zur Reproduktion von Geschlechterstereotypen. Umso wichtiger sei eine sorgfältige, naturwissenschaftlich fundierte politische Kritik an diesen Diskursen (vgl. Kenney & Müller, 2017).

Anne Fausto-Sterling hat bereits in den 1980er Jahren feministische Kritik an hierarchisch-normativen Geschlechterbildern in biologischer Forschung formuliert und seit Anfang der 1990er Jahre die queere Kritik an der Binarität beflügelt. Fausto-Sterlings berühmter Aufsatz *The Five Sexes: Why male and female are not enough* (1993) argumentiert, dass die Zuordnung der Menschen zu lediglich zwei Geschlechtern nur durch Ausblenden biologisch relevanter Faktoren wie der Umwelt- und Erfahrungsoffenheit biologischer Körperlichkeit erfolgen kann. Würde zugestanden, dass auch Zellen und Gene historischen Einflüssen unterliegen, könne die Verengung menschlicher Biologie auf lediglich zwei Geschlechtsausprägungen nur durch den Einfluss sozialer Geschlechternormen in der Wissenschaft erklärt werden.

Auch die beiden Neurobiologens Gillian Einstein und Seth Watt (2019), die einen Ansatz der ‚situierten Neurowissenschaften' vertreten, arbeiten an der Infragestellung der Geschlechterbinarität. Sie argumentieren und belegen empirisch, dass die Logik der Binarität (*sex/gender*, *male/female*, biologisch/sozial etc.) für alle Menschen, nicht nur für Trans- und Inter-Personen eine Einschränkung oder sogar ein Problem darstellt. Ihr Aufsatz *Jenseits der Binarität* entwickelt eine Wissenschaftskritik neurobiologischer Geschlechterforschung, wobei der Fokus darauf liegt, dass bereits im Forschungsdesign die Beforschten (zudem zumeist Nagetiere), die kein geschlechterstereotypes Verhalten an den Tag legen, aussortiert würden, um sodann binär-unterschiedene Muster abzuleiten. Sigrid Schmitz (2006) arbeitet bezogen auf die Hirnforschung heraus, wie deren Narrative und Verbildlichungen auf Geschlechterstereotypen aufsitzen, die nicht nur eine Binarität festschreiben, sondern daraus eine asymmetrische Hierarchie von aktiv und passiv, grundlegend und abgeleitet begründen.

Doch die Kritik an binärem Denken macht bei der Biologie nicht halt. Darüber hinaus beschränken queere Ansätze in den Natur- und Technikwissenschaften sowie in der Informatik ihr Problembewusstsein nicht auf die Binarität, sondern lenken es auf intersektionale Herrschaftseffekte und die Reproduktion sozialer Ungleichheit (vgl. Prietl, 2019). Das breite Feld der Naturwissenschaften sowie ein macht- und herrschaftskritischer Umgang mit Technologie sind orientiert an Relationalität oder Beziehungen und münden nicht umsonst heute in Ansätze der Queer Ecology (vgl. Mortimer-Sandilands & Erickson, 2010; Seymour, 2013). Waltraud Ernst reflektiert dieses relationale Verständnis von Wissenschaft nicht nur als eine Frage der Macht, sondern auch der Erotik im Forschungsprozess (vgl. Ernst, 1999). Ernst (2013) rekonstruiert die Entwicklung feministischer Wissenschaftskritik, insbesondere die Standpunkt-Epistemologien von Nancy

Hartsock und Sandra Harding sowie Helen Longinos feministische Naturwissenschaftskritik, die aufzeigen, dass der Forschungsprozess niemals entkoppelt (abstrahiert) werden kann von den gesellschaftlichen Realitäten der Forschenden. Die Idee einer objektiven Wissenschaft/Forschung sei also durch ein Verständnis von Forschung zu ersetzen, welches die gegenseitige Beeinflussung von Laborsituation, Forschenden und Beforschtem als Teil des Forschungsprozesses reflektiert.

Der von Donna Haraway geprägte Begriff des ‚situierten Wissens' (vgl. Haraway, 1995, S. 73–97; i. O. 1988)[61] hat mittlerweile Bedeutung weit über die Naturwissenschaften und Technikforschung hinaus gewonnen. Er spielt in den Sozialwissenschaften und vor allem auch in der dekolonialen und queeren Theorie eine wichtige Rolle. Das aus Biologie und Kybernetik gespeiste Denken von Haraways feministischer Wissenschaftskritik hat mit der von ens geprägten Figur der Cyborg (vgl. Haraway, 1991, S. 149–181; gekürzte deutsch Version: Haraway, 2012; i. O., 1985) bereits in den 1980ern verdeutlicht, dass Technologiekritik nicht von einem unschuldigen Standpunkt des Außen erfolgen kann, da Technologie unsere Körper konstituiert. Als *companion species* können Menschen keine Zentralstellung im ökologischen Zusammenhang beanspruchen. Der Begriff semiotisch-materieller Wirklichkeit, der beide Aspekte untrennbar verknüpft (vgl. Haraway, 2012), ermöglicht Haraway, Diskurse als Machtverhältnisse zu analysieren und deren technologische und wirtschaftliche Dimensionen kritisch zu hinterfragen. Im Sinne einer situierten Wissensproduktion erfolge diese machtanalytisch, in Anerkennung der Begrenztheit (Partialität) der eigenen Perspektive; Objektivität werde nicht durch einen neutralen Standpunkt, sondern durch die Vernetzung partialer Perspektiven gewonnen:

> „Die Objektivität besteht bei Haraway nun gerade darin, das Forschende eben solche partialen Subjektpositionen einnehmen, von denen aus sie partiale Verbindungen zu anderen partialen Subjektpositionen herstellen können. Somit ist bei Haraway

61 Einen guten Einstieg bietet der Eintrag im Gender_Glossar von Naomie Gramlich (2021). Anwendungsbezogen nutzt Robin Bauer (2017) Haraways situiertes Wissen, um über Trans Studies nachzudenken. Bauers Artikel eröffnet ebenfalls einen sehr zugänglichen Einstieg in Haraways Wissenschaftstheorie, verfehlt Haraway allerdings in einigen Formulierungen, die nahelegen, dass das situierte Wissen eine soziale Position spiegele (wobei dies fragend problematisiert wird). Dragos Simandan (2019) führt aus, dass die von Haraway betonte Partialität, die notwendige Unvollständigkeit allen Wissens, auf vier epistemischen Lücken (*epistemic gaps*) beruhe: Dem Abstand zwischen (I) der Vielzahl möglicher und der tatsächlich realisierten Welt, (II) der realisierten und der von jemandem konkret erlebten Welt, (III) der erlebten und der erinnerten Situation und (IV) der erinnerten und der bezeugten/versprachlichten Situation. Simandan analysiert, wie soziale Ungleichheit und Machtverhältnisse in diesen Lücken wirksam werden. Indem dies herausgearbeitet wird, könne Haraways situiertes Wissen zu sozialer Gerechtigkeit beitragen.

mit Situierung nicht die Verortung in einer kohärenten Identität gemeint, sondern gerade eine Positionierung innerhalb notwendig widersprüchlicher und brüchiger Beziehungen" (Bauer, 2017, S. 38).

Filmtipp:
Donna Haraway: Storytelling for Earthly Survival (Frabrizio Terranova, 2016, 90')

Eine Dezentrierung des Wissens und die Betonung wissenschaftlicher Relationalität verfolgt auch Karen Barad, dens queer-theoretische Kritik am binären Denken in komplexe materiell-semiotische ‚Intraaktionen' münden lässt. Mit dem Ansatz des ‚agentiellen Realismus' erklärt Barad (2012), dass Intraaktion bedeute, dass Objekte aktiv, als ‚Agenten', am Forschungsprozess teilhaben. Es bestehe nicht einfach eine Interaktion, bei der Subjekte und Objekte im Forschungsprozess klar getrennte Positionen aufwiesen, sondern eine Intraaktion im Sinne einer geteilten Handlungsmächtigkeit. Hiermit inspiriert Barad den neuen Forschungszweig des New Materialism. Aus Perspektive der Physik entwirft Barad eine materialistische Version von Butlers Performativitätstheorie und argumentiert, dass das Materielle eine ‚queere Performativität' entfalte (vgl. Barad, 2011). Um dies plausibel zu machen, knüpft Barad an Haraways Vorschlag an, Objektivität im Sinne eines machtsensiblen, situierten Wissens nicht als Reflexion, sondern als Diffraktion zu verstehen. Während Haraways semiotische und materielle Dimensionen des optischen Prozesses der Beugung (Diffraktion) des Lichts gezielt verbindet, legt Barad den Fokus auf den physikalischen Prozess. In beiden Fällen geht es jedoch darum, dass bei der Diffraktion/Beugung von Licht das Reflektieren mit einer Streuung verbunden ist (*reflecting back & splintering*). Entgegen einfachen, linearen Bewegungen werden produktive Ablenkungen stark gemacht, um zu verdeutlichen, wie sich in Experimenten und Erkenntnisprozessen Materielles und Soziales intraaktiv verbinden (vgl. Deuber-Mankowsky, 2011; Schmitz, 2014).

Filmtipp:
Neptune Frost (Anisia Uzeyman & Saul Williams, USA und Rwanda, 2021, 105')

Somit sind Macht und Herrschaft nicht lediglich äußere Bedingungen, sondern innere Dimensionen der Wissensproduktion und Forschung mit konkreten gesellschaftlichen Auswirkungen (Barad und Haraway befassen sich z. B. explizit auch mit Technologieentwicklung, mit Gentechnologie, der Entwicklung der Atombombe, militär- und pharmaindustriellem Komplex). Ausgehend von den Erkenntnissen des New Materialism und in Anerkennung der intraaktiven Verwicklung in Wissenschaft und Technologie messen die beiden feministischen Philosophens Waltraud Ernst und Luzenir Caixeta (2019) politischer und ethischer Verantwortung entscheidende Bedeutung zu: „Meetings in new collaborative figurations of technoscientific realities demand not only political and ethical responsibility but also willingness to establish trust with strangers in cooperative settings and projects“ (Ernst/Caixeta, 2019, S. 105). Ernst und Caixeta legen den Fokus darauf, dass Begegnungen (*meetings*) unter ungleichen Voraussetzungen stattfinden. Doch gerade das Anerkennen dieser ungleichen Bedingungen könne die rassistische und sexistische Abwehr des ‚Fremden‘ überwinden helfen. Situiertes Denken und Handeln gehe damit einher, dass sich Welt unterschiedlich darstellt oder sich sogar unterschiedliche Welten ausprägen.

Um Welterzeugung (*worlding*) als politischer Prozess und analytisches Konzept wird es im 7. Kapitel genauer gehen. An dieser Stelle sei betont, dass an *worlding*, am Entstehen von Welten, auch wissenschaftliches Wissen und technologische Artefakte sowie (nicht-)menschliche (mehr-als-menschliche) Tiere, Pflanzen und Organismen, geo- und ökologische Faktoren beteiligt sind. Haraway schlägt deshalb den Begriff Sympoiesis vor, um relationales Denken zu radikalisieren und zu enthierarchisieren:

> „Sympoiesis is a simple word; it means ‚making-with‘. Nothing makes itself; nothing is really autopoietic or self-organizing. […] That is the radical implication of sympoiesis. Sympoiesis is a word proper to complex, dynamic, responsive, situated, historical systems. It is a word for worlding-with“ (Haraway, 2016, S. 58; dt. 2018, S. 85).

Sympoietische Prozesse untergraben zudem die Unterscheidung von Mensch, Tier, Pflanze, Mikroorganismus, von belebt und unbelebt und ermöglichen, darauf aufbauende Hierarchien zu kritisieren.

6.2 Mehr-als-menschlich – Humanimal Studies

Videoausschnitt: WELTEN 13:37–14:46

Cyborgs sind eine Mischung aus Mensch_Tier_Maschine. Ihre Handlungsmächtigkeit entsteht nicht aus der Autonomie, sondern dem Gemeinschaftlichen. Die drei Protagonens tragen Fragmente des New Materialism zusammen, von denen die Intraaktion im Humushaufens das Konkreteste ist. Entsprechend ist es auch nicht überraschend, dass am Ende des Ausschnitts keine These aufgestellt, sondern das Verhältnis zur (queeren) Politik als Frage formuliert wird.

Reflexionsfrage:
Wie verändert sich Ihrer Ansicht nach das Verständnis von Politik, wenn von mehr-als-menschlichen Aktens ausgegangen wird? Erscheint Ihnen dies erstrebenswert oder problematisch?

Dem queer-ökologischen oder sympoietischen Denken entsprechend sind die Humanimal Studies damit befasst, die Zentralstellung des Menschlichen zurückzuweisen. In diesem Zusammenhang fragen Noreen Giffney und Myra Hird (2016) in der Einleitung des von ihnen herausgegebenen Bandes *Queering the non/human*, was es bedeuten könnte, das Nicht/menschliche zu queeren. Hierbei betonen sie:

> „unsere Verwendung von ‚nicht/menschlich' statt ‚menschlich/nichtmenschlich' ist absichtsvoll und präzise in der strategischen Platzierung des Schrägstrichs zwischen und zugleich Teil von ‚nicht' und ‚menschlich'. Die Spur des Nichtmenschlichen in

jeder Figuration des Menschen zu erkennen, bedeutet auch, sich der exklusiven und exkludierenden Diskursökonomie bezüglich dessen gewahr zu sein, was es heißt, unter der Kategorie Mensch zu leben oder zu handeln" (ebd., S. 2; Übers.: A. A. E.).

Damit treten die Humanimal Studies auch denjenigen rassistischen, sexistischen und ableistischen Politiken entgegen, die manche Menschen aus dem Status des Menschlichen ausschließen. Kriterien wie ein eng gefasstes Verständnis von Bewusstsein, normative Vorstellungen davon, was ein lebenswertes Leben ausmache, aber auch die grundlegende Frage, was eigentlich ‚Belebtheit' kennzeichnet, die Mel Chen (2014, i. O. 2011) unter der Überschrift *animacies* stellt, werden queertheoretisch herausgefordert und umgearbeitet.

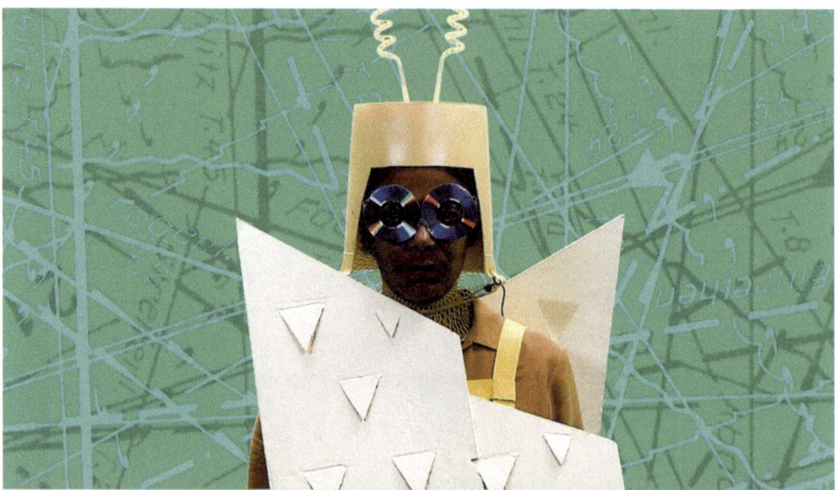

Videoausschnitt: Welten 11:47–12:25

Im Ausschnitt verdichtet sich ein Verständnis von der Gewalt, die Menschen einander antun. Von Kugel und Zacken_Welle wird dies bezogen auf Transfeindlichkeit und Rassismus ausbuchstabiert. Eindringlich treten uns die Sprechens in der Nahaufnahme gegenüber. Zugleich kommen auch die mehr-als-menschlichen Verhältnisse, zum Beispiel Ausbeutung von Natur und Ressourcen, in den Blick. Die Absurdität, von einem Sonderstatus des Menschen auszugehen, wird von Kugel mit Augenverdrehen unterstrichen.

Reflexionsfragen:

Wie schätzen Sie die Bedeutung von Sprache und Wissensordnungen im Hinblick auf die Überwindung des menschlichen Sonderstatus ein?

Halten Sie es für wichtig, neben/statt der Sprache auch/eher Institutionen, materielle Verhältnisse und Körperlichkeit zu fokussieren, um der Idee einer mehr-als-menschlichen Gemeinschaft näherzukommen?

Um die Grenzziehung zwischen Belebtem und Unbelebtem kritisch zu befragen, befasst sich Chen (2014) mit toxischem Blei, wobei absichtlich die physiologischen, die psychischen und die symbolischen Dimensionen von Giftigkeit miteinander verwoben werden. Es geht Chen um rassistische Diskurse und soziale Abwehrmechanismen, es geht um die gesundheitsschädigenden Effekte von Blei, aber auch um toxische, ableistische Gesundheitsideale sowie um giftige Theorien. Grundlegend ist für den Aufsatz jedoch, dass Chen anhand dieser Verschränkung von Materiellem, Symbolischem und Affektivem die starre Trennung von Belebtem und Unbelebtem fragwürdig werden lässt. Der Begriff der Belebtheit (*animacy*) gewinnt neue Bedeutung, wenn auch Unbelebtes wirkungsmächtig in affektive Verbindungen hineinwirkt: „Habe ich das Unverzeihliche getan und meine Freundin wie meine Couch behandelt? Oder habe ich meine Couch wie meine Freundin behandelt, was moralisch gesehen nicht viel besser abschneidet?" (Chen, 2014, S. 236).

Wenn zwischen Belebtem und Unbelebtem keine klare Grenze mehr besteht und die Hierarchisierung unterschiedlicher Formen von Leben überwunden wird, stellt dies auch die etablierte Unterscheidung von Wildnis und Zivilisation infrage. In der Einleitung zur gemeinsam von Jack Halberstam, Tavia A. Nyong'o und Veronica Gagó herausgegebenen Ausgabe *Wildness* des *South Atlantic Quarterly* (vgl. Halberstam & Nyong'o, 2018) wird herausgearbeitet, wie rassifizierte Vorstellungen von Wildnis zumeist auch mit Stereotypen devianter Sexualität einhergehen. Um die rassistischen und heteronormativen Bedeutungen (Implikationen) dieses Zusammenspiels zu analysieren, betreiben die Herausgebens ein Queering des Begriffs Wildnis, vermeiden jedoch, Queerness und Wildness in eins fallen zu lassen (vgl. a. Halberstam, 2020, S. 30).

6.3 Transtemporal und planetarisch queer

Zeit, Ort und deren Verbundenheit in Bewegung können als grundlegende Faktoren verstanden werden, die im Alltagsleben wie in den unterschiedlichsten Fertigkeiten, Fachkompetenzen und Wissenschaftsdisziplinen zueinander ins Verhältnis gesetzt werden. Deshalb sollen sie hier zum transdisziplinären Abschluss des Kapitels herangezogen werden. Wenngleich Zeit, Ort und Bewegung in der Praxis häufig für selbstverständlich genommen werden, sind auch diese – wie nicht zuletzt die Quantenphysik verdeutlicht hat – keine objektiven Faktoren, sondern sozio-kulturell und historisch formatiert. Vonseiten postkolonialer, queer/feministischer und poststrukturalistischer Wissenschaftskritik ist argumentiert worden, dass das lineare, metrisch-rationalisierte Zeitverständnis der westlichen Moderne Hierarchien, Entwicklungsnormen und Fortschrittserzählungen begründet, die zur Rechtfertigung rassistischer und heteronormativer Herrschaft herangezogen werden:

„Interventionen auf dem Feld der queer temporality haben gezeigt, dass zeitliche Strukturen wie Chronologie, Linearität und Progression dazu verwendet wurden und noch immer werden, bestimmte Körper als normal und andere als abweichend zu konstituieren – und dass heteronormative und rassistische Ausschlüsse durch normalisierte Zeitrahmen wirken und legitimiert werden" (Danbolt, 2014, S. 78).

Ebenso sind die Verobjektivierung und Kartierung von Raum und die kontrollierte Kanalisierung von Bewegungen von zentraler Bedeutung für epistemische (auf Wissen basierende) imperiale, kolonialistische und kapitalistisch globalisierte Unterwerfung und Ausbeutung (vgl. McClintock, 1995; Schramm, 2011; Pereira, 2021). Neben kritischer Geografie trägt vor allem die Kritik an westlichem, okzidentalen und anthropozentrischen Wissensordnungen dazu bei, dekoloniale Perspektiven auf Zeit, Ort und Bewegung zu entwerfen, u. a. durch das Konzept der epistemischen Gewalt (Gewalt durch Wissen; vgl. Spivak, 2012; Castro Varela, 2016; Brunner, 2020).

Die queer/feministische, dekoloniale Kritik wird ergänzt durch Konzepte von *queer time* und *queer space*, die nicht den heteronormativen Vorgaben, sondern alternativen Logiken folgen. Für J. Jack Halberstam (2005) sind es Analysen konkreter Lebensformen und kultureller Produktionen, insbesondere von trans* Verkörperungen (*embodiments*) und sozialen Bezügen (*alliances*), die ens erlauben, Zeit jenseits der Marker von Reproduktion und Zukunftsorientierung wahrzunehmen (vgl. ebd., S. 2 ff.). In diesem Zusammenhang versteht Halberstam unter queer „nonnormative logics and organizations of community, sexual identity, embodiment, and activity in space and time" (ebd., S. 6). Entscheidend sei es, die widersprüchlichen Funktionsweisen neoliberaler, postmoderner Entwicklungen zu verstehen, die, so Halberstam, von neomarxistischen Ansätzen genau deshalb nicht erfasst werden können, weil diese die Bedeutung von Sexualität für die kapitalistische Konstruktion von Zeit und Globalisierung als nebensächlich verwerfen sowie den Blick auf lokale Phänomene als Störung ihrer universalisierenden Erzählungen ansehen (vgl. ebd., S. 6–12).

Im Unterschied dazu betonen queer/feministische und dekoloniale Ansätze die Bedeutung des Lokalen oder die Gleichzeitigkeit von Globalem und Lokalem (glokal) (s. Kap. 5.6). Der Begriff planetarisch kommt als Alternative zu den Begriffen international, global oder weltweit zum Einsatz. Dies wird damit begründet, dass er es erlaubt, eine den gesamten Planeten Erde umgreifende Reichweite zu benennen, die Erde aber zugleich innerhalb eines Planetensystems schrumpfen zu lassen, sie zu dezentrieren und die anthropozentrische Selbstüberhöhung zu kontern (vgl. Spivak, 2012, S. 335 ff.; Haraway, 2018; Bauman, 2021).[62] Eine Möglichkeit, konkret zu werden und die Verschaltung von Zeit/Raum-Parametern zu denken, liegt im Blick auf Ereignisse (*events*):

> „certain events within particular contexts of time and space throw into public engagement debates around Lesbian, Gay, Bisexual, Transgender and Intersex identities. The fact that these are ‚events,' invokes specific spatio-temporal contexts in which ‚publics' are constructed or construct themselves to participate, to (de)-liberate on the question of LGBTI existence. What is clear to us is, that, in most cases, these events are triggered by instances of violence (in all its permutations)" (Ouma & Mutloane, 2014, S. 37).

Ebenfalls Aufmerksamkeit finden die Untersuchung von Bewegungen in Grenzbereichen, z. B. ein Bewohnen, Durchkreuzen und Verschieben eher als ein simples Überschreiten linear gedachter Grenzen (vgl. Anzaldúa, 2007, i. O. 1987; Minh-ha, 1996), sowie transnationale Bewegungen von Flucht und Migration (vgl. Luibheid & Cantu, 2005; Gutiérrez Rodríguez, 2007) oder Queering-Diaspora (vgl. Fortier, 2000; Gopinath, 2012). Trinh T. Minh-ha formuliert dies folgendermaßen: „Immer mehr von uns, die sich von Flucht zu Flucht bewegen, haben erkannt, daß wir nicht nur zur selben Zeit in vielen Welten leben, sondern daß sich all diese Welten in Wirklichkeit auch an ein und demselben Ort befinden – dem Ort, wo/der jede von uns hier und heute ist" (Minh-ha, 1996, S. 158). Erzwungene Bewegung (z. B. Flucht) oder verbotene Bewegung (z. B. Inhaftierung) stellen bedeutsame Themen der rassismus-, ableismus-, klassismus- und heteronormativitätskritischen Forschung dar. Die konkrete Verortetheit (Situiertheit) in Raum und Zeit und die Frage nach Gleichzeitigkeiten (Simultanität) werden zu analytischen Rastern, um dominante und marginalisierte oder alternative Verhältnisse intersektional macht- und herrschaftsanalytisch zu erfassen (vgl. Gutiérrez Rodríguez, 2011).

Filmtipp:
Kleine Freiheit (Yüksel Yavuz, 2003, D, 99')

62 Whitney A. Bauman (2021) definiert Queering als „re-attuning to the multiple bodies of the planetary community that make up our worlds [plural deliberate; ebd., S. 133; A. A. E.] at any given moment" (ebd., S. 134), etwas, was Bauman mithilfe eines ‚critical planetary romanticism' umzusetzen wünscht.

Videoausschnitt: WELTEN 10:05–11:50

Diese Szene zeigt die deutlichste Ausprägung eines Konflikts in den drei Videos. Die Zuspitzung des Konflikts geht ohne Sprache einher. Der Konflikt ist jedoch diskursiv eingebettet in Gedanken über das Fortdauern struktureller Gewalt und die Bedeutung von Geschichte sowie der Art und Weise, wie sie erzählt und gedeutet wird. Eingeleitet durch eine Bemerkung zu queeren Utopien und „aufgelöst" durch einen Chor, der queere Zukunftsversprechen infrage stellt, erweist sich der Konflikt als Herausforderung, „Freiheit und Solidarität inmitten der Gewalt" zu praktizieren.

Reflexionsfragen:
Worum geht es in dem Konflikt?
Warum halten Sie es für relevant, Zeit, Raum und deren Verbundenheit aus einem dekolonial kritischen Blickwinkel zu betrachten?

Der Begriff der Chronopolitiken (*chronopolitics*) dient im Kontext queerer und postkolonialer Kritik dem Nachdenken darüber, wie das Erinnern historischer Ereignisse beeinflusst ist durch dominante Konstruktionen von Vergangenheit, Gegenwart und Zukunft. Es entsteht zum einen Raum für die Frage, was passiert, wenn persönliche Erfahrung und offizielle Geschichtsschreibung nicht zusammenpassen. Zum anderen besteht der Anspruch, eine Heterogenität geschichtlicher Perspektiven und die sich darin entfaltenden Machtbeziehungen zu berücksichtigen. Des Weiteren zielen Chronopolitiken darauf ab, in bestehende soziale Praxen und gesellschaftliche Machtverhältnisse einzugreifen, indem die dort wirksamen Zeitlichkeiten befragt, irritiert und umgearbeitet werden.

Wie Mathias Danbolt (2014) verdeutlicht, lassen sich unter der Überschrift Chronopolitiken alternative Zeitlichkeiten wie Queer- und Transtemporalitäten finden (vgl. a. Halberstam, 2005; Freccero, 2007; Muñoz, 2009; Freeman, 2010).

Danbolt reflektiert anhand des Songs *Simultaneously* der Band MEN gezielt darauf, wie queere Zeitlichkeiten politisch wirksam werden und kommt zu dem Schluss:

> „Die queere Politik des Gleichzeitigen, die ich im Sinn habe, ist eine Politik der Relationalität, der Kommunikation und der Verbindungen. Es ist eine Politik, die uns zwingt, gleichzeitig mit Anderen und andersartigen Anderen so zu arbeiten, dass auf die Besonderheiten von unterschiedlichen, drängenden Notwendigkeiten geachtet wird“ (Danbolt, 2014, S. 96).

Queere Strategien des *transtemporal drag*, die, so Renate Lorenz (2012), Figuren aus linearen Zeitverläufen heraus und in unerwartete Verbindungen eintreten lassen, oder des *moving backwards* in eine offene Zukünftigkeit (vgl. Boudry et al., 2019) bedienen sich künstlerischer Mittel, um queere chronopolitische Praxen zu forcieren (s. a. Kap. 4.4). Mauro E. Sifuentes (2021) betont, dass es ein Unterschied ist, ob Lernprozesse als linear oder als spiralförmig verstanden werden (s. a. Kap. 5.6). Hinzu kommt, dass queere Zeitlichkeiten verkörperte Zeitlichkeiten sind, die sich nicht in Identitäten verdichten, sondern in Form von Körperpraxen auftreten (s. Kap. 3.3). Elizabeth Freeman (2019), dens bereits mit früheren Arbeiten entscheidend zu Studien über queere Zeitlichkeit beigetragen hat, vertieft die leiblichen, sensorischen Dimensionen dessen, was sie zeitübergreifende Begegnungen (*temporal encounters*) nennt:

> „fictional characters and actual historical actors struggle both to inhabit the dominant temporalities that organize them, and to tap into rhythms, other ways of feeling like they belong to a history, and/or other modes of arranging past, present, and future, that will foster new forms of being and belonging. In what follows, I call these temporal encounters sense-methods, foregrounding time itself as a visceral, haptic, proprioceptic mode of apprehension – a way of feeling and organizing the world through and with the individual body, often in concert with other bodies“ (Freeman, 2019, S. 6).

Freemans Anliegen ist es, diese leiblich-sensorische Zeitlichkeit auch nutzbar zu machen, um queere Methoden und Methodologien zu entwickeln: „‚Sense-methods‘ comprise, above all, a queer theory of relationality and sociability. If engroupment is a sensory matter, one particularly inflected by the senses of time and timing, this I because the senses are necessarily more promiscuous than the discourses that reterritorialize sensations into identities and populations“ (ebd., S. 9).

Dieses Kapitel hätte noch weit mehr Bereiche der Queer Studies anleuchten können, z. B. die Geschichts-, Medien- oder Religionswissenschaften. Doch soll der Umfang des Buches nicht ins Astronomische wachsen. Selbst dem *Routledge*

Queer Studies Reader (Hall & Jagose, 2013) ist es auf 600 Seiten nicht gelungen, einen umfassenden Überblick zu leisten. Die weitere Recherche sei somit dens interessiertens Lesens überlassen.

6.4 Empfohlene Literatur zur Vertiefung

Robin Bauer (2017): *Donna Haraways … Situiertes Wissen … Trans* …*

Mel Chen (2014): *Giftige Belebtheiten, unbelebte Affektionen*

Mathias Danbolt (2014): *Gleichzeitig* (zu Queeren Temporalitäten)

Karen Barad (2011): *Nature's Queer Performativity* (engl.)

Für vollständige Literaturangaben siehe Literaturverzeichnis.

7 Queerversität

Der Begriff Queerversität wurde 2013 (damals noch als Queerversity) von Antke Engel als eine politische Strategie vorgeschlagen, um aus queer-feministischer Perspektive Gleichstellungs-, Antidiskriminierungs- und Diversitätspolitiken so umzuarbeiten, dass „die Komplexität mehrdimensionaler Ungleichheitsverhältnisse" (Engel, 2013, S. 41) ersichtlich wird und sich (politischer) „Raum für Vielfältigkeit, Ambiguität und undefinierte Andersheit eröffnet" (ebd., S. 43). Im Unterschied zum Konzept der Diversität soll Queerversität Ausdrucksweisen von Differenz befördern, die sich dem Denken in Kategorien und binären Oppositionen widersetzen. Indem nicht Unterschiede, sondern Unterscheidungsprozesse hervorgehoben werden, wird es möglich zu untersuchen, unter welchen Bedingungen verschiedene Formen und Verständnisse von Differenz hervorgebracht werden. Wie beeinflussen Machtverhältnisse das Verständnis von Differenz als z. B. Abweichung, Fremdheit, Nicht-Intelligibles (Unverstehbares), bunte Vielfalt, Versprechen? Welche Möglichkeiten von (politischer, sozialer, künstlerischer, pädagogischer) Veränderung eröffnen sich, je nachdem, ob Differenz als naturgegeben, als Effekt sozialer Konstruktion, als stabile Identität oder als permanentes Werden verstanden wird? Hat ein Queering heteronormativen Begehrens positive Auswirkungen auf den Abbau rigider Grenzziehungen und hierarchischer Differenzen?

Mittlerweile hat der Begriff Queerversity/Queerversität mehrere Überarbeitungen erfahren, sodass er nun als Prinzip formuliert ist, das Handlungsorientierung vermittelt, ohne verallgemeinerbare Antworten zu behaupten (vgl. Engel, 2020, S. 74). Kritischer Bezugspunkt ist Vielfalt (Diversität), die allzu oft für kapitalistische Verwertung oder als Zeichen politischer Fortschrittlichkeit instrumentalisiert wird. Multikulturalismus und Neoliberalismus umarmen Vielfalt, ohne die darin angelegten Machtdifferenzen und Konfliktpotenziale zu bedenken. Queerversität nimmt Vielfalt nicht einfach als Gegebenheit hin, sondern zeigt, wie sie sich als normatives Ideal ausbildet. Umsetzungungen dieses Ideals erweisen sich als problematisch, wenn ‚Vielfalt' Grenzziehungen und Hierarchiebildungen bewirkt oder zu deren Rechtfertigung dient. Um dem entgegenzuwirken, stärkt Queerversität, statt sich an einem Katalog klassifizierter Differenzen zu orientieren, die Irritation oder Uneindeutigkeit von Klassifikationen und unterbricht gängige Normalitätsvorstellungen. „Queerversity ist das Einführen der Differenz des Differenten in die Diversität" (Engel, 2013, S. 43).

Wenn Diversität somit nicht länger additiv als Vielfalt separater Elemente, sondern als in sich multipel, vermachtet und womöglich widersprüchlich verstanden wird, was bedeutet es, Queerversität in politisches Handeln münden zu lassen?

Bezogen auf weltpolitische, planetarische, aber auch ökologische, öko-soziale oder öko-sexuelle Verhältnisse kann der englische Begriff *worlding* dazu beitragen, die materiellen Dimensionen dieser Komplexität hervortreten zu lassen und prozesshaft zu denken.

7.1 Worlding – Welten und geweltet werden

Videoausschnitt: WELTEN 05:45–06:30

Nachdem ein voriger Ausschnitt die Umgebung in eine Sandkuhle verwandelt hat, scheint der Bühnenraum jetzt zu einer Tauchkapsel geworden zu sein. Jedenfalls findet sich im Hintergrund eine mit bunten Fischen bestückte Unterwasserlandschaft. Im Raum selbst schwebt eine Plastiktüte umher, die an den *Great Pacific Plastic Patch* erinnert. Im Gespräch befassen sich die drei Protagonens damit, was es heißt, nicht von der einen Welt zu sprechen, sondern eine Vielfalt an Welten wahrzunehmen. Wahrzunehmen, heißt auch, so Zacken_Welle, dass die Art und Weise, wie und aus welcher Perspektive wahrgenommen wird, bedeutsam ist. Es herrscht Einigkeit, dass diesbezüglich Machtverhältnisse eine Rolle spielen.

Reflexionsfrage:

Lassen sich auch in dieser Szene Spuren der Konflikthaftigkeit finden, die für das WELTEN-Video charakteristisch sind?

Worlding beinhaltet den Begriff *world* (Welt) und verweist damit auf Geografie, auf die physische Verfasstheit und menschliche Gestaltung von Raum. Da die Übersetzung von physischem und ökologischem in politischen (und das heißt heute nationalstaatlich und kapitalistisch verfassten) Raum grundlegend durch

Prozesse der Kolonisierung (imperial, missionarisch, besiedelnd) geprägt ist, spielen die Konzepte *worlds* (im Plural) und *worlding* für post- und dekoloniale Theoriebildung eine wichtige Rolle (vgl. Khanna, 2003). María Lugones (1987) bietet in dem Aufsatz *Playfulness, ‚World'-Travelling, and Loving Perception* einen frühen Ansatz, den Begriff Welt zu erklären, um das Wechseln zwischen und oftmals gleichzeitige Leben in verschiedenen sozialen Kontexten (insbesondere von marginalisierten Subjekten) zu erklären:

> „In a ‚world' some of the inhabitants may not understand or hold the particular construction of them that constructs them in that ‚world'. So, there may be ‚worlds' that construct me in ways that I do not even understand. Or it may be that I understand the construction, but do not hold it of myself. I may not accept it as an account of myself, a construction of myself. And yet, I may be animating such a construction. One can ‚travel' between these ‚worlds' and one can be inhabiting more than one of these ‚worlds' at the very same time" (Lugones, 1987, S. 10f.).

Für Lugones ist nicht nur klar, dass es verschiedene Welten sowie verschiedene Perspektiven auf die gleiche Welt gibt, für Lugones stellt sich vor allem die Frage, unter welchen Bedingungen jemand sich in einer Welt wohlfühlen kann (*feel at ease in a world*) und wie es möglich wird, sich liebend zwischen Welten zu bewegen. Donna Haraway (2018) erweitert die Welten über menschliche Konstrukte hinaus und lässt sie von *companion species*, Wesen aller Art (ihre biologisch-technologischen Modifikationen eingeschlossen), bewohnen. Haraway geht es, nach dreißig Jahren Klimakrise und Vernichtung von Biodiversität, vor allem um Fragen des Überlebens unter unwirtlichen Bedingungen. Doch auch dieses Überleben ist mit Welterzeugung verbunden: Welche kollektiven, artenübergreifenden Praxen erlauben es, Zerstörungen zu reparieren und die Überlebenschancen für bedrohte Wesen zu erhöhen? Dies ist eine Anforderung, die Gayatri C. Spivak dazu bewegt, sie als Gebote, als *Imperative für die Neuerfindung des Planeten* (1999) zu bezeichnen. Obwohl für Spivak die entscheidende Verschiebung darin liegt, von der Globalisierung zum Planetarischen zu gelangen,[63] kann ihr Ansatz der Imperative (Handlungsanweisungen) doch auch als einer des Weltenerzeugens, des *Worldings*, verstanden werden.

Für Sabine Hark und Paula-Irene Villa (2017) beruht die Ansicht, dass wir ‚Welten erzeugen' (vgl. ebd., S. 17) auf einem Zusammenhang „zwischen Tatsachen und Sprache, Wahrnehmung und Wahrheit, Fakten und Deutung" (ebd., S. 18), der durch gegenseitige Hervorbringung sowie die „Undurchschaubarkeit

63 „Der Globus ist auf unserem Computer. Doch niemand lebt auf ihm, und wir machen uns vor, dass wir diese Form der Globalität beherrschen. Der Planet hingegen besteht im Zeichen der Alterität, er gehört einem anderen System an; und doch bewohnen wir den Planeten, sozusagen auf Kredit. Der Planet eignet sich nicht für einen genauen Gegensatz zum Globus. Man kann nicht sagen ‚andererseits …'" (Spivak, 1999, S. 45).

dieses Zusammenhangs“ (ebd.) geprägt ist. Sie verteidigen diese Undurchschaubarkeit – zum einen, weil sie ein Charakteristikum der Moderne sei, die keinen notwendigen Existenzgrund mehr kenne (vgl. ebd.), und zum anderen, weil damit Repräsentationsregime (s. Kap. 4) jeglichen Anspruch auf Notwendigkeit verlieren und zur kritischen Befragung freigegeben werden.

Durch Verwendung des Gerundiums *worlding* wird auf eine fortdauernde Prozesshaftigkeit verwiesen, die sich als Welterzeugung übersetzen lässt. In diesem Prozess vereinen sich Materie, Diskurs, Struktur und Praxis, sinnliche Erfahrung, affektive Verwicklungen und zeitliche Dimensionen des Sedimentierens, Auflösens und Vermischens von Geschichte. Lauren Berlant und Michael Warner verstehen queere Kultur als eine Form der Welterzeugung und formulieren das Ineinanderwirken aus queer-theoretischer Perspektive folgendermaßen:

> „Unter queerer Kultur verstehen wir ein Projekt der Welterzeugung, wobei sich ‚Welt‘ [...] von Gemeinschaft oder Gruppe unterscheidet, weil sie notwendigerweise mehr Menschen einschließt, als benannt werden können, mehr Räume umfasst, als abgesehen von ein paar Bezugspunkten auf der Karte verzeichnet werden können, Gefühlsweisen beinhaltet, die erlernt werden können, statt als Geburtsrecht erlebt zu werden. Die queere Welt ist eine Welt der Eingänge und Ausgänge, ein Raum nicht-systematisierter Bekanntschaftslinien, projizierter Horizonte, typisierender Beispiele und alternativer Routen, ein Raum der Blockierungen und inkommensurablen Geografien“ (Berlant & Warner, 2005, S. 92).

Wenngleich Berlant und Warner hier auf eine unbestimmte und unbestimmbare Ausdehnung einer queeren Welt verweisen und auch Bewegungen, Ein- und Ausgänge sowie Routen hervorheben, bleibt das Prozesshafte der Erzeugung unterreflektiert. Insbesondere die Frage nach Aktivität und Passivität – der Begriff Worlding beinhaltet ‚zu welten‘ und ‚geweltet werden‘ – wird nicht aufgeworfen: Wie greifen Praxis und Struktur ineinander? Ist Agency an die Handlungsmächtigkeit (autonomer?) menschlicher Subjekte geknüpft? Oder entsteht sie im machtgesättigten Zusammenspiel von physischer Materialität, Verkörperungen, kulturellen Artefakten und Praxen, theoretischem und praktischem Wissen und den damit verbundenen Objekten und Technologien?

Videoausschnitt: Welten 06:42–07:56

Der Videoausschnitt beginnt mit einem Chorsprechen, das die Prozesse der Welterzeugung, des Weltwerdens, des Worldings spielerisch inszeniert. Im Anschluss hüpfen Kugel, Kegel und Zacken_Welle von einer – durch einen Hula-Hoop angedeutet – Welt zur nächsten. Kugel sinniert, was gewonnen wäre, gäbe es im Deutschen das Verb ‚welten'.

Reflexionsfragen:

Dass es eine Vielfalt von Welten gibt und diese prozesshaft und komplex („immer mehr als ein Faktor") zu denken sind, sagt noch nicht nichts über die Queerness dieser Welten aus. Was könnten die Protagonens meinen, wenn sie von ‚queer worlding' sprechen? Können Sie dies an der Ästhetik der Darstellung festmachen?

„Welten und geweltet werden, aktiv und passiv, bilden keinen Gegensatz mehr", heißt es kurze Zeit später im Video. Damit könnte die queere Kultur, von der Berlant und Warner (2005) schreiben, als eine verstanden werden, in der *materielle Bedingungen* (z. B.: Sind LGBTI in den Arbeitsmarkt eingebunden? Welchen? Gibt es eine Infrastruktur wie Bars, Saunen, Kulturveranstaltungen? Einen politischen Aktivismus – mit oder ohne Ressourcen? Medizinische Versorgung? Bildungszugänge und queere Curricula?) und *soziale Praxen* (z. B.: Welche Beziehungsformen werden gelebt? Welche sexuellen Praxen? Entlang welcher Themen, Forderungen und Akteurens organisiert sich Aktivismus?) in Verbindung miteinander gedacht werden. Queere Kultur bietet demnach einen Rahmen, in dem Körper und Subjektivitäten in Abgrenzung von heteronormativer Ordnung geformt werden, ohne deshalb den Widersprüchen von Zwang, Unterwerfung, Widerstand, kollektiver Ermächtigung und Selbstbestimmung zu entkommen, die Subjektivierung ausmacht. Aktiv_passiv werden Klassenverhältnisse, Rassisierung, Kolonialität, Körper- und Gesundheitsnormen im Hinblick auf Geschlecht und Sexualität gelebt, Norm(alität)en reproduziert und herausgefordert.

Doch warum schreiben Berlant und Warner von einer queeren Welt im Singular? Wäre es angesichts von globalen/glokalen Asymmetrien und Konflikten, die heteronormative ebenso wie queere Geschlechterverhältnisse und Begehrensweisen in die (Gewalt-)Geschichte(n) von Kolonialismus, Imperialismus und Kapitalismus einbinden, nicht weitaus konsequenter, Welten im Plural zu fassen? Denn dies würde, wie schon Lugones (1987, s. o.) unterstrichen hat, ermöglichen, die Bedeutung von Positionalitäten ernst zu nehmen. Zumal diese durch die intergenerationelle Weitergabe von oftmals traumatischen geschichtlichen Ereignissen geprägt sind (vgl. Khanna, 2003; Tuck & Ree, 2013; Sharpe, 2016). Wie also lassen sich unterschiedliche Prozesse der Welterzeugung und deren Ergebnisse hervorheben? Je nachdem, wie Menschen historisch, sozio-kulturell und geopolitisch situiert sind, stehen ihnen unterschiedliche Ressourcen, Traditionen, Fähigkeiten, Ambitionen, und Bereiche (Politik, Wissenschaft, Care-Arbeit, Kunst, Handwerk, Landwirtschaft, IT etc.) der Welterzeugung offen.

Sara Ahmed spricht davon, dass eine Orientierung im Raum mit einer Rassisierung von Raum einhergeht, die sich materiell auswirkt, jedoch durch Denkmuster und Vorstellungen geprägt ist: „thinking about the significance of ‚the orient' in ‚orientation' […] I suggest that orientation involves the racialization of space" (Ahmed, 2006, S. 23). Die Rassisierung des Raumes wiederum legt für verschiedene Menschen unterschiedliche Bewegungsmuster nahe und diese prägen Körperlichkeit und Selbstverständnisse (Körper_Subjektivitäten): „Depending on which way one turns, different worlds might even come into view. If such turns are repeated over time, then bodies acquire the very shape of such direction" (ebd., S. 15).

Videoausschnitt: Welten 08:07–08:27

Den Protagonens ist klar, dass noch nicht viel gewonnen ist, wenn lediglich die Vielfalt der Welten gefeiert wird, ohne zugleich die Machtunterschiede zu benennen und zu bearbeiten. Zacken_Welle braust auf und erklärt wütend, es sei zu harmonisch, es gehe doch um Herrschaft. Die Empörung wird jedoch von Kegel oder Kugel nicht aufgegriffen. Sie stehen betreten an der Seite. Zacken_Welles ratlose Frage nach der Verantwortung für Veränderung wird von Kugel mit einem Verweis auf ein „Begehren nach anderen Welten" beantwortet – eine Antwort, die allerdings nicht an Zacken_Welle gerichtet ist, nicht mit einem Blick in die Augen einhergeht, sondern dem Publikum angeboten wird.

Reflexionsfragen:

Wie beurteilen Sie die Interaktion der Protagonens?

Welche Rolle spielt Kegel darin?

Vollzieht sich hier ein gemeinsames Lernen? Wenn nein, woran scheitert es?

Sehen Sie hier Freundschaftsdynamiken sich vollziehen? Und könnte queeres Begehren tatsächlich einen Beitrag leisten?

Waltraud Ernst und Luzenir Caixeta (2019) unterstreichen die Asymmetrien der verschiedenen Welten, von denen viele an den Rand gedrängt und entwertet werden. Indem sie queer-feministische Denkweisen des New Materialism und dekoloniale Kritik entlang einer Ethik der Relationalität und Angewiesenheit miteinander verbinden, entwickeln sie ein Verständnis von Prozessen des ‚other worldings' (vgl. Ernst & Caixeta, 2019, S. 102). An den Rändern oder Rückseiten dominanter Ordnungen materialisieren sich neue Welten: „In the middle of the materiality of European cities and dominant exclusionist discourse and practice, movements for realizing safe encounter zones for humans of different locatable spaces and places are striving. Here, we claim, we can find and develop contesting values in new worldings" (ebd.). In der konkreten Untersuchung der Stadt Linz (Österreich) zeigen sie, dass hier Zonen transversaler queer-feministischer Begegnung entstehen, die die Spaltungen neoliberaler Konkurrenz unterwandern. „To work and fight for establishing other worldings means to establish trust with strangers and to meet beyond familiar meeting places" (ebd., S. 104 f.). Dies aber erfordere, die etablierten Macht-Wissen-Regime zu verlassen – und der Artikel selbst, der seine kollaborative Schreibpraxis sichtbar hält, entpuppt sich als eine Zone der Begegnung, in der um Werte und unterschiedliche Perspektiven auf die Welt(en) gerungen wird.

Es ist also davon auszugehen, dass sowohl ungerechte Ressourcenverteilung, Extraktivismus und soziale Ungleichheit als auch rassistische, heteronormative und ableistische Wissensordnungen, Stereotype und symbolische Gewalt die Möglichkeiten begrenzen, die Menschen haben, um Welt zu gestalten bzw., die andere mit Vorteilen (Privilegien) ausstatten.

Sokari Ekine (2013) kommt ohne das Bild verschiedener Welten aus, unterscheidet aber eine westliche und eine afrikanische Perspektive auf queere Kämpfe, die sich nicht gleichberechtigt, sondern mit asymmetrisch verteilten Ressourcen und unterschiedlich machtvollen Narrativen begegnen.

> „Western interventions which seek to impose a Western narrative on the queer African struggle are part of an uninterrupted history of suppressing the needs and experiences of Africans dating back to colonisation. The African struggle is not only directed at changing existing legislation; it is a struggle, in which we seek to reassert our own narrative and reclaim our humanity [..., it is, A. A. E.] a queer African struggle based on intersecting struggles and movement building" (Ekine, 2013, S. 87 f.).

Ekine genauer gelesen und die verschiedenen Aufsätze des Bandes *Queer African Reader* (Abbas & Ekine, 2013) in Betracht gezogen, wird deutlich, dass sich westliche und afrikanische Perspektiven nicht etwa wie zwei Blöcke antagonistisch gegenüberstehen. Vielmehr entfalten sich aufgrund von ‚intersecting struggles' komplexe Interessengegensätze oder Allianzen.

Wenngleich unterschiedliche Positionalitäten es plausibel erscheinen lassen, von verschiedenen Welten im Plural zu sprechen, lässt sich ebenfalls argumentieren, dass dies besser als verschiedene Perspektiven auf eine Welt zu fassen sei. Denn wenn es nur eine Welt gibt, müssen wir diese teilen, trotz aller gegensätzlichen Interessen. Wird sie aufs Spiel gesetzt, geht sie für alle verloren. Für alle gleichermaßen? Im Video wird der Plural als Frage verhandelt: „Du meinst, es gibt nicht nur unterschiedliche Perspektiven auf die eine Welt, sondern unterschiedliche Welten?" Das Video stellt also folgende Fragen: Unterschiedliche Sichtweisen? Oder eine Vielzahl an Welten? Oder beides zugleich?

Reflexionsfragen:

Überlegen Sie, was es heißen kann, von Welten im Plural oder unterschiedlichen Perspektiven auf die eine Welt, oder einer Kombination von beidem auszugehen. Wie wirkt sich dies auf Analysen, Kritik und Visionen aus? Wie kann mit Wertkonflikten und Definitionsmacht umgegangen werden?

Konkret ließe sich z. B. fragen: Wenn manche die Welt als homo- und transphob erleben, anderen jedoch die gleiche Welt als tolerant, anerkennend und pluralistisch erscheint, wie ist dann mit diesen gegenläufigen Perspektiven umzugehen – z. B. im Klassenzimmer oder bei einem Gesetzesvorhaben?

Oder: Was bedeutet es, wenn manche in einer Welt leben, in der Lesben und Schwule Kinder aufziehen, während eine benachbarte Welt umfassend und unhinterfragt in heterosexuellen Paaren und Kleinfamilien organisiert ist und für Dritte gilt, dass polygame Großfamilien die Norm der eigenen Welt darstellen?

Medien, Kultur, Kunst, Wissenschaft, Bewegungen im öffentlichen Raum, Tourismus, private Begegnungen und intime Beziehungen können die Trennung von Welten durchkreuzen und etablierte Normalitäten fragwürdig werden lassen. Wie schätzen Sie die jeweilige Bedeutung dieser Bereiche für kritische Reflexion und queerende Praxen ein?

7.2 Queere Konfliktkulturen – Caring for Conflict

Im Kontext queerer Theoriebildung sind Vorschläge gemacht worden, wie das feministische Konzept der Sorge- oder Care-Arbeit bezogen auf queere Kontexte weiter zu denken ist. Mike Laufenberg (2012) spricht, u. a. mit Bezug auf Sorgepraxen während der Aids-Krise der 1980er Jahre, von ‚communities of care'; Leberecht Funk und Ferdiansyah Thajib (2019) reflektieren Intimität und Care als Dimensionen empirischer Forschung und Francis Seeck (2021) hat eine ethnografische Studie zu trans- und nicht-binärer Sorgearbeit veröffentlicht. Bedeutsam ist, dass Care als konfliktreiche, durch soziale Asymmetrien und globale Ungleichheitsverhältnisse geprägte Praxis theoretisiert wird. Martin Manalansan IV (2018) betont dementsprechend, dass es wichtig sei, die *messiness* im Kontext von Care bzw. Sorgebeziehungen unter Bedingungen sozialer und globaler Ungleichheit wahrzunehmen. Ungeordnete, widersprüchliche oder ambivalente Beziehungen stehen nicht im Widerspruch zu Care-Praxen und sich entfaltende Konflikte können als Ansatzpunkt für die Umarbeitung von Machtungleichgewichten verstanden werden (vgl. Reitmair-Juárez, 2016).

Videoausschnitt: Welten 10:33–11:22
Sie sehen hier noch einmal die Konfliktszene, die bereits in Kapitel 6.3 behandelt worden ist, diesmal allerdings, ohne dass eine Auflösung angeboten würde. Raubbau und Kampf um Ressourcen bleiben im Raum stehen.

Reflexionsfragen:
Die Szene lässt den Konflikt unbearbeitet. Wie würden Sie ihn weiterdenken? Wie würden Sie versuchen, einzugreifen?

Care und Konflikt im Konzept des ‚Caring for Conflict' miteinander zu verbinden, birgt Möglichkeiten, die Aufmerksamkeit auf bestehende Machtungleichgewichte sowie Diskriminierungs- und Gewaltverhältnisse zu lenken (vgl. Thajib et al., 2020). Doch wie können daraus resultierende Konflikte tatsächlich an Gerechtigkeit orientierte Veränderungen befördern? Was bedeutet es für weiße* Menschen diesbezüglich, verantwortlich und solidarisch zu handeln? Was kann Queer Theorie zur Bewältigung dieser Aufgabe bieten? ‚Queere Sozialität' kann nur gelingen, wenn die darin wirksamen kolonial-rassistischen, klassistischen und ableistischen Gewaltverhältnisse – deren strukturelle Kontinuität und intergenerationelle Weitergabe intime, freundschaftliche und institutionelle Beziehungen prägen – aktiv aufgegriffen werden. Doch welches Handeln bewirkt eine Dezentrierung und Entprivilegierung der eigenen Position und/oder strukturelle Veränderung? Die Vorschläge weißer* Queer-Theoretikens wie Elizabeth Povinelli (2011), Robert McRuer (2018), Jack Halberstam (2018), Sabine Hark (2021) oder Autorens dieses Buches sind angewiesen auf die Analysen, die Kritik und Theoriebildung Schwarzer, Indigener, of Color, migrantisierter und postmigrantischer queer Theoretikens, die die materiellen Auswirkungen epistemischer Gewalt, die diskursive Rechtfertigung fortdauernder rassistischer Unterdrückung und Ausbeutung (auch innerhalb queerer Kontexte), die konkreten Ausprägungen von Armut, Prekarität, Flucht, von klimatischer und ökologischer Katastrophen hervorheben, herausarbeiten sowie Formen kollektiven Widerstands, heilender Praxen und gelebter Visionen diskutieren.[64]

Die Herausforderung besteht darin, an diese kritische Theoriebildung respektvoll anzuknüpfen, sodass Ressourcen, intellektuelles Kapital und Handlungsmacht im akademischen System umverteilt werden. Oftmals bleiben jedoch Hierarchien und Privilegien, insbesondere in ihrer strukturellen Ausprägung (Walgenbach, 2022) unangefochten. In Reaktion darauf wird unter anderem auch auf separate Organisierung gesetzt wird, um QTIBIPoC Selbstermächtigung zu ermöglichen (Haritaworn, 2015; Onat, 2017). Dies geht einher mit der Frage, was Praxen des Verbündetseins ausmacht, die spätestens seit Audre Lordes 1981 gehaltenen Vortrags „Vom Nutzen unseres Ärgers" (Lorde, 1991) immer wieder gestellt und als Konzept der *allyship* (Verbündetenschaft) diskutiert wird (Perko & Czolleck, 2014; Bönkost, 2021). In den konkreten Formierungen von solidarischer Verbundenheit und/oder von Allianzen erweist sich, ob es gelingt, queere Konfliktkulturen auszubilden. Entsprechend den Debatten um die Bedeutung politischer Identitätskategorien (s. Kap. 2.1 und 2.3) stellt sich auch hier die Frage, inwiefern sich gemeinsames politisches Handeln in Bezug auf Forderungen und Ziele entwickelt oder ob es bei Allianzbildung in Solidarität und Konflikt eher um geteilte Praxen sowie soziale Beziehungen und Prozesse geht.

Ebenso wie sich in der Praxis die Grenzen von Konfliktbearbeitung und transformatorischem Handeln zeigen, ist auch das Konzept queerer Konfliktkultur(en) bislang noch weitgehend unbestimmt. Es bedarf weiterer Theoriebildung und Forschung, um zu untermauern, dass und wie das Umsorgen von Konflikten zur Umarbeitung von Machtungleichgewichten und Herrschaft führt. Worin genau liegt der Unterschied zum Zuspitzen, Abwehren oder zur Kompromissbildung in der Konfliktbearbeitung?

7.3 Queerversität als Prinzip intersektionaler Gerechtigkeit

Angesichts von Konflikten, von widerstreitenden Perspektiven und unvereinbaren Welten dient das Prinzip der Queerversität (s. Einleitung Kap. 7) nicht als Zustandsbeschreibung, sondern als politisches Korrektiv, als ethische Haltung und als ästhetische Strategie. Wenn queere Politiken zugleich auf die Veränderung

64 Beispielhaft seien hier genannt: El-Tayeb (2003), Cohen (2005), Johnson & Henderson (2005), Castro Varela & Dhawan (2005), Puar (2007), Muñoz (2009), Smith (2010), Driskill et al. (2011), Gutiérrez Rodríguez (2011), Gopinath (2012), Haritaworn (2015), siehe auch Kapitel 1.4, 1.7, 2.7.

global ökonomischer, geopolitischer und planetarischer Verhältnisse, sozialer Beziehungen und Institutionen sowie Medien, Kultur und Repräsentation setzen, legt das Prinzip der Queerversität es nahe, kritische, ethische und ästhetische Praxen miteinander zu verbinden.

Betrachten wir Queerversität als ‚politisches Korrektiv', so heißt dies, im Feld staatlicher oder institutioneller Praxis kategoriale Uneindeutigkeit (Queerness) zuzulassen, dies allerdings mit fortwährender Selbst- und Machtkritik zu verbinden. Was bedeutet dies für Gleichstellungs- und Antidiskriminierungspolitiken? Wie kann sichergestellt werden, dass diese den Abbau von Barrieren und die Umverteilung von Macht und Ressourcen befördern?

Als ‚ethische Haltung' in sozialen Beziehungen betrachtet, lädt Queerversität ein, eine Lust an der Irritation zu entwickeln. Diese erwächst aus der Erfahrung, dass die Begegnung mit anderen nie ganz unseren Erwartungen entspricht. Begegnung birgt Überraschungen, die unsere Selbst- und Fremdbilder wie unsere Begehrensweisen herausfordern. Dem Konflikthaften dieser Erfahrungen anders als mit Aggression, Kontrolle oder Gewalt zu begegnen, ist das ethische Anliegen. Was bedeutet es, dieses mit dem Anliegen der Enthierarchisierung zu koppeln?

Als ‚ästhetische oder kulturell-politische Strategie' lenkt Queerversität die Aufmerksamkeit darauf, dass sich innerhalb (anerkannter ebenso wie diffamierter Formen) von Identität und Differenz unweigerlich auch Dimensionen von Ambiguität, Vieldeutigkeit und Unverständlichkeit entfalten. Kunst und Kulturproduktion sind ideale Bereiche, um diesen Ausdruck zu verschaffen. Was heißt es, diese ins Feld des Politischen oder in die Pädagogik zu übertragen?

In der Pädagogik wie im Politischen unterläuft Querversität die Opposition von Identität und Differenz, sodass sich niemand mehr herausnehmen kann, Differenz von sich abzuwehren und auf andere zu projizieren. Es gibt keine unmarkierte Norm mehr und die Andersheit aller gewinnt ein Anrecht auf kulturelle Teilhabe. Statt Politik auf der abstrakten Aussage zu gründen, dass ‚wir' als Menschen alle gleich seien, wird um Gleichheit in der Differenz gerungen. Dies könnte mit dem Begriff der intersektionalen Gerechtigkeit gefasst werden, der für das von Emilia Roig in Berlin gegründete *Center of Intersectional Justice* (www.intersectionaljustice.org) namensgebend, allerdings theoretisch bislang wenig ausgearbeitet ist. Im Buch *Why We Matter* (2021) entwirft Roig ein differenziertes Bild davon, wie Unterdrückungsverhältnisse auf dem komplexen Ineinandergreifen sexistischer, rassistischer, ableistischer und klassistischer Verhältnisse beruhen, sodass sie nicht isoliert voneinander bekämpft oder überwunden werden können – kurzum, eines intersektionalen Konzepts von Gerechtigkeit bedürfen.[65]

65 Leah Carola Czollek, Gudrun Perko und Heike Weinbach (2011) entwickeln eine ähnlich intersektionale Argumentation unter der Überschrift *Social Justice*, wobei sie den englischen Begriff beibehalten, da ‚soziale Gerechtigkeit' im Deutschen auf Sozial- und Arbeitsmarktpolitik verengt sei. Sie gehen davon aus, dass es möglich ist, das Konzept der

Hieran anschließend besteht die gerechtigkeitstheoretische Herausforderung besteht, trotz Konkurrenz um Ressourcen und Anerkennung, trotz begrenzter Mittel und angesichts widerstreitender Bedürfnisse und Wünsche, Prinzipien und/oder Praxen zu entwickeln, die allen in gleichem Maße (nicht) gerecht werden und insgesamt zum Abbau von Hierarchien, normativen Verengungen und Gewalt beitragen (vgl. Baer, 2010; Dhawan et al., 2015).

Angesichts der normativen Ausschlüsse bzw. erzwungenen Einschlüsse von Identitätskategorien setzen queer-theoretisch informierte Ansätze in der Rechtswissenschaft darauf, ‚postkategorial' zu argumentieren bzw. sich kritisch mit rechtlich normierten Kollektivierungsprozessen auseinanderzusetzen (vgl. https://recht-geschlecht-kollektivitaet.de). Postkategoriales Denken im Recht verschiebt den Fokus auf Prozesse der Diskriminierung, statt von diskriminierten Gruppen aus zu argumentieren und diese hierbei erneut festzuschreiben (vgl. Baer, 2013; Lembke, 2021). Postkategoriales Denken wird auch im Hinblick auf ein nicht-binäres Verständnis von Geschlecht im Recht relevant, da es aus dieser Perspektive darum geht, das dominante cis- und heteronormative Geschlechterverständnis zu ändern, statt lediglich Minderheitenrechte für trans*, inter* und nonbinäre Personen zu sichern (s. a. Kap. 3.4).[66]

Ein Verständnis intersektionaler Gerechtigkeit lässt sich allerdings nicht allein rechtswissenschaftlich fassen, sondern ist in Bezug auf philosophische und politikwissenschaftliche Gerechtigkeitstheorien zu entwerfen, die von feministisch/queer-theoretischer Seite diskutiert werden (vgl. Dhawan, 2011; Czollek et al., 2011; Young, 2013). In diesen sind frühere Konzepte der Geschlechtergerechtigkeit und sexuellen Gerechtigkeit eingewoben (vgl. Dhawan et al., 2015, S. 13 ff.). Zugleich ist aber auch eine grundlegende Skepsis gegenüber dem diskursiven Einsatz sozialer Gerechtigkeit zu bedenken. So sehen beispielsweise Eve Tuck und C. Ree im Plädoyer für soziale Gerechtigkeit eine Abwehrbewegung, die das Fortwirken kolonialer Gewalt nicht wahrhaben will: „Social justice may want to put things to rest, may believe in the repair in reparations" (2013, S. 648). Es gilt also, ein dekoloniales Verständnis sozialer, oder besser, intersektionaler Gerechtigkeit zu entwickeln – und praktisch umzusetzen: queer worldings?!

Diversity aus der neoliberalen Aneignung rückzuerobern und erheben dieses als *Radical Diversity* zum Prinzip einer umfassenden Social Justice. Eine Weiterentwicklung des Konzepts findet sich in Czollek et al. (2019).

66 Vgl. Mangold et al. (2019): Rechtsgutachten zum Verständnis von „Varianten der Geschlechtsentwicklung" in § 45b Personenstandsgesetz; CAL Special Issue Queer Legal Studies (Fischl, 2019); https://cal.library.utoronto.ca/index.php/cal/issue/view/2210 (20.06.2022); The Future of Legal Gender. A Critical Law Reform Project (2018–2022) unter Leitung von Prof. Davina Cooper: https://futureoflegalgender.kcl.ac.uk (20.06.2022)

7.4 Empfohlene Literatur zur Vertiefung

Antke Engel (2013): *Lust auf Komplexität (Queerversity)*

Leah Czollek, Gudrun Perko & Heike Weinbach (2011): *Radical Diversity im Zeichen von Social Justice*

Nikita Dhawan (2011): *Transnationale Gerechtigkeit – postkolonial*

Eve Tuck & C. Ree (2013): *Glossary of Hauting* (engl.)

Für vollständige Literaturangaben siehe Literaturverzeichnis.

Schluss

Das Interesse der QT/QS an Geschlecht, Sexualität, Heteronormativität und Begehren ist, wie dieses Buch verdeutlicht, grundsätzlich verwoben mit dem gesamten Spektrum sozialer Ungleichheit, planetarischer Ungerechtigkeit und Gewalt. Aus einer umfassenden Herrschaftskritik und einer Perspektive intersektionaler Gerechtigkeit erwächst QT als eine besondere Form des Differenzdenkens, die das komplexe und veränderliche Zusammenspiel von Macht und Begehren (oder Macht&Begehren oder Macht_Begehren) in den Fokus rückt. Aus gerechtigkeitstheoretischer Perspektive fragt sich, wie wir (nicht/menschliche Wesen, miteinander verbunden in hierarchisierten Machtverhältnissen) unterschiedliche Welten anerkennen können, die noch dazu auf unterschiedliche Weise betrachtet werden. Sollten verschiedene Perspektiven und Welten nebeneinander bestehen, ohne sich gegenseitig in die Quere zu kommen? Oder können wir Kriterien finden bzw. uns auf Leitlinien einigen, entlang derer wir sie beurteilen und bewerten? Wie entscheiden wir, für welche Welt(en) und Perspektiven wir uns einsetzen oder für welche wir Mitstreitens gewinnen möchten?

Mit diesen Fragen wird aus Queer Theorie als Heteronormativitätskritik, als umfassender Macht- und Herrschaftskritik, als komplexem Differenzdenken, als vom Begehren inspirierter Methode offener Zukünftigkeit, ein Beitrag zur Gerechtigkeitstheorie. Hier trifft sie sich mit dem, was Mai-Anh Boger Differenzgerechtigkeit nennt. In dens Definition als ‚Vereinigungszeichen' wird allerdings das trilemmatisch gefasste Verständnis von Inklusion, das Boger vertritt (s. Kap. 5.4), nicht deutlich: „‚Inklusion' als Differenzgerechtigkeit ist ein Vereinigungszeichen sexismus-, rassismus-, ableismus-, klassismus- und anderer diskriminierungs-/macht-/herrschaftskritischer Zugänge“ (Boger, 2019, S. 413). Deshalb schlage ich vor, dass Differenzgerechtigkeit im Sinne der Queerversität über das Vereinigungsmoment hinausgeht und die Konflikthaftigkeit der Differenzgerechtigkeit betont. Ohne Queer Theorien und Politiken vereinheitlichen zu müssen, ohne die Spannungen zwischen Identitäts-, Positionalitäts-, materialistischen und Ambiguitätsansätzen aufzulösen, können diese sich vor einem Horizont sozialer Gerechtigkeit abspielen – einer breit gefassten, in sich kontroversen und politisch umstrittenen sozialen Gerechtigkeit, der Geschlechtergerechtigkeit und *sexual justice* zu unhintergehbaren Kampffeldern geworden sind.

Mit den Worten „Lust an Komplexität, Konfusion und Konflikt“ bzw. „an Kontakt im Konflikt“ enden die drei Videos jeweils. Hierin liegt eine pädagogische Aufgabe: Dies gilt es zu lernen bzw. die Angst davor zu verlernen. Susanne Luhmann (1998) schlägt vor, dass aus der Queer Theorie bestimmte Konsequenzen für die Pädagogik erwachsen. Wenn Queer Theorie von dem Begehren motiviert ist, binäre Oppositionen zu dekonstruieren, dann bedeute dies für die

Pädagogik, die Prozesse der Bedeutungsproduktion und der Subjektbildung, die auf Binaritäten beruhen, zu unterbrechen und stattdessen neue Identifizierungen zu befördern (vgl. Luhmann, 1998, S. 148) und das Selbst zu riskieren (*risking the self*) (vgl. ebd.): Queer Pedagogy „is an inquiry into the conditions that make learning possible and prevent learning. It suggests a conversation about what I can bear to know and what I refuse when I refuse certain identifications" (ebd., S. 150). Eine solche Haltung, so möchte ich vorschlagen, verdichtet sich in genanntem Motto der Videos. In der Queer Pädagogik geht es demnach weniger um Wissensvermittlung, um Curriculumsentwicklung oder Institutionen als vielmehr um Bildungsprozesse (Klenk, 2023), die mit dem Queering pädagogischer Beziehungen einhergehen. Diese Prozesse sind nicht am einzelnen Individuum orientiert (auch wenn sie Ermächtigung und Selbstbestimmung unterstützen), sondern an sozial-ökologischen Vernetzungen menschlicher und mehr-als-menschlicher Wesen. Es handelt sich um gemeinsame oder kollektive Bildungsprozesse, die sich aus den Dynamiken von Macht_Begehren in formellen und informellen Kontexten des Ver_Lernens entwickeln.[67]

Sollen die Undefinierbarkeit von queer ernst genommen und queere Politiken entworfen werden, die Raum für vielfältige, auch widerstreitende Perspektiven eröffnen, erscheint es wichtig, dass Utopien nicht abgeschlossen, idealisiert oder zur normativen Forderung erhoben werden. Zwar erscheint es gerechtigkeitstheoretisch wichtig, wie Sarah Dornick fordert, die utopische Kraft der Relationalität oder, wie ich sagen würde, queerer Sozialität zu fördern. Aus dem Abschied vom vorgeblich autonomen, binär vergeschlechtlichten Subjekt hin zu einem, dessen soziale und globale Verortetheit und Verwiesenheit auf Andere anerkannt sei, entfalte sich, so Dornick die

> „utopische Kraft von Relationalität, [die] mithin in ihrem Potenzial liegt, aus ihrer Realisierung in der Gegenwart grundlegende Impulse für alternative Werte, Ethiken und Praxen zu gewinnen, die zu einem schrittweisen Übergang zu einer zukünftigen Gesellschaft beitragen, die weitgehend frei von asymmetrischen Herrschaftsformen ist" (Dornick, 2019, S. 57).

Doch lässt Dornicks Formulierung wenig Raum für Konflikte, zum Beispiel mit densjenigen, die aus Überzeugung die Vision eines individualistischen Subjekts vertreten, oder densjenigen, die sich aus unterschiedlichen Gründen nicht auf einen von allen geteilten Wertehorizont einlassen möchten. Deshalb betone ich, dass „die in die Zukunft gerichtete Bewegung der VerUneindeutigung […] eine

67 In diesem Sinne wurde im Rahmen meiner Gastprofessur an der FernUniversität in Hagen 2021/2022 aus einer internationalen Kooperation heraus die Website ‚Gender Bites – Wild Tongues: queer_pädagogik, pedagogía_cuir, queer_pedagogies' entwickelt: https://genderbites.fernuni-hagen.de (31.07.2022).

Perspektive der Veränderung [eröffnet, A. A. E.], ohne diese mit positiven Setzungen zu belegen – zum Beispiel bezüglich dessen, wie eine ‚ideale' oder ‚normale' Sexualität oder Geschlechtlichkeit auszusehen hätte" (Engel, 2007, S. 297). Dennoch, so Ahmed, sei es nicht gleichgültig, ob bestimmte Wege Privilegien verstärken oder stattdessen Gewalt abbauen (vgl. Ahmed, 2006, S. 178). Deshalb argumentiere ich, dass Enthierarchisierung, Denormalisierung und Gewaltabbau als Prozesse Orientierung bieten, ohne dass sich alle auf ein gemeinsames Ziel einigen müssten (vgl. ebd., S. 298). Gerechtigkeit erwächst nicht aus einer definierten Utopie, sondern aus offener Zukünftigkeit.

Reflexionsfragen:
Wie stehen Sie zu der Frage, ob Herrschaftskritik und Kämpfe um Gerechtigkeit einen einheitlichen normativen Rahmen benötigen?
Welche Werte und Kriterien würden Sie für queere Praxen der Konfliktbearbeitung formulieren?

Literatur

Abbas, H. & Ekine, S. (Hrsg.) (2013). *Queer African Reader*. Nairobi: Pambazuka Press.

Adamczak, B., Laufenberg, M., Reuschling, F., Speck, S. & Tedjasukmana, C. (2012). Einleitung, oder Anleitung zum Aufstand aus der Küche. In S. Federici (Hrsg.), *Aufstand aus der Küche. Reproduktionsarbeit im globalen Kapitalismus und die unvollendete feministische Revolution* (S. 6–20). Münster: Edition Assemblage.

Adorf, S. (2007). Nicht unmittelbar, sondern bedingt. Zum performativen Verhältnis von Subjekt und Bild am Beispiel einer Videoprojektion. *FKW/Zeitschrift für Geschlechterforschung und visuelle Kultur* 44, S. 14–22.

Adusei-Poku, N. (2021). *Taking Stakes in the Unknown: Tracing Post-Black Art*. Bielefeld: transcript.

Ahmed, S. (2000). *Strange Encounters. Embodied Others in Post-Coloniality*. London, New York: Routledge.

Ahmed, S. (2006). *Queer Phenomenology. Orientations, Objects, Others*. Durham: Duke UP.

Ahmed, S. (2012). *On Being Included. Racism and Diversity in Institutional Life*. Durham: Duke UP.

Ahmed, S. (2018). *Feministisch leben! Manifest für Spaßverderberinnen*. Münster: Unrast.

Akbaba, Y. (2014). (Un-)Doing Ethnicity im Unterricht. Wie Schüler/innen Differenzen markieren und dekonstruieren. In A. Tervooren, N. Engel, M. Göhlich, I. Miethe & S. Reh (Hrsg.), *Ethnographie und Differenz in pädagogischen Feldern. Internationale Entwicklungen erziehungswissenschaftlicher Forschungen* (S. 275–290). Bielefeld: transcript.

Alexander, M. J. (2005). *Pedagogies of Crossing. Meditations on Feminism, Sexual Politics, Memory, and the Sacred*. Durham: Duke UP.

Allen, J. S. (2012). *Black/Queer/Diaspora*. Durham: Duke UP.

Anzaldúa, G. (2007). *Borderlands. The New Mestiza*. San Francisco: Aunt Lute Books.

Arruzza, C., Bhattacharya, T. & Fraser, N. (2020). *Feminismus für die 99 %: ein Manifest*. Berlin: Matthes & Seitz.

Auma, M. M. (2020). Zwischen Kulturalisierung und Empowerment Sexualpädagogische Repräsentationen von Schwarzen Menschen und People-of-Color im deutschsprachigen Raum. In B. Pritz, R. Siegenthaler & M. Thuswald (Hrsg.) Bilder befragen. Begehren erkunden. Repräsentationskritische Einsätze in der Bildungsarbeit, *Zeitschrift Kunst Medien Bildung*, S. 39–53.

Babka, A. & Hochreiter, S. (Hrsg.) (2008). *Queer Reading in den Philologien: Modelle und Anwendungen*. Göttingen: V&R Unipress.

Baer, S. (2010). A closer look at law: human rights as multi-level sites of struggles over multidimensional equality. *Utrecht Law Review* 6(2), S. 56–76.

Baer, S. (2013). Der problematische Hang zum Kollektiv und ein Versuch, postkategorial zu denken. In G. Jähnert, K. Alexander & M. Kriszio (Hrsg.), *Kollektivität nach der Subjektkritik* (S. 47–69). Bielefeld: transcript.

Baier, A., Binswanger, C., Häberlein, J., Nay, Y. E. & Zimmermann, A. (Hrsg.) (2014). *Affekt und Geschlecht: Eine einführende Anthologie*. Wien: Zaglossus.

Balzter, N., Klenk, F. C. & Zitzelsberger, O. (Hrsg.) (2017). *Queering MINT: Impulse für eine dekonstruktive Lehrer_innenbildung*. Opladen, Berlin, Toronto: Barbara Budrich.

Barad, K. (2011). Nature's Queer Performativity. *Qui Parle* 19(2), S. 121–158.

Barad, K. (2012). *Agentieller Realismus: über die Bedeutung materiell-diskursiver Praktiken*. (J. Schröder, Übers.). Berlin: Suhrkamp.

Barker, M.-J. & Scheele, J. (2018). *Queer. Eine illustrierte Geschichte*. Münster: Unrast.

Bartel, R., Howarth, I., Kannonier-Finster, W., Mesner, M., Pfefferkorn, E. & Ziegler, M. (Hrsg.) (2008). *Heteronormativität und Homosexualitäten*. Innsbruck: Studien-Verlag.

Bauer, R. (2017). Donna Haraways Konzept des Situierten Wissens: Wissensproduktion als verkörpert und verortet am Beispiel von Trans*Forschung. In J. Hoenes & M. Koch (Hrsg.), *Transfer und Interaktion: Wissenschaftspolitik an den Grenzen heteronormativer Zweigeschlechtlichkeit* (S. 23–42). Oldenburg: BIS.

Bauer, R. (2020). Interdisziplinäre Perspektiven auf BDSM aus queer-theoretischer Sicht. In S. Timmermanns & M. Böhm (Hrsg.), *Sexuelle und geschlechtliche Vielfalt* (S. 179–193). Weinheim, Basel: Beltz Juventa.

Bauman, W. A. (2021). Planetary times and queer times. A critical planetary romanticism for the earth. In E. Rodríguez-Dorans & J. Holmes (Hrsg.), *The Everyday Lives of Gay Men. Autoethnographies of the Ordinary* (S. 133–146). London, New York: Routledge.

Baumgartinger, P. P. (2017). *Trans Studies*. Wien: Zaglossus.

Baumgartinger, P. P. (2021). Transitioning Gender Equality to Equality of Sexgender Diversity. In C. Binswanger & A. Zimmermann (Hrsg.), *Transitioning to Gender Equality* (S. 85–94). Basel: MDPI books.

Benedikt, A. K. (2021). „Let's Listen with Our Eyes …" The Deconstruction of Deafness in Christine Sun Kim's Sound Art. In M.-A. Kohl (Hrsg.), *Under Construction. Performing Critical Identity* (S. 51–62). Basel: mdpi books.

Benjamin, J. (1992). *Die Fesseln der Liebe: Psychoanalyse, Feminismus und das Problem der Macht*. (N. Lindquist, D. Müller, Übers.). Basel: Stroemfeld/Roter Stern.

Bergermann, U. (2013). *Disability trouble: Ästhetik und Bildpolitik bei Helen Keller*. Berlin: b_books.

Bergold-Caldwell, D. (2020). *Schwarze Weiblich*keiten: intersektionale Perspektiven auf Bildungs- und Subjektivierungsprozesse*. Bielefeld: transcript.

Berlant, L. & Warner, M. (2005). Sex in der Öffentlichkeit. In M. Haase, M. Siegel & M. Wünsch (Hrsg.), *Outside. Politik queerer Räume* (S. 77–104). Berlin: b_books.

Berlant, L. G. & Edelman, L. (2014). Sex, or the Unbearable. Durham: Duke UP.

Bersani, L. (1996). *Homos*. Cambridge, Mass.: Harvard UP.

Bersani, L. (2010). Is the Rectum a Grave? And Other Essays. Chicago, London: The University of Chicago Press.

Biele Mefebue, A./Bührmann, A. D./Grenz, S. (Hrsg.) (2022). *Handbuch Intersektionalitätsforschung*. Wiesbaden, Heidelberg: Springer VS.

bildungsLab* (Hrsg.) (2021). *Bildung: ein postkoloniales Manifest*. Münster: Unrast.

Binswanger, C. & Zimmermann, A. (Hrsg.) (2021). *Transitioning to Gender Equality*. Basel: MDPI.

Bittner, M. (2015). Die Ordnung der Geschlechter in Schulbüchern: Heteronormativität und Genderkonstruktionen in Englisch- und Biologiebüchern. In F. Schmidt, A.-C. Schondelmayer & U. B. Schröder (Hrsg.), *Selbstbestimmung und Anerkennung sexueller und geschlechtlicher Vielfalt: Lebenswirklichkeiten, Forschungsergebnisse und Bildungsbausteine* (S. 247–260). Wiesbaden: Springer VS.

Blasius, M. (2013). Theorizing the Politics of (Homo-)Sexualities across Cultures. In M. Weiss & M. J. Bosia (Hrsg.), *Global Homophobia: States, Movements, and the Politics of Oppression* (S. 219–245). Urbana, Chicago, Springfields: Chicago UP.

Boger, M.-A. & Boban, I. (2019). *Theorien der Inklusion: Die Theorie der trilemmatischen Inklusion zum Mitdenken*. Münster: Edition Assemblage.

Bönkost, J. (2021). White Allyship: Keine Selbstbeschreibung, sondern Handeln. *IDB Paper* 9.

Boudry, P., Lorenz, R. & Laubard, C. (Hrsg.) (2019). *Moving Backwards*. Mailand: Skira.

Brandes, K. & Adorf, S. (2008). Einleitung. „Indem es sich weigert, eine feste Form anzunehmen" – Kunst, Sichtbarkeit, Queer Theory. *FKW Zeitschrift für Geschlechterforschung und visuelle Kultur* 45, S. 1–11.

Bruhn, E. (2021). Trans Vater über seine Schwangerschaft: „Ich bin stolz, es geschafft zu haben". *taz Die Tageszeitung*. https://taz.de/Trans-Vater-ueber-seine-Schwangerschaft/!5777440 (30.06.2022)

Brunner, C. (2020). *Epistemische Gewalt: Wissen und Herrschaft in der kolonialen Moderne.* Bielefeld: transcript.

Bucher, J. & Göres, A. (2009). Weder Geschlecht noch Vaterland. Was hat es mit queerender Politik zu tun, wenn zwei lesbische Damen während des Zweiten Weltkriegs ins Kostüm eines heterosexuellen deutschen Soldaten schlüpfen? In AG Queer Studies (Hrsg.), *Verqueerte Verhältnisse: intersektionale, ökonomiekritische und strategische Interventionen* (S. 201–217). Hamburg: Männerschwarm.

Budde, J. (2005). *Männlichkeit und gymnasialer Alltag.* Doing gender im heutigen Bildungssystem. Bielefeld: transcript.

Butler, J. (1991). *Das Unbehagen der Geschlechter.* (K. Menke, Übers.). Frankfurt am Main: Suhrkamp.

Butler, J. (1993). *Bodies That Matter*: On the Discursive Limits of „Sex". New York: Routledge.

Butler, J. (1997a). *Körper von Gewicht: die diskursiven Grenzen des Geschlechts.* (K. Wördemann, Übers.). Frankfurt am Main: Suhrkamp.

Butler, J. (1997b). *Excitable Speech: A Politics of the Performative.* New York: Routledge.

Butler, J. (1998). *Haß spricht: Zur Politik des Performativen.* (K. Menke, M. Krist, Übers.). Berlin: Berlin.

Butler, J. (2004a). *Undoing Gender.* New York, London: Routledge.

Butler, J (2004b). Gender Regulierungen. (Doro Wiese, Übers.). In U. Heldhuser, D. Marx, T. Paulitz & K. Pühl (Hrsg.), *under construction? Konstruktivistische Perspektiven in feministischer Theorie und Forschungspraxis* (S. 44–57). Frankfurt am Main: Campus.

Butler, J. (2011). *Die Macht der Geschlechternormen und die Grenzen des Menschlichen.* (K Wördemann, M. Stempfhuber, Übers.). Frankfurt am Main: Suhrkamp.

Campbell, F. K. (2013). Re-cognising Disability: Cross-Examining Social Inclusion through the Prism of Queer Anti-Sociality. *Jindal Global Law Review* 4(2), S. 209–238.

Castro Varela, M. d.M. & Dhawan, N. (2005). „Spiel mit dem Feuer" – Post/Kolonialismus und Heteronormativität. *Femina politica. Zeitschrift für feministische Politikwissenschaft* 1, S. 47–59.

Castro Varela, M. d.M., Dhawan, N. & Engel, A. (Hrsg.) (2011). *Hegemony and Heteronormativity: Revisiting ‚the Political' in Queer Politics.* Surrey: Ashgate.

Castro Varela, M. d.M. & Dhawan, N. (Hrsg.) (2011). *Soziale (Un)Gerechtigkeit: Kritische Perspektiven auf Diversity, Intersektionalität und Antidiskriminierung.* Berlin: Lit.

Castro Varela, M. d.M. (2015). Strategisches Lernen. *Luxemburg. Gesellschaftsanalyse und linke Praxis* 2, S. 16–23.

Castro Varela, M. d.M. & Dhawan, N. (2015). *Postkoloniale Theorie: Eine kritische Einführung.* 2., vollständig überarbeitete Auflage. Bielefeld: transcript.

Castro Varela, M. d.M. & Mecheril, P. (Hrsg.) (2016). *Die Dämonisierung der Anderen: Rassismuskritik der Gegenwart.* Bielefeld: Transcript.

Castro Varela, M. d.M. (2016). Von der Notwendigkeit eines epistemischen Wandels. Postkoloniale Betrachtungen auf Bildungsprozesse. In T. Geier & K. U. Zaborowski (Hrsg.), *Migration: Auflösungen und Grenzziehungen: Perspektiven einer erziehungswissenschaftlichen Migrationsforschung* (S. 43–60). Wiesbaden: Springer VS.

Castro Varela, M. d.M. (2019). Gewaltverhältnisse und Sprache. In J. Dorer, B. Hipfl & V. Ratkovic (Hrsg.), *Handbuch Medien und Geschlecht. Perspektiven und Befunde der feministischen Kommunikations- und Medienforschung* (o.S.) Wiesbaden: Springer VS. https://doi.org/10.1007/978-3-658-20712-0_37-1 (09.08.2022)

Çetin, Z. (2012). *Homophobie und Islamophobie: Intersektionale Diskriminierungen am Beispiel binationaler schwuler Paare in Berlin.* Bielefeld: transcript.

Chambers, S. A. & Carver, T. (2008). Judith Butler and Political Theory: Troubling Politics. London, New York: Routledge.

Chen, M. Y. (2014). Giftige Belebtheiten, unbelebte Affektionen. In A. Baier, C. Binswanger, J. Häberlein, Y. E. Nay & A. Zimmermann (Hrsg.), *Affekt und Geschlecht: Eine einführende Anthologie* (S. 215–251). Wien: Zaglossus.

Cohen, C. J. (2005). Punks, Bulldaggers, and Welfare Queens: The Radical Potential of Queer Politics? In E. P. Johnson & M. G. Henderson (Hrsg.), *Black Queer Studies* (S. 21–51). Durham, London: Duke UP.

Collins, P. H. (2000). *Black Feminist Thought: Knowledge, Consciousness, and the Politics of Empowerment*. New York: Routledge.

Cooper, D. (2020). Taking Public Responsibility for Gender: When Personal Identity and Institutional Feminist Politics Meet. *feminists@law* 10(2), S. 1–32.

Crenshaw, K. (1989). Demarginalizing the Intersection of Race and Sex: A Black Feminist Critique of Antidiscrimination Doctrine. *The University of Chicago Legal Forum*, 139, 139–167.

Crenshaw, K. (2013). Die Intersektion von „Rasse" und Geschlecht demarginalisieren: Eine Schwarze feministische Kritik am Antidiskriminierungsrecht, der feministischen Theorie und der antirassistischen Politik. In H. Lutz, M. T. Herrera Vivar & L. Supik (Hrsg.), *Fokus Intersektionalität: Bewegungen und Verortungen eines vielschichtigen Konzeptes*. 2., überarbeitete Auflage. Wiesbaden: Springer VS, 33–56.

Czollek, L. C., Perko, G. & Weinbach, H. (2009). *Lehrbuch Gender und Queer: Grundlagen, Methoden und Praxisfelder*. Weinheim, Basel: Beltz Juventa

Czollek, L. C., Perko, G. & Weinbach, H. (2011). Radical Diversity im Zeichen von Social Justice. Philosophische Grundlagen und praktische Umsetzungen von Diversity in Institutionen. In M. d. M. Castro Varela & N. Dhawan (Hrsg.), *Soziale (Un)Gerechtigkeit. Kritische Perspektiven auf Diversity, Intersektionalität und Antidiskriminierung* (S. 260–276). Berlin: Lit.

Czollek, L. C., Perko, G., Kaszner, C. & Czollek, M. (Hrsg.) (2019). Praxishandbuch Social Justice und Diversity: Theorien, Training, Methoden, Übungen. 2. Vollständig überarbeitetet Ausgabe. Weinheim, Basel: Beltz Juventa.

Danbolt, M. (2014). Gleichzeitig: Queere Politiken – alles auf einmal. In J. Hoenes & B. Paul (Hrsg.), *un/verblümt. Queere Politiken in Ästhetik und Theorie* (S. 78–97). Berlin: Revolver Publishing.

Daniel, A. & Klapeer, C. M. (2019). Einleitung. Wider dem Utopieverdruss. Queer*feministische Überlegungen zum Stand der Debatte. *Femina politica. Zeitschrift für feministische Politikwissenschaft* 28(1), S. 9–31.

Dean, T. (2000). *Beyond Sexuality*. Chicago: University of Chicago Press.

Dean, T. (2017). Lacan und Queer Theory. In E. Hutfless & B. Zach (Hrsg.), *Queering Psychoanalysis: Psychoanalyse und Queer Theory – Transdisziplinäre Verschränkungen* (S. 345–375). Wien: Zaglossus.

Debus, K. (2017). Nicht-diskriminierende Sexualpädagogik. In A. Scherr, A. El-Mafaalani & G. Yüksel (Hrsg.), *Handbuch Diskriminierung* (S. 811–833). Wiesbaden: Springer VS.

Debus, K. & Laumann, V. (Hrsg.) (2018). *Pädagogik geschlechtlicher, amouröser und sexueller Vielfalt. Zwischen Sensibilisierung und Empowerment*. Berlin: Dissens e. V.

Degele, N. (2005). Heteronormativität entselbstverständlichen: Zum verunsichernden Potenzial von Queer Studies. *Freiburger FrauenStudien: Zeitschrift für interdisziplinäre Frauenforschung* 11(17), S. 15–39.

Dennert, G., Leidinger, C. & Rauchut, F. (Hrsg.) (2007). In Bewegung bleiben: 100 Jahre Politik, *Kultur und Geschichte von Lesben*. Berlin: Querverlag.

Deuber-Mankowsky, A. (2011). Diffraktion statt Reflexion. Zu Donna Haraways Konzept des situierten Wissens. *Zeitschrift für Medien* 4(1), S. 83–91.

Deuber-Mankowsky, A. & Hanke, P. (Hrsg.) (2021). *Queeres Kino/Queere Ästhetiken als Dokumentationen des Prekären*. Berlin: ICI Berlin Press.

Dhawan, N. (2011). Transnationale Gerechtigkeit in einer postkolonialen Welt. In M. d.M. Castro Varela & N. Dhawan (Hrsg.), *Soziale (Un)Gerechtigkeit. Kritische Perspektiven auf Diversity, Intersektionalität und Antidiskriminierung* (S. 5–28). Münster: Lit.

Dhawan, N. (2015). Homonationalismus und Staatsphobie. Queering Dekolonialisierungspolitiken, Queer-Politiken dekolonialisieren. *Femina politica. Zeitschrift für feministische Politikwissenschaft, 24*(1), 38–51.

Dhawan, N., Engel, A., Holzhey, C. F. E. & Woltersdorff, V. (Hrsg.) (2015). *Global Justice and Desire: Queering Economy.* London, New York: Routledge.

Diehm, I. & Kuhn, M. (2006). „Doing Race/Doing Ethnicity" in der frühen Kindheit. In H.-U. Otto & M. Schrödter (Hrsg.), *Soziale Arbeit in der Migrationsgesellschaft* (S. 140–151). Lahnstein: neue praxis.

Dietze, G., Haschemi Yekani, E. & Michaelis, B. (2007). „Checks and Balances". Zum Verhältnis von Intersektionalität und Queer Theory. In K. Walgenbach, G. Dietze, A. Hornscheidt & K. Palm (Hrsg.), *Gender als interdependente Kategorie. Neue Perspektiven auf Intersektionalität, Diversität und Heterogenität* (S. 107–139). Opladen, Berlin, Toronto: Barbara Budrich.

Dietze, G., Haschemi Yekani, E. & Michaelis, B. (2012). Queer und Intersektionalität. *Portal Intersektionalität.* http://portal-intersektionalitaet.de/theoriebildung/ueberblickstexte/dietzehaschemimichaelis (08.06.2022)

Dietze, G. (2017). *Sexualpolitik: Verflechtungen von Race und Gender.* Frankfurt am Main: Campus.

Dornick, S. (2019). Auf dem Weg zur utopischen Gesellschaft – Relationalität bei Judith Butler, Sara Ahmed und Édouard Glissant. *Femina politica. Zeitschrift für feministische Politikwissenschaft* 28(1–2019), S. 46–58.

Driskill, Q.-L. (2010). Doubleweaving Two-Spirit Crtiques: Building Alliances between Native and Queer Studies. *GLQ: A Journal of Lesbian and Gay Studies*, 16(1–2), S. 69–92.

Driskill, Q.-L., Finley, C., Giley, B. J. & Morgenson, L. (Hrsg.) (2011). *Queer Indigenous Studies: Critical Interventions in Theory, Politics, and Literature.* Tucson: University of Arizona Press.

Drüeke, R. & Zobl, E. (2012). *Feminist media: participatory spaces, networks and cultural citizenship*, Bielefeld: transcript.

Duden, B. (2002). Die Gene im Kopf – der Fötus im Bauch: Historisches zum Frauenkörper. Hannover: Offizin.

Duggan, L. (2002). The New Homonormativity: The Sexual Politics of Neoliberalism. In R. Castranovo & D. D. Nelson (Hrsg.), *Materializing Democracy: Toward a Revitalized Cultural Politics* (S. 175–194). Durham: Duke UP.

Ebeling, S. & Schmitz, S. (Hrsg.) (2006). *Geschlechterforschung und Naturwissenschaften: Einführung in ein komplexes Wechselspiel.* Wiesbaden: VS Verlag für Sozialwissenschaften.

Edelman, L. (2004). *No Future: Queer Theory and the Death Drive.* Durham: Duke UP.

Edelman, L. (2012). Die Zukunft ist Kinderkram. Ausschnitt aus: No Future. Queer Theory and the Death Drive. In F. Bergmann, F. Schößler & B. Schreck (Hrsg.), *Gender Studies* (S. 195–211). Bielefeld: transcript.

Eggers, M. M. (2014). Sexuelle Vielfalt und das Recht auf heterogene Kinderwelten. *Feministische Studien.* http://blog.feministische-studien.de/2014/11/sexuelle-vielfalt-und-das-recht-auf-heterogene-kinderwelten (06.06.2022)

Ekine, S. (2013). Contesting narratives of queer Africa. In S. Ekine & H. Abbas (Hrsg.), *Queer African Reader* (S. 78–91). Dakar, Nairobi, Oxford: Pambazuka Press.

El-Tayeb, F. (2003). Begrenzte Horizonte. Queer Identity in der Festung Europa. In E. Gutiérrez Rodríguez & H. Steyerl (Hrsg.), *Spricht die Subalterne deutsch? Migration und postkoloniale Kritik* (S. 129–145). Münster: Unrast.

El-Tayeb, F. (2015). *Anders Europäisch: Rassismus, Identität und Widerstand im vereinten Europa.* Münster: Unrast.

Eng, D. L. (2001). *Racial Castration: Managing Masculinity in Asian America*. Durham: Duke UP.

Eng, D. L. (2010). *The Feeling of Kinship: Queer Liberalism and the Racialization of Intimacy*. Durham: Duke UP.

Engel, A. (2002). *Wider die Eindeutigkeit: Sexualität und Geschlecht im Fokus queerer Politik der Repräsentation*. Frankfurt am Main: Campus.

Engel, A. (2007). Entschiedene Interventionen in der Unentscheidbarkeit. Von queerer Identitätskritik zur VerUneindeutigung als Methode. In S. Hark (Hrsg.), *Dis/Kontinuitäten: Feministische Theorie* (S. 285–304). Wiesbaden: VS Verlag für Sozialwissenschaften.

Engel, A. (2008). Das Bild als Akteur – das Bild als Queereur. Methodologische Überlegungen zur sozialen Produktivität der Bilder. *FKW Zeitschrift für Geschlechterforschung und visuelle Kultur* 45, S. 12–25.

Engel, A. (2009). *Bilder von Sexualität und Ökonomie: queere kulturelle Politiken im Neoliberalismus*. Bielefeld: transcript.

Engel, A. (2011). Queer/Assemblage. Begehren als Durchquerung multipler Herrschaftsverhältnisse. In I. Lorey, R. Nigro & G. Raunig (Hrsg.), *Inventionen* I (S. 237–252). Zürich: diaphenes. https://transversal.at/transversal/0811/engel/de (08.08.2022)

Engel, A. (2012). Spielräume sexualisierter Gewalt. Queeres Begehren im Spannungsfeld von staatlicher Regulierung und sexueller Subversion des Staates. In H. Haberler, K. Hajek, G. Ludwig & S. Paloni (Hrsg.), *Que€r zum Staat, Heteronormativitätskritische Perspektiven auf Staat, Macht und Gesellschaft* (S. 188–207). Berlin: Querverlag.

Engel, A. (2013). Lust auf Komplexität. Gleichstellung, Antidiskriminierung und die Strategie des Queerversity. *Feministische Studien: Zeitschrift für interdisziplinäre Frauen- und Geschlechterforschung*, 31(1), S. 39–45.

Engel, A. (2015). Queere Politik der Paradoxie: Widerstand unter Bedingungen neoliberaler Vereinnahmung. In K. Walgenbach & A. Stach (Hrsg.), *Geschlecht in gesellschaftlichen Transformationsprozessen* (S. 191–204). Opladen, Berlin, Toronto: Barbara Budrich.

Engel, A. (2020). Queerversität und Geschlechtergerechtigkeit. Vom konfliktfreudigen Umgang mit Differenz. *Agora 42. Das philosophische Wirtschaftsmagazin* 2, S. 72–75.

Engel, A. (2021). A_Sociality as a Model Figure of Ambiguity. *On_Culture* 12, o. S. https://doi.org/10.22029/OC.2021.1255 (19.07.2022)

Erel, U., Haritaworn, J., Gutiérrez Rodríguez, E. & Klesse, C. (2007). Intersektionalität oder Simultaneität?! – Zur Verschränkung und Gleichzeitigkeit mehrfacher Machtverhältnisse – Eine Einführung. In J. Hartmann, C. Klesse, P. Wagenknecht, B. Fritsche & K. Hackmann (Hrsg.), *Heteronormativität. Empirische Studien zu Heterosexualität als gesellschaftlichem Machtverhältnis* (S. 239–250). Wiesbaden: VS Verlag für Sozialwissenschaften.

Erharter, C., Schwärzler, D., Sircar, R. & Schierl, H. (Hrsg.) (2015). Appearing Differently: Abstraction's Transgender and Queer Capacities. David J. Getsy in Conversation with William J. Simmons. In C. Erharter, D. Schwärzler, R, Sircar & H. Schierl (Hrsg.), *Pink Labor on Golden Streets: Queer Art Practices* (S. 38–55). Berlin: Sternberg Press.

Ernst, W. (1999). *Diskurspiratinnen: Wie feministische Erkenntnisprozesse die Wirklichkeit verändern*. Wien: Milena.

Ernst, W. (2013). Feministische Erkenntnistheorien. In T. Bonk (Hrsg.), *Lexikon der Erkenntnistheorie* (S. 69–76). Darmstadt: Wissenschaftliche Buchgesellschaft.

Ernst, W. (2019). Phänomene des Werdens: Intersektionalität, Queer, Postcolonial, Diversity und Disability Studies als Orientierungen für die Medienforschung. In J. Dorer, B. Geiger, B. Hipfl & V. Ratković (Hrsg.), *Handbuch Medien und Geschlecht* (o. S.). Wiesbaden: Springer Fachmedien. https://doi.org/10.1007/978-3-658-20712-0_6-1 (09.08.2022)

Ernst, W. & Caixeta, L. (2019). Contesting Values in the New Worldings. *Genero*, 23, S. 101–123.

Faulstich-Wieland, H., Weber, M. & Willems, K. (2004). *Doing Gender im heutigen Schulalltag. Empirische Studien zur sozialen Konstruktion von Geschlecht in schulischen Interaktionen*. Weinheim, München: Juventa.

Fausto-Sterling, A. (1993). The Five Sexes: Why Male and Female are not Enough. *The Sciences,* 33(2), S. 20–24.

Fausto-Sterling, A. (2000). *Sexing the Body: Gender Politics and the Construction of Sexuality.* New York: Basic Books.

Feinberg, L. (1996). *Transgender Warriors: Making History from Joan of Arc to Dennis Rodman.* Boston: Beacon Press.

Feinberg, L. (2008). *Stone Butch Blues. Träume in den erwachenden Morgen. Berlin: Krug & Schadenberg.*

Fichtner, S. (2021). Schwangerer trans Mann: „Ein trans Mann zählt nicht zur Routine auf der Geburtsstation". *Die Zeit.* www.zeit.de/zett/2021-11/trans-mann-schwangerschaft-transgeschlechtlichkeit-erfahrungsbericht (07.02.2024)

Fischel, J. (Hrsg.) (2019). Queer Legal Studies. *CAL Special Issue* 6(1). https://cal.library.utoronto.ca/index.php/cal/issue/view/2210 (20.06.2022)

Fitz, A. (2016). Gesellschaft: Wenn er ein Baby kriegt. Luzerner Zeitung. www.luzernerzeitung.ch/panorama/gesellschaft-wenn-er-ein-baby-kriegt-ld.92257 (30.06.2022)

Fortier, A.-M. (2000). *Migrant Belongings: Memory, Space and Identity.* Oxford: Berg.

Foucault, M. (2012). Der Wille zum Wissen. Sexualität und Wahrheit I (Auszug). In F. Bergmann, F. Schößler & B. Schreck (Hrsg.), *Gender Studies* (S. 129–140). Bielefeld: transcript.

Foucault, M. & Defert, D. (2021). *Die Heterotopien. Der utopische Körper. Zwei Radiovorträge.* Berlin: Suhrkamp.

Fraser, N. & Honneth, A. (2003). *Umverteilung oder* Anerkennung? Eine politisch-philosophische Kontroverse. Frankfurt am Main: Suhrkamp.

Freccero, C. (2007). Trans-Time. *GLQ: A Journal of Lesbian and Gay Studies* 13(1), S. 143–145.

Freeman, E. (2010). *Time Binds: Queer Temporalities, Queer Histories.* Durham: Duke UP.

Freeman, E. (2019). *Beside You in Time: Sense Methods and Queer Sociabilities in the American Nineteenth Century.* Durham: Duke UP.

Fritzsche, B. (2007). Das Begehren, das nicht eins ist. Fallstricke beim Reden über Bisexualität. In J. Hartmann, C. Klesse, P. Wagenknecht, K. Hackmann & B. Fritzsche (Hrsg.), *Heteronormativität. Empirische Studien zu Heterosexualität als gesellschaftlichem Machtverhältnis* (S. 115–131). Wiesbaden: VS Verlag für Sozialwissenschaften.

Funk, L. & Thajib, F. (2019). Intimacy and Care in the Field: Introduction. In T. Stodulka, S. Dinkelaker & F. Thajib (Hrsg.), *Affective Dimensions of Fieldwork and Ethnography* (S. 137–142). Cham: Springer International.

Ganz, K. & Hausotter, J. (2019). Intersektionalität – Profilierung einer Forschungsperspektive zur Analyse von Diskriminierung und sozialer Ungleichheit. *Soziologische Revue* 42(3), S. 389–404.

Geier, T. (2015). „Doing Ethnicity" durch Interkulturellen Unterricht: Thematisierung nationalethnischer Differenz. In K. Bräu & C. Schlickum (Hrsg.), *Soziale Konstruktion in Schule und Unterricht. Zu den Kategorien Leistung, Migration, Geschlecht, Behinderung, Soziale Herkunft und deren Interdependenzen* (S. 123–138). Opladen: Barbara Budrich.

Genschel, C. (2001). Erstrittene Subjektivität. Die Diskurse der Transsexualität. *Das Argument. Zeitschrift für Philosophie und Sozialwissenschaften* 243(6), S. 821–833.

Genschel, C., C. Lay, P. Wagenknecht & V. Woltersdorff (2005). Anschlüsse. In A. Jagose (Hrsg.), *Queer Theory. Eine Einführung* (S. 167–194). Berlin: Querverlag.

Gerdes, G. (2012). Der Postfeminismus-Vorwurf. Beobachtungen zum feministischen Selbstkonzept junger Theaterkünstlerinnen und Journalistinnen am Beispiel des Missy Magazine. *GENDER. Zeitschrift für Geschlecht, Kultur und Gesellschaft* 4(1), S. 9–23.

Gibson-Graham, J. K. (2006). *A Postcapitalist Politics.* Minneapolis: University of Minnesota Press.

Giffney, N. & Hird, M. J. (2016). *Queering the Non/Human.* London; New York: Routledge.

Gildemeister, R. (2004). Doing Gender: Soziale Praktiken der Geschlechterunterscheidung. In R. Becker, B. Kortendiek, B. Budrich & I. Lenz (Hrsg.), *Handbuch Frauen- und Geschlechterforschung: Theorie, Methoden, Empirie* (S. 132–140). Wiesbaden: VS Verlag für Sozialwissenschaften

Gómez-Barris, M. (2017). *The Extractive Zone: Social Ecologies and Decolonial Perspectives.* Durham, London: Duke UP.

Gomolla, M. & Radtke, F. (2009). *Institutionelle Diskriminierung: Die Herstellung ethnischer Differenz in der Schule.* Wiesbaden: VS Verlag für Sozialwissenschaften.

Goodman, P. (2012). *Growing Up Absurd* [i. O. 1960]. New York: New York Review Books.

Goodley, D. (2016). *Disability Studies: An Interdisciplinary Introduction.* Thousand Oaks: Sage.

Gopinath, G. (2005). *Impossible Desires. Queer Diasporas and South Asian Public Cultures.* Durham: Duke UP.

Gopinath, G. (2012). Impossible Desires – Eine Einführung. [Ausschnitt aus ds., 2005] In F. Bergmann, F. Schößler & B. Schreck (Hrsg.), *Gender Studies* (S. 229–246). Bielefeld: transcript.

Govrin, Jule (2023). *Begehrenswert: erotisches Kapital und Authentizität als Ware.* Berlin: Matthes & Seitz Berlin.

Gramlich, N. (2021). Situiertes Wissen. *Gender Glossar.* www.gender-glossar.de/post/situiertes-wissen (03.03.2022)

Groß, M. & Hechler, A. (2021). Intergeschlechtlichkeit als Herausforderung für Fachkräfte in Erziehungs- und Bildungsprozessen. In M. Groß & K. Niedenthal (Hrsg.), *Geschlecht: divers. Die „Dritte Option" im Personenstandsgesetz – Perspektiven für die Soziale Arbeit* (S. 211–224). Bielefeld: transcript.

Groß, M. & Niedenthal, K. (Hrsg.) (2021). Geschlecht: divers. *Die „Dritte Option" im Personenstandsgesetz – Perspektiven für die Soziale Arbeit.* Bielefeld: transcript.

Grosz, E. (1994). Refiguring Lesbian Desire. In L. Doane (Hrsg.), *The Lesbian Postmodern* (S. 67–84). New York: Columbia UP.

Gutiérrez Magallanes, M. d. S., Hoechtl, N. & Lozano, R. (2018). Decolonising the public university: A collaborative and decolonising approach towards (un)teaching and (un)learning. *Tijdschrift voor Genderstudies* 21(2), S. 153–170.

Gutiérrez Rodríguez, E. (2007). „Sexuelle Multitude" und prekäre Subjektivitäten – Queers, Prekarisierung und transnationaler Feminismus. In M. Pieper, T. Atzert, S. Karakayali, V. Tsianos (Hrsg.), *Empire und die biopolitische Wende. Die internationale Debatte im Anschluss an Hardt und Negri* (S. 125–139). Frankfurt am Main: Campus.

Gutiérrez Rodríguez, E. (2011). Intersektionalität? oder: wie nicht über Rassismus sprechen. In S. Hess, N. Langenreiter, E. Timm (Hrsg.), *Intersektionalität revisited. Empirische, theoretische und methodische Erkundungen* (S. 77–100). Bielefeld: transcript.

Hagemann-White, C. (1988). Wir werden nicht zweigeschlechtlich geboren. In C. Hagemann-White & Rerrich, M. S. (Hrsg.), *FrauenMännerBilder: Männer und Männlichkeit in der feministischen Diskussion.* (S. 224–235). Bielefeld: AJZ.

Halberstam, J. (2018). *Trans*: A Quick and Quirky Account of Gender Variability.* Oakland: University of California Press.

Halberstam, J. J. (2020). *Wild Things: The Disorder of Desire.* Durham: Duke UP.

Halberstam, J. J. (1998). *Female Masculinity.* Durham: Duke UP.

Halberstam, J. J. (2005). *In a Queer Time and Place: Transgender Bodies, Subcultural Lives.* New York: New York UP.

Halberstam, J. J. (2012). Female Masculinity [Ausschnitt dt. aus 1998]. In F. Bergmann, F. Schößler & B. Schreck (Hrsg.), *Gender Studies* (S. 175–193). Bielefeld: transcript.

Halberstam, J. J. & Nyong'o, T. (2018). Introduction: Theory in the Wild. *South Atlantic Quarterly* 117(3), S. 453–464.

Hall, D. E. & Jagose, A. (Hrsg.) (2013). *The Routledge Queer Studies Reader.* London, New York: Routledge.

Hall, S. (Hrsg.) (1997). *Representation: Cultural Representations and Signifying Practices*. London, Thousand Oaks: Sage.

Halperin, D. M. (2003). Ein Wegweiser zur Geschichtsschreibung der männlichen Homosexualität. In A. Kraß (Hrsg.), *Queer denken: Gegen die Ordnung der Sexualität* (S. 171–220). Frankfurt am Main: Suhrkamp.

Hammonds, E. M. (1997). *Toward a Genealogy of Black Female Sexuality: The Problematic of Silence*. In M. J. Alexander & C. T. Mohanty (Hrsg.), *Feminist Genealogies, Colonial Legacies, Democratic Futures* (S. 170–182). London, New York: Routledge.

Haraway, D. J. (1991). *Simians, Cyborgs, and Women: The Reinvention of Nature*. New York: Routledge.

Haraway, D. J. (1995). *Die Neuerfindung der Natur: Primaten, Cyborgs und Frauen*. Frankfurt am Main, New York: Campus.

Haraway, D. J. (1997). *Modest_Witness@Second_Millenium. FemaleMan©Meets_OncoMouse. Feminism and Technoscience*. New York, London: Routledge.

Haraway, D. (2012). Ein Manifest für Cyborgs. Feminismus im Streit mit Technowissenschaften [Ausschnitt dt. aus ds. 1991]. In F. Bergmann, B. Schössler & B. Schreck (Hrsg.), *Gender Studies* (S. 247–259). Bielefeld: transcript.

Haraway, D. J. (2016). *Staying with the Trouble: Making Kin in the Chthulucene*. Durham: Duke UP.

Haraway, D. J. (2018). *Unruhig bleiben: Die Verwandtschaft der Arten im Chthuluzän*. Frankfurt am Main, New York: Campus.

Haritaworn, J. (2009). Kiss-Ins, Demos, Drag: Sexuelle Spektakel von Kiez und Nation. In AG Queer Studies (Hrsg.), *Verqueerte Verhältnisse. Intersektionale, ökonomie-kritische und strategische Interventionen* (S. 41–66). Hamburg: Männerschwarm.

Haritaworn, J. (Hrsg.) (2015). *Queer Lovers And Hateful Others: Regenerating Violent Times and Places*. London: Pluto Press.

Hark, S. (2003). Die ambivalente Politik von Citizenship und die sexualpolitische Herausforderung. In G.-A. Knapp & A. Wetterer (Hrsg.), *Achsen der Differenz. Gesellschaftstheorie und feministische Kritik II* (S. 134–169). Münster: Westfälisches Dampfboot.

Hark, S. (2004). Queering oder Passing: Queer Theory – eine „normale" Disziplin. In T. F. Steffen, C. Rosenthal & A. Väth (Hrsg.), *Gender Studies. Wissenschaftstheorien und Gesellschaftskritik*. Würzburg: Königshausen & Neumann.

Hark, S. (2021). *Gemeinschaft der Ungewählten. Umrisse eines politischen Ethos der Kohabitation*. Berlin: Suhrkamp.

Hark, S. & Villa, P.-I. (Hrsg.) (2015). *Anti-Genderismus: Sexualität und Geschlecht als Schauplätze aktueller politischer Auseinandersetzungen*. Bielefeld: transcript.

Hark, S. & Villa, P.-I. (2017). *Unterscheiden und herrschen. Ein Essay zu den ambivalenten Verflechtungen von Rassismus, Sexismus und Feminismus in der Gegenwart*. Bielefeld: transcript.

Hartmann, J. (2004). Dynamisierung in der Triade Geschlecht – Sexualität – Lebensform: dekonstruktive Perspektiven und alltägliches Veränderungshandeln in der Pädagogik. In S. Timmermanns, E. Tuider & U. Sielert (Hrsg.), *Sexualpädagogik weiter denken. Postmoderne Entgrenzungen und pädagogische Orientierungsversuche* (S. 59–77). Weinheim, München: Juventa.

Hartmann, J., Klesse, C., Wagenknecht, P., Fritzsche, B. & Hackmann, K. (Hrsg.) (2007). *Heteronormativität. Empirische Studien zu Geschlecht, Sexualität und Macht*. Wiesbaden: VS Verlag für Sozialwissenschaften.

Hartmann, J., Messerschmidt, A. & Thon, C. (2017). *Queering Bildung*. In J. Hartmann, A. Messerschmidt & C. Thon (Hrsg.), *Queertheoretische Perspektiven auf Bildung – Pädagogische Kritik der Heteronormativität, Jahrbuch Frauen- und Geschlechterforschung in der Erziehungswissenschaft* (S. 15–28). Opladen: Barbara Budrich.

Haschemi Yekani, E., Kilian, E. & Michaelis, B. (2012). *Queer Futures: Reconsidering Ethics, Activism, and the Political.* Burlington: Ashgate.

Haschemi Yekani, E., Nowicka, M. & Roxanne, T. (Hrsg.) (2022). *Revisualizing Intersectionality.* S. l.: Palgrave Macmillan.

Hausen, K. (1976). Die Polarisierung der „Geschlechtscharaktere" im 19. Jh. Eine Spiegelung der Dissoziation von Erwerbs- und Familienleben. In W. Conze (Hrsg.), *Sozialgeschichte der Familie in der Neuzeit Europas* (S. 363–393). Stuttgart: Klett.

Hechler, A. (2016). „Was ist es denn?". Intergeschlechtlichkeit in Bildung, Pädagogik und Sozialer Arbeit. In M. Katzer & H.-J. Voß (Hrsg.), *Geschlechtliche, sexuelle und reproduktive Selbstbestimmung. Praxisorientierte Zugänge* (S. 161–186). Gießen: Psychosozial.

Herrmann, S. K. (2011). Ein Körper werden. Praktiken des Geschlechts. In A. G. Gender-Killer (Hrsg.), *Das gute Leben. Linke Perspektiven auf einen besseren Alltag* (S. 14–32). Münster: Unrast.

Herrn, R. (2005). *Schnittmuster des Geschlechts: Transvestitismus und Transsexualität in der frühen Sexualwissenschaft.* Gießen: Psychosozial.

Hieber, L. & Villa, P.-I. (2007). *Images von Gewicht. Soziale Bewegungen, Queer Theory und Kunst in den USA.* Bielefeld: transcript.

Hines, M. (2004). *Brain Gender.* Oxford, New York: Oxford UP.

Hirschberg, M. & Köbsell, S. (2021). Disability Studies in Education: Normalität/en im inklusiven Unterricht und im Bildungsbereich hinterfragen. In A. Köpfer, J. J. W. Powell & R. Zahnd (Hrsg.), *Handbuch Inklusion international: Globale, nationale und lokale Perspektiven auf Inklusive Bildung/International Handbook of Inclusive Education: Global, National and Local Perspectives* (S. 127–146). Opladen: Barbara Budrich.

Hocquenghem, G. (2019). *Das homosexuelle Begehren* [i. O. 1971]. (L. Betzler, H. Branding, B. Kroeber, Übers.). Hamburg: Edition Nautilus.

Hoenes, J. (2008). Und wenn sie „eine feste Form angenommen haben" – Die Tranz Portraits Del LaGrace Volcanos. *FKW Zeitschrift für Geschlechterforschung und visuelle Kultur* 45, S. 72–85.

Hoenes, J. (2009). „Du bist das Beste von beiden Welten" – „Du gehörst hier nicht hin". Loren Camerons Zerrbilder gegen heteronormative Zweigeschlechtlichkeit. In B. Paul & J. Schaffter (Hrsg.), *Mehr(wert) Queer. Queer Added (Value). Visuelle Kultur, Kunst und Gender-Politiken – Visual Culture, Art, and Gender Politics* (S. 43–58). Bielefeld: transcript.

Hoenes, J. & Paul, B. (Hrsg.) (2014). *Un/verblümt queere Politiken in Ästhetik und Theorie.* Berlin: Revolver Publications.

Hoffner, A. (2018). *The Queerness of Memory.* Berlin: b_books.

Hofmann, I. & Zimmermann, D. (2012). *Die andere Beziehung: Polyamorie und philosophische Praxis.* Stuttgart: Schmetterling.

Honegger, C. (1991). *Die Ordnung der Geschlechter – Die Wissenschaften vom Menschen und das Weib, 1750–1850.* Frankfurt am Main: Campus.

hooks, b. (1994a). Das Einverleiben des Anderen. Begehren und Widerstand. (K. Meißenburg, Übers.). In b. hooks (Hrsg.), *Black Looks. Popkultur – Medien – Rassismus* (S. 33–56). Berlin: Orlanda.

hooks, b. (1994b). *Black Looks: Popkultur – Medien – Rassismus.* Berlin: Orlanda.

hooks, b. (1994c). *Teaching to Transgress: Education as the Practice of Freedom.* New York: Routledge.

hooks, b. (2022). *Alles über Liebe. Neue Sichtweisen.* (H. Schlatterer, Übers.). Hamburg: HarperCollins.

Hornscheidt, L. & Oppenländer, L. (2019). *Exit Gender. Gender loslassen und strukturelle Gewalt benennen: eigene Wahrnehmung und soziale Realität verändern.* Hiddensee: w_orten & meer.

Hornscheidt, L. & Sammla, J. (2021). *Wie schreibe ich divers? Wie spreche ich gendergerecht? Ein Praxis-Handbuch zu Gender und Sprache.* Hiddensee: w_orten & meer.

Howald, J. (2001). Ein Mädchen ist ein Mädchen ist kein Mädchen? Mögliche Bedeutungen von Queer Theory für die feministische Mädchenbildungsarbeit. In B. Fritsche, J. Hartmann & A. Tervooren (Hrsg.), *Dekonstruktive Pädagogik. Erziehungswissenschaftliche Debatten unter poststrukturalistischen Perspektiven* (S. 295–310). Opladen: Leske + Budrich.

Hutfless, E. & Zach, B. (Hrsg.) (2017). *Queering Psychoanalysis. Psychoanalyse und Queer Theory. Transdisziplinäre Verschränkungen*. Wien: Zaglossus.

Jagose, A. (2005*). Queer Theory. Eine Einführung*. Berlin: Querverlag.

Johnson, E. P. (2005). „Quare" Studies, or (Almost) Everything I Know about Queer Studies I Learned from My Grandmother. In E. P. Johnson & M. G. Henderson (Hrsg.), *Black Queer Studies: A Critical Anthology* (S. 124–158). New York: Duke UP.

Johnson, E. P. & Henderson, M. (Hrsg.) (2005). *Black Queer Studies. A Critical Anthology*. Durham: Duke UP.

Jurczyk, K. (Hrsg.) (2020). *Doing und Undoing Family: konzeptionelle und empirische Entwicklungen*. Weinheim, Basel: Beltz Juventa.

Kafer, A. (2003). Compulsory Bodies: Reflections on Heterosexuality and Able-bodiedness. *Journal of Women's History* 15(3), S. 77–89.

Katzer, M. & Voß, H.-J. (Hrsg.) (2016). *Geschlechtliche, sexuelle und reproduktive Selbstbestimmung. Praxisorientierte Zugänge*. Gießen: Psychosozial.

Kazeem-Kamiński, B. (2018). Engaged Pedagogy. Antidiskriminatorisches Lehren und Lernen bei bell hooks. Wien: Zaglossus.

Kenney, M. & Müller, R. (2017). Of rats and women: Narratives of motherhood in environmental epigenetics. *BioSocieties* 12(1), 23–46. https://doi.org/10.1057/s41292-016-0002-7 (08.08.2022)

Khanna, R. (2003). *Dark Continents. Psychoanalysis and Colonialism*. Durham: Duke UP.

Kilomba, G. (2008). *Plantation Memories. Episodes of Everyday Racism*. Münster: Unrast.

Klaassen, O. & Seier, A. (Hrsg.) (2023). *Queerulieren. Störmomente in Kunst, Medien und Wissenschaft*. Berlin: Neofelis.

Klauda, G. (2014). *Die Vertreibung aus dem Serail. Europa und die Heteronormalisierung der islamischen Welt*. Hamburg: Männerschwarm.

Kleinau, E. & Opitz, C. (Hrsg.) (1996). *Geschichte der Mädchen- und Frauenbildung* (Bände 1–2, Band Vom Vormärz bis zur Gegenwart). Frankfurt am Main, New York: Campus.

Kleiner, B. (2016). Heteronormativität. *Gender Glossar*. www.gender-glossar.de/post/heteronormativitaet (03.03.2022)

Klenk, F. (2023). Post-Heteronormativität und Schule. Soziale Deutungsmuster von Lehrkräften über vielfältige geschlechtliche und sexuelle Lebensweisen. In J. Budde (Hrsg.), *Studien zu Differenz, Bildung und Kultur*. Opladen, Berlin, Toronto: Barbara Budrich.

Klesse, C. (2004). Von „Homophobie" zu „Heteronormativität". Konzepte für eine linke Machtanalyse – Teil 1. *analyse + kritik – Zeitung für linke Debatte und Praxis* 489, S. 7.

Klöppel, U. (2010). *XX0XY ungelöst. Hermaphroditismus, Sex und Gender in der deutschen Medizin: eine historische Studie zur Intersexualität*. Bielefeld: transcript.

Klumbytė, Goda (2018). Kin. In R. Braidotti & M. Hlavajova (Hrsg.), *Posthuman Glossary*, London: Bloomsbury Academic, S. 225–227.

Knaup, B. (2020). counter_measures on the ground. Vom Traum das re.act.feminism Archiv zu bewohnen. *FKW Zeitschrift für Geschlechterforschung und visuelle Kultur* 67, S. 28–35.

kollektiv sternchen & steine (Hrsg.) (2012). *Begegnungen auf der Trans*fläche. reflektiert 76 Momente des transnormalen Alltags*. Münster: Edition Assemblage.

Köppert, K. (2019). Queer Media Studies – Queering Medienwissenschaften. In J. Dorer, B. Geiger, B. Hipfl & V. Ratković (Hrsg.), *Handbuch Medien und Geschlecht* (o. S.). Wiesbaden: Springer VS. https://doi.org/10.1007/978-3-658-20712-0_71-1 (09.08.2022)

Kraß, A. (2003). Queer Studies – Eine Einführung. In A. Kraß (Hrsg.), *Queer denken. Gegen die Ordnung der Sexualität* (S. 7–28). Frankfurt am Main: Suhrkamp.

Krell, C. & Oldemeier, K. (2017). *Coming-out – und dann ...?! Coming-out-Verläufe und Diskriminierungserfahrungen von lesbischen, schwulen, bisexuellen, trans* und queeren Jugendlichen und jungen Erwachsenen in Deutschland.* Opladen, Berlin, Toronto: Barbara Budrich.

Krishnan, M. (2017). Ein Transmann erzählt von seiner Schwangerschaft. *Vice.* www.vice.com/de/article/nevwnx/wir-haben-uns-mit-einem-schwangeren-transmann-unterhalten (30.06.2022)

Krolzik-Matthei, K. & Voß, H.-J. (2016). Gewalt kommt in den Blick. Über aktuelle Forschungen und Debatten. In A. Henningsen, E. Tuider & S. Timmermanns (Hrsg.), *Sexualpädagogik kontrovers* (S. 105–119). Weinheim, Basel: Beltz Juventa.

Krämer, S. (Hrsg.) (2004). *Performativität und Medialität.* München: Fink.

Kuch, H. & Herrmann, S. K. (2007). Symbolische Verletzbarkeit und sprachliche Gewalt. In S. K. Hermann, S. Krämer & H. Kuch (Hrsg.), *Verletzende Worte. Die Grammatik sprachlicher Missachtung* (S. 179–209). Bielefeld: transcript.

Kurt, Ş. (2021). *Radikale Zärtlichkeit. Warum Liebe politisch ist.* Hamburg: HarperCollins.

Laufenberg, M. (2012). Communities of Care. Queere Politiken in der Reproduktion. *Luxemburg. Gesellschaftsanalyse und linke Praxis* 4, S. 96–101.

Laufenberg, M. (2020). Was ist queer? In B. Rendtorff, C. Mahs & A. Warmuth (Hrsg.), *Geschlechterverwirrungen. Was wir wissen, was wir glauben und was nicht stimmt* (S. 187–194). Frankfurt am Main: Campus.

Laufenberg, M. (2022). *Queere Theorien zur Einführung.* Hamburg: Junius.

Laufenberg, M. & Trott, B. (Hrsg.) (2023). *Queer Studies. Schlüsseltexte.* Frankfurt am Main: Suhrkamp.

de Lauretis, T. (1996). *Die andere Szene: Psychoanalyse und lesbische Sexualität.* Berlin: Berlin.

de Lauretis, T. (2016). Technologie des Geschlechts. In K. Peters & A. Seier (Hrsg.), *Gender & Medien-Reader.* Zürich, Berlin: Diaphanes.

de Lauretis, T. (2017). Der queere Trieb. Rereading Freud mit Laplanche. (E. Schäfer, E., E. Hutfless, Übers.). In E. Hutfless & B. Zach (Hrsg.), *Queering Psychoanalysis. Psychoanalyse und Queer Theory*. Transdisziplinäre Verschränkungen* (S. 211–255). Wien: Zaglossus.

Lembke, U. (2021). Die Gleichheit der Ungleichen: Diversität – Identitätspolitiken – Diskriminierung. In J. Kersten, J. Rixen & B. Vogel (Hrsg.), *Ambivalenzen der Gleichheit. Zwischen Diversität, sozialer Ungleichheit und Repräsentation* (S. 115–136). Bielefeld: transcript.

Liebsch, K. (2019). Zwischen Science, Fantasy und ontologischer Politik. Künstlerischer Technomaterialismus jenseits der Geschlechtergrenzen. *Feministische Studien* 37(2), S. 269–288.

Liu, P. (2015). *Queer Marxism in two Chinas.* Durham, London: Duke UP.

Lorde, A. (1991). Vom Nutzen unseres Ärgers. (R. Stendhal, Übers.). In D. Schultz (Hrsg.), *Macht und Sinnlichkeit* (S. 97–108). Berlin: Orlanda Frauenverlag.

Lorenz, R. (2009a). Bodies without Bodies. Queer Desire as Method. In B. Paul & J. Schaffer (Hrsg.), *Mehr(wert) queer: Visuelle Kultur, Kunst und Gender-Politiken* (S. 152–164). Bielefeld: transcript.

Lorenz, R. (2009b). *Aufwändige Durchquerungen: Subjektivität als sexuelle Arbeit.* Bielefeld: transcript.

Lorenz, R. (2012). *Queer Art: A Freak Theory.* Bielefeld: transcript.

Ludwig, G. (2011). *Geschlecht regieren. Zum Verhältnis von Staat, Subjekt und heteronormativer Hegemonie.* Frankfurt am Main: Campus.

Ludwig, G. (2012). Wie Sex(e) zur Staatsangelegenheit wird und was Staatsangelegenheiten mit Sex(e) zu tun haben. In H. Haberler, K. Hajek, G. Ludwig & S. Paloni (Hrsg.), *Que[e]r zum Staat. Heteronormativitätskritische Perspektiven auf Staat, Macht und Geschlecht* (S. 97–116). Berlin: Querverlag.

Ludwig, G. & Woltersdorff, V. (2018). Sexuelle Politiken im autoritären Neoliberalismus zwischen den Versprechen von Freiheit und Sicherheit. In K. Pühl & B. Sauer (Hrsg.), *Kapitalismuskritische Gesellschaftsanalyse. Queer-feministische Positionen* (S. 47–72). Münster: Westfälisches Dampfboot.

Lugones, M. (2008). The Coloniality of Gender. In *Worlds & Knowledges Otherwise* (web dossier) 2(2), S. 1–17. https://globalstudies.trinity.duke.edu/projects/wko-gender (04.08.2022)

Lugones, M. (1987). Playfulness, „World"-Travelling, and Loving Perception. *Hypatia* 2(2), S. 3–19.

Luhmann, S. (1998). Queering/Querying Pedagogy? Or, Pedagogy Is Pretty Queer Thing. In W. Pinar (Hrsg.), *Queer Theory in Education* (S. 141–155). Hillsdale: Lawrence Erlbaum.

Luibheid, E. & Cantu, L. (Hrsg.) (2005). *Queer Migrations: Sexuality, U.S. Citizenship, and Border Crossings.* Minneapolis: University Of Minnesota Press.

Lummerding, S. (2009). Mehr-Genießen: Von nichts kommt etwas. Das Reale, das Politische und die Produktionsbedingungen – zur Produktivität einer Unmöglichkeit. In B. Paul & J. Schaffer (Hrsg.), *Mehr(wert) queer: Visuelle Kultur, Kunst und Gender-Politiken* (S. 199–222). Bielefeld: transcript.

Lüthi, E. (2020). *beHindert et verRückt. Worte Gebärden_Bilder finden.* Münster: Edition Assemblage.

Manalansan IV, M. F. (2018). Messy Mismeasures. Exploring the Wilderness of Queer Migrant Lives. *South Atlantic Quarterly* 117(3), S. 491–506.

Mangold, A. K., Markwald, M. & Röhner, C. (2019). Rechtsgutachten zum Verständnis von „Varianten der Geschlechtsentwicklung" in § 45b Personenstandsgesetz. Rechtsgutachten. https://eufbox.uni-flensburg.de:index.php:s:WwkHJkHaEaHpkQk (30.06.2022)

McClintock, A. (1995). *Imperial Leather. Race, Gender, and Sexuality in the Colonial Contest.* London, New York: Routledge.

McRuer, R. (2006). *Crip Theory. Cultural Signs of Queerness and Disability.* New York: New York UP.

McRuer, R. (2010). Queer Meets Disability. *Gehalten auf der ZEDIS, Hamburg.* https://www.zedis-hamburg.de/index.php/downloads/pdf-der-ringvorlesungen/ (18.04.2024)

McRuer, R. (2018). *Crip Times. Disability, Globalization, and Resistance.* New York: New York UP.

Meissner, H. (2008). Die soziale Konstruktion von Geschlecht – Erkenntnisperspektiven und gesellschaftstheoretische Fragen. *Gender Politik Online.* Freie Universität Berlin. www.fu-berlin.de/sites/gpo/soz_eth/Geschlecht_als_Kategorie/Die_soziale_Konstruktion_von_Geschlecht_____Erkenntnisperspektiven_und_gesellschaftstheoretische_Fragen/index.html (18.04.2024)

Mertlitsch, K. (2016). *Sisters – Cyborgs – Drags. Das Denken in Begriffspersonen der Gender Studies.* Bielefeld: transcript.

Mesquita, S. (2012). *Ban marriage! Ambivalenzen der Normalisierung aus queer-feministischer Perspektive.* Wien: Zaglossus.

Mesquita, S., Wiedlack, K. & Lasthofer, K. (2012). *Import – Export – Transport: Queer Theory, Queer Critique and Activism in Motion.* Vienna: Zaglossus.

Mesquita, S. (2016). Eine „Ein-Thema-Methodologie"? Epistemologische Überlegungen zum Heteronormativitätskonzept. In M. T. Herrera Vivar, U. Schirmer, K. Wagels & P. Rostock (Hrsg.), *Über Heteronormativität. Auseinandersetzungen um gesellschaftliche Verhältnisse und konzeptuelle Zugänge* (S. 89–105). Münster: Westfälisches Dampfboot.

Meyer, K. (2017). *Theorien der Intersektionalität zur Einführung.* Hamburg: Junius.

Minh-ha, T. T. (1996). Über zulässige Grenzen: Die Politik der Identität und Differenz. In B. Fuchs & G. Habinger (Hrsg.), *Rassismen & Feminismen. Differenzen, Machtverhältnisse und Solidarität zwischen Frauen* (S. 148–160). Wien: ProMedia.

Moebius, S. (2003). *Die soziale Konstituierung des Anderen. Grundrisse einer poststrukturalistischen Sozialwissenschaft nach Lévinas und Derrida.* Frankfurt am Main: Campus.

Mortimer-Sandilands, C. & Erickson, B. (Hrsg.) (2010). *Queer Ecologies: Sex, Nature, Politics, Desire*. Bloomington: Indiana UP.

Muñoz, J. E. (1999). *Disidentifications. Queers of Color and the Performance of Politics*. Minneapolis: University of Minnesota Press.

Muñoz, J. E. (2007). Queerness's Labor oder die Arbeit der Disidentifikation. *In Normal Love, Precarious Sex, Precarious Work*. Ausstellungskatalog (S. 34–39). Berlin: b_books.

Muñoz, J. E. (2009). *Cruising Utopia. The Then and There of Queer Futurity*. New York: New York UP.

Muñoz, J. E. (2020). Feeling Brown. In J. Chambers-Letson & T. Nyong'o (Hrsg.), *The Sense of Brown* (S. 8–23). Durham: Duke.

Mönkediek, S. (2009). Performativität der „Unternehmerin ihrer selbst": Das Unternehmen Monkeydick-Productions als Leistung zweiter Ordnung. In AG Queer Studies (Hrsg.), *Verqueerte Verhältnisse. Intersektionale, ökonomiekritische und strategische Interventionen* (S. 120–130). Hamburg: Männerschwarm.

Nachtigall, A. & Ghattas, D. C. (2021). Intergeschlechtlichkeit und „Dritte Option" im Kontext Schule. Perspektiven und Forderungen für die Schulsozialarbeit. In M. Groß & K. Niedenthal (Hrsg.), *Geschlecht Divers. Die „Dritte Option" im Personenstandsgesetz – Perspektiven für die soziale Arbeit* (S. 113–148). Bielefeld: transcript.

Nay, Y. E. (2017). *Feeling Family. Affektive Paradoxien der Normalisierung von „Regenbogenfamilien"*. Wien: Zaglossus.

Nay, Y. E. (2019a). Homonormative und nationalistische Politiken des Fortschritts in Debatten um nicht-hegemoniale Familien und Verwandtschaft. *GENDER – Zeitschrift für Geschlecht, Kultur und Gesellschaft* 11(2), S. 41–55.

Nay, Y. E. (2019b). The Atmosphere of Trans* Politics in the Global North and West. *TSQ: Transgender Studies Quarterly* 6(1), S. 64–79.

Nay, Y. E. & Steinbock, E. (Hrsg.) (2121). Critical Trans Studies in and beyond Europe: Histories, Methods, and Institutions. *TSQ: Transgender Studies Quarterly* 8(2), S. 145–157.

Netzwerk „Körper" (Hrsg.) (2012). *What Can a Body Do? Praktiken und Figurationen des Körpers in den Kulturwissenschaften*. https://nbn-resolving.org/urn:nbn:de:101:1-201205251527 (18.06.2022)

ohne Autorens (2008). Mann schwanger. *männer**. www.maenner.media/gesellschaft/34-Mann%2520schwanger (08.08.2022)

ohne Autorens (2021). Gibt es bald Emojis von schwangeren Männern? *Bild*. www.bild.de/politik/2021/politik/neue-emojis-gibt-es-bald-schwangere-maenner-77106130.bild.html (03.06.2022)

Oldemeier, K. (2021). *Geschlechtlicher Neuanfang. Narrative Wirklichkeiten junger divers* und trans*geschlechtlicher Menschen*. Opladen: Barbara Budrich.

Onat, R. (2015). ‚I speak, so you don't speak for me!' (Queer) of Color Perspektiven als Voraussetzung für Quering und Dekolonisierung von Kunst_Wissenschaft. In A. Greve (Hrsg.), Weißsein und Kunst. Neue postkoloniale Perspektiven. *Kunst und Politik. Jahrbuch der Guernica Gesellschaft* 17, S. 101–116.

Onat, R. (2017). Queering and Decolonizing Art and Visual Culture: Outroduction. In P. Barbara, J. Hoenes, A. I. Beyer, N. Frankenberg & R. Onat (Hrsg.), *Perverse Assemblages: Queering Heteronormativity Inter/Medially* (S. 77–83). Berlin: Revolver Publications.

Onat, R. (2022). *Queere Künstler_innen of Color Verhandlungen von Disidentifikation, Überleben und Un-Archiving im deutschen Kontext*. Bielefeld: transcript.

Oster, M., Ernst, W. & Gerards, M. (Hrsg.) (2008). *Performativität und Performance. Geschlecht in Musik, Theater und MedienKunst*. Münster: Lit.

Ouma, C. & Mutloane, M. (2014). Performing queer „in time and space": A „politics of the event". In Z. Matebeni (Hrsg.), *Reclaiming Afrikan: Queer Perspectives on Sexual and Gender Identities* (S. 37–43). Athlone: Modjaji Books.

Palm, K. (2005). Biologie der Befreiung? Von der natürlichen Vielfalt der Geschlechter. In NGKB (Hrsg.), *1-0-1 intersex. Das Zwei-Geschlechter-System als Menschenrechtsverletzung* (S. 82–86). Berlin: NGBK.

Paul, B. & Schaffer, J. (2009). *Mehr(wert) queer: Visuelle Kultur, Kunst und Gender-Politiken = Queer added (value): visual culture, art, and gender politics*. Bielefeld: transcript

Paul, B., Hoenes, J., Beyer, A. I., Frankenberg, N. & Onat, R. (Hrsg.) (2017). *Perverse Assemblages. Queering Heteronormativity Inter/Medially*. Berlin: Revolver Publishing.

Payk, K. (2017). Queer ist auch behindert. *an.schläge. Das feministische Magazin* (4). https://anschlaege.at/queer-ist-auch-behindert (18.04.2024)

Pereira, M. d. M. (2021). A shelf of one's own and a room with good views: the importance of place in negotiations of the status of feminist scholarship. *Gender, Place & Culture* 29(7), S. 983–1008.

Perko, G. (2005). *Queer-Theorien. Ethische, politische und logische Dimensionen plural-queeren Denkens*. Köln: PapyRossa.

Perko, G. & Czollek, L. (2014). Das Konzept des Verbündet-Seins im Social Justice als spezifische Form der Solidarität. In A. Broden & P. Mecheril (Hrsg.), *Solidarität in der Migrationsgesellschaft: Befragung einer normativen Grundlage* (S. 153–166). Bielefeld: transcript.

Piepzna-Samarasinha, L. L. (2018). *Care Work: Dreaming Disability Justice*. Vancouver: Arsenal Pulp Press.

Piercy, M. (2006). *Sex Wars*. London: Piatkus.

Plett, K. (2021). Geschlechterrecht: Aufsätze zu Recht und Geschlecht-vom Tabu der Intersexualität zur Dritten Option. Bielefeld: transcript.

Plötz, A. (2014). Queer Politics. *Gender Glossar*. www.gender-glossar.de/post/queer-politics (23.06.2022)

Povinelli, E. A. (2011). The Part That Has No Part. Enjoyment, Law, and Loss. *GLQ: A Journal of Lesbian and Gay Studies* 17(2–3), S. 287–308.

Prager, S. (2020). Transgender Pregnancy: Moving Past Misconceptions. *Healthline*. www.healthline.com/health/pregnancy/transgender-pregnancy-moving-past-misconceptions (21.07.2022)

Preciado, P. B. (2016). *Testo Junkie. Sex, Drogen und Biopolitik in der Ära der Pharmapornographie*. Berlin: b-books.

Preciado, P. B. (2020). *Ein Apartment auf dem Uranus: Chroniken eines Übergangs*. Berlin: Suhrkamp, Insel.

Prengel, A. (1993). *Pädagogik der Vielfalt. Verschiedenheit und Gleichberechtigung in interkultureller, feministischer und integrativer Pädagogik*. Opladen: Leske + Budrich.

Prietl, B. (2019). Big Data: Inequality by Design. In *Proceedings of the Weizenbaum Conference 2019 „Challenges of Digital Inequality – Digital Education, Digital Work, Digital Life“* (S. 1–10). Berlin. https://doi.org/10.34669/wi.cp/2.11 (08.08.2022)

Probyn, E. (1995). Queer Belongings. Eine Politik des Aufbruchs. In M.-L. Angerer (Hrsg.), *The Body of Gender. Körper – Geschlechter – Identitäten* (S. 53–68). Wien: Passagen.

Probyn, E. (1996). *Outside Belongings*. New York, London: Routledge.

Profus, A. (2016). Unsichtbares sichtbar machen. Asexualität als sexuelle Orientierung. In M. Katzer & H.-J. Voß (Hrsg.), *Geschlechtliche, sexuelle und reproduktive Selbstbestimmung. Praxisorientierte Zugänge* (S. 225–242). Gießen: Psychosozial.

Puar, J. K. (2007). *Terrorist Assemblages. Homonationalism in Queer Times*. Durham: Duke UP.

Puar, J. K. (2011). *„Ich wäre lieber eine Cyborg als eine Göttin“. Intersektionalität, Assemblage und Affektpolitik*. https://transversal.at/transversal/0811/puar/de?hl=jasbir%20puar (08.08.2022)

Puar, J. K. (2016). Die Zeit der Prognose. Entwurf einer Geopolitik des Affekts und des Un/Vermögens. In K. Peters & A. Seier (Hrsg.), *Gender & Medien Reader* (S. 557–572). Zürich, Berlin: Diaphenes.

quaestio. (2000). Sexuelle Politiken. Politische Rechte und gesellschaftliche Teilhabe. In quaestio (Hrsg.), *Queering Demokratie.* (S. 9–27). Berlin: Querverlag.

Quindeau, I. (2014). *Sexualität (Analyse der Psyche und Psychotherapie).* Gießen: Psychosozial.

Raab, H. (2010). Shifting the Paradigm: Behinderung, Heteronormativität und Queerness. In S. Köbsell, J. Jacob & E. Wollrab (Hrsg.), *Gendering Disability* (S. 73–94). Bielefeld: transcript.

Raab, H. (2015). *Cripping und Queering Soziale Arbeit. Dominanzkultur Reloaded. Neue Texte zu gesellschaftlichen Machtverhältnissen und ihren Wechselwirkungen* (S. 229–240). Bielefeld: transcript.

Raab, H. (2022). *Disability Studies.* Eine Einführung. Leverkusen: Barbara Budrich.

Raab, H. & Ledder, S. (2022). Gender & Queer Studies in den Disability Studies. In A. Waldschmidt (Hrsg.), *Handbuch Disability Studies* (S. 357–374). Wiesbaden: Springer Fachmedien.

Rage, R., Micossé-Aikins, S. & Onat, R. (2017). Queering and Decolonizing Art and Visual Culture: Roundtable Discussion. In B. Paul, J. Hoenes, A. I. Beyer, N. Frankenberg & R. Onat (Hrsg.), *Perverse Assemblages: Queering Heteronormativity Inter/Medially* (S. 61–76). Berlin: Revolver Publications.

Ramallo, F., Gómez, J. A. & Porta, L. (2018). Pedagogías queer y polifonías del sur: transgresiones y afecciones en la educación en el profesorado. *Revista de Ciencias Humanas* 52, S. 1–14.

Redecker, E. v. (2011). *Zur Aktualität von Judith Butler. Einleitung in ihr Werk.* Wiesbaden: VS Verlag für Sozialwissenschaften.

Reid-Pharr, R. F. (2005). Dinge. In M. Haase, M. Siegel & M. Wünsch (Hrsg.), *Outside. Die Politik queerer Räume* (S. 39–52). Berlin: b_books.

Reitmair-Juárez, S. (2016). Entwicklungen, Schwerpunkte und Methoden der Friedenspädagogik. In G. Diendorfer, B. Bellak & A. Pelinka (Hrsg.), *Friedensforschung, Konfliktforschung, Demokratieforschung. Ein Handbuch* (S. 180–216). Wien: Böhlau.

Rich, A. (1983). Zwangsheterosexualität und lesbische Existenz. In D. Schultz (Hrsg.), *Macht und Sinnlichkeit. Ausgewählte Texte von Audre Lorde und Adrienne Rich* (S. 138–168). Berlin: sub rosa Frauenverlag.

Richardson, D. & Seidman, S. (2002). Introduction. In D. Richardson & S. Seidman (Hrsg.), *Handbook of Lesbian and Gay Studies* (S. 1–12). London, Thousand Oaks, New Delhi: Sage.

Richter-Montpetit, M. (2018). Everything You Always Wanted to Know about Sex (in IR) But were Afraid to Ask: The ‚Queer Turn' in International Relations. *Millennium. Journal of International Studies* 46(2), S. 220–240.

Rodriguez, J. M. (2014). *Sexual Futures, Queer Gestures, and Other Latina Longings.* New York: New York UP.

Roig, E. (2021). *Why We Matter. Das Ende der Unterdrückung.* Berlin: Aufbau.

Ross, L. (2021). *Mehr als Selbstbestimmung! Kämpfe für reproduktive Gerechtigkeit.* Münster: Edition Assemblage.

Ross, M. B. (2005). Beyond the Closet as Raceless Paradigm. In E. P. Johnson & M. G. Henderson (Hrsg.), *Black Queer Studies: A Critical Anthology.* Durham, London: Duke UP.

Rubin, G. (2006). Frauentausch. Zur ‚politischen Ökonomie' von Geschlecht. In S. Hark & G. Dietze (Hrsg.), *Gender kontrovers. Genealogien und Grenzen einer Kategorie* (S. 69–122). Frankfurt am Main: Ulrike Helmer.

Rudek, F. & Sülzle, A. (2018). *Que(e)rschnitt Inklusion. Bestandsaufnahme einer inklusiven LSBTIQ-Infrastruktur in Berlin. Aktuelle Bedarfe queerer Menschen, die behindert werden.* Berlin: Camino.

Russell, L. (2021). *Glitch Feminismus. Ein Manifest.* Leipzig: Merve.

Saadat-Lendle, S. & Cetin, Z. (2014). Forschung und soziale Arbeit zu Queer mit Rassismuserfahrungen. In Bundesstiftung Magnus Hirschfeld (Hrsg.), *Forschung im Queerformat. Aktuelle Beiträge der LSBTI*-, Queer- und Geschlechterforschung* (S. 233–250). Bielefeld: transcript.

Sánchez Sáinz, M. (2019). *Pedagogías queer. ¿nos arriesgamos a hacer otra educación?* Madrid: Los Libros de la Catarata.

Sanyal, M. (2021*). Identitti. Roman*. München: Carl Hanser.

Savigliano, M. (2019). *Tango and the political economy of passion*. Boulder: Westview Press.

Schaffer, J. (2008). *Ambivalenzen der Sichtbarkeit: Über die visuellen Strukturen der Anerkennung*. Bielefeld: transcript.

Schaffer, J. (2021). Knowledge Beside Itself. Contemporary Art's Epistemic Politics. *springerin* (2), S. 75.

Schirmer, U. (2010). *Geschlecht anders gestalten: Drag Kinging, geschlechtliche Selbstverhältnisse und Wirklichkeiten*. Bielefeld: transcript.

SCHLAU NRW & Netzwerk Geschlechtliche Vielfalt Trans* NRW e. V. (Hrsg.) (2019). Trans* und Schule. Infobroschüre für die Begleitung von trans* Jugendlichen im Kontext Schule in NRW. www.schlau.nrw/wp-content/uploads/2020/01/TransUndSchule_Brosch_2020_web.pdf. (18.04.2024)

Schlegel, T. (2019). *Der schwangere Mann – Lebenswelten gebärender trans* Männer in Deutschland.* https://opendata.uni-halle.de/bitstream/1981185920/34526/1/SchlegelNoah_Der_schwangere_Mann.pdf (06.06.2022)

Schmidt, R.-B. & Sielert, U. (Hrsg.) (2013). *Handbuch Sexualpädagogik und sexuelle Bildung.* Weinheim, Basel: Beltz Juventa.

Schmitz, S. (2006). Geschlechtergrenzen. Geschlechtsentwicklung, Intersex und Transsex im Spannungsfeld zwischen biologischer Determination und kultureller Konstruktion. In S. Ebeling & S. Schmitz (Hrsg.), *Geschlechterforschung und Naturwissenschaften. Einführung in ein komplexes Wechselspiel* (S. 33–56). Wiesbaden: VS Verlag für Sozialwissenschaften.

Schmitz, S. (2014). Karen Barad. Agentieller Realismus als Rahmenwerk für die Science & Technology Studies. In D. Lengersdorf & M. Wieser (Hrsg.), *Schlüsselwerke der Science & Technology Studies* (S. 279–291). Wiesbaden: Springer Fachmedien.

Schramm, C. (2011). „Land gegen Bibel". Christentum, Kolonialismus, Moderne. In S. Könemann & A. Stähr (Hrsg.), *Das Geschlecht der Anderen. Figuren der Alterität: Kriminologie, Psychiatrie, Ethnologie und Zoologie* (S. 63–82). Bielefeld: transcript.

Schramm, C. (2012). Queering Latin American Coloniality and the Cross-Cultural Production of Racialised Sexualities. *Journal of Intercultural Studies* 33(3), S. 347–362.

Schreiber, G. (2019). Das Geschlecht in mir. Neurowissenschaftliche, lebensweltliche und theologische Beitraege zu Transsexualität. Boston: De Gruyter.

Sedgwick, E. K. (2003). Epistemologie des Verstecks. In A. Kraß (Hrsg.), *Queer denken. Gegen die Ordnung der Sexualität* (S. 113–143). Frankfurt am Main: Suhrkamp.

Seeck, F. (2021). *Care trans_formieren. Eine ethnographische Studie zu trans und nicht-binärer Sorgearbeit*. Bielefeld: transcript.

Seeck, F. (2022). *Zugang verwehrt. Keine Chance in der Klassengesellschaft. Wie Klassismus soziale Ungleichheit fördert*. Zürich: Atrium.

Seymour, N. (2013). *Strange Natures. Futurity, Empathy, and the Queer Ecological Imagination.* Urbana: University of Illinois Press.

Sharpe, C. E. (2016). *In the Wake. On Blackness and Being*. Durham: Duke UP.

Shephard, N. (2016). Queering Intersectionality. Encountering the Transnational. *GENDER – Zeitschrift für Geschlecht, Kultur und Gesellschaft* 8(2), S. 31–45.

Shildrick, M. (2009). *Dangerous Discourses of Disability, Subjectivity and Sexuality*. London: Palgrave Macmillan.

Siemoneit, J. K. M. (2021). *Schule und Sexualität. Pädagogische Beziehung, Schulalltag und sexualerzieherische Potenziale*. Bielefeld: transcript.

Sifuentes, M. E. (2019). *Remaking Friendship in Unlikely Places. Queer-Decolonial Educators and Connections Across Experience, Politics, and Pedagogy*. San Francisco: University of San Francisco Press.

Sifuentes, M. E. (2021). Queer-Decolonial Pedagogy. Undoing Binaries Through Intergenerational Learning. *Journal of Homosexuality*. https://doi.org/10.1080/00918369.2021.1987750

de Silva, A. (2018). *Negotiating the Borders of the Gender Regime. Developments and Debates on Trans(sexuality) in the Federal Republic of Germany*. Bielefeld: transcript.

de Silva, A. & Weist, A. (2022). Zur Ausbildung pädagogischer Fachkräfte und Studierender der Sozialen Arbeit an der Universität Luxemburg im Bereich der Sexuellen Bildung für Menschen mit Beeinträchtigungen. In M. Urban, S. Wienholz & C. Khamis (Hrsg.), *Sexuelle Bildung für das Lehramt*. Gießen: Psychosozial.

Simandan, D. (2019). Revisiting positionality and the thesis of situated knowledge. *Dialogues in Human Geography 9(2), S. 129–149.*

Simon, T. (2020). Inklusive Pädagogik. *socialnet Lexikon*. www.socialnet.de/lexikon/Inklusive-Paedagogik (22.06.2022)

Simpson, L. B. (2017a). *As we have always done: indigenous freedom through radical resistance*. Minneapolis: University of Minnesota Press.

Simpson, L. B. (2017b). *This accident of being lost: songs and stories*. Toronto, ON: House of Anansi Press.

Smith, A. (2010). Queer Theory and Native Studies. *GLQ: A Journal of Lesbian and Gay Studies* 16(1–2), S. 41–68.

Smythe, S. (2021). Black Life, Trans Study. On Black Nonbinary Method, European Trans Studies, and the Will to Institutionalization. *TSQ: Transgender Studies Quarterly* 8(2), S. 158–171.

Spivak, G. C. (2012). *An Aesthetic Education in the Era of Globalization*. Cambridge: Harvard UP.

Spivak, G. C. (1999*). Imperative zur Neuerfindung des Planeten*. Wien: Passagen.

Stryker, S., Currah, P. & Moore, L. J. (2008). Introduction: Trans-, Trans, or Transgender? *Women Studies Quarterly* 36(3–4), S. 11–22.

Stryker, S. & Aizura, A. Z. (Hrsg.) (2013). *The Transgender Studies Reader 2*. New York: Routledge.

Stryker, S. & Whittle, S. (Hrsg.) (2006). *The Transgender Studies Reader*. New York: Routledge.

Sullivan, N. (2003). *A Critical Introduction to Queer Theory*. New York: New York UP.

Susemichel, L. & Kastner, J. (2018). Identitätspolitiken: *Konzepte und Kritiken in Geschichte und Gegenwart der Linken*. Münster: Unrast.

T., A. (2020). *Opacity-Minority-Improvisation. An Exploration of the Closet Through Queer Slangs and Postcolonial Theory*. Bielefeld: transcript.

Tervooren, A. (2006). *Im Spielraum von Geschlecht und Begehren. Ethnographie der ausgehenden Kindheit*. München: Juventa.

Thajib, F., Seeck, F. & Engel, A. (2020). Konflikte umsorgen. Queere Praktiken künstlerischer Kollaboration. *Feministische Studien* 38(2), S. 309–321.

Timmermanns, S. (2013). Sexuelle Orientierung. In R.-B. Schmidt & U. Sielert (Hrsg.), *Handbuch Sexualpädagogik und Sexuelle Bildung* (S. 255–264). Weinheim, Basel: Beltz Juventa.

Timmermanns, S. & Böhm, M. (Hrsg.) (2020). *Sexuelle und geschlechtliche Vielfalt. Interdisziplinäre Perspektiven aus Wissenschaft und Praxis*. Weinheim, Basel: Beltz Juventa.

Tremain, S. (2000). Queering disabled sexuality studies. *Sexuality and Disability* 18(4), S. 291–299.

Tuck, E. & Ree, C. (2013). A Glossary of Haunting. In S. Holman Jones, T. E. Adams & C. Ellis (Hrsg.), *Handbook of Autoethnography* (S. 639–658). Walnut Creek: Left Coast Press.

Tuck, E. & Yang, K. W. (2014). R-Words. Refusing Research. In D. Paris & M. T. Winn (Hrsg.), *Humanizing Research. Decolonizing Qualitative Inquiry with Youth and Communities* (S. 223–247). Thousand Oaks: Sage.

Tudor, A. (2021). Decolonizing Trans/Gender Studies? *TSQ: Transgender Studies Quarterly* 8(2), S. 238–256.

Tuider, E., Müller, M., Timmermanns, S. & Bruns-Bachmann, P. (Hrsg.) (2012). *Sexualpädagogik der Vielfalt: Praxismethoden zu Identitäten, Beziehungen, Körper und Prävention für Schule und Jugendarbeit.* Weinheim, Basel: Beltz Juventa.

Tuider, E. (2016). Diskursive Gemengelagen. Das Bild vom ‚unschuldigen, reinen Kind' in aktuellen Sexualitätsdiskursen. In A. Henningsen, E. Tuider & S. Timmermanns (Hrsg.), *Sexualpädagogik kontrovers* (S. 176–193). Weinheim, Basel: Beltz Juventa.

Tuider, E. (Hrsg.) (2008). QuerVerbindungen. Interdisziplinäre Annäherungen an Geschlecht, Sexualität, Ethnizität. Münster: Lit.

Vanja. (2021). Ein Prozess um Anerkennung. Die Geschichte von der Klage auf die dritte Option beim Geschlechtseintrag. In M. Groß & K. Niedenthal (Hrsg.), *Geschlecht: divers. Die „dritte Option" im Personenstandsgesetz – Perspektiven für die Soziale Arbeit* (S. 17–26). Bielefeld: transcript.

Villa, P.-I. (2010). Subjekte und ihre Körper. Kultursoziologische Überlegungen. In M. Wohlrab-Sahr (Hrsg.), *Kultursoziologie. Paradigmen – Methoden – Fragestellungen* (S. 251–271). Wiesbaden: VS Verlag für Sozialwissenschaften.

Volcano, Del LaGrace/Windh, Indra (2009). Hermlove. *Is Del the transintersex esquizotrans dream come true? We celebrate Del LaGrace Volcano: Hermlove.* https://esquizotrans.wordpress.com/tag/herms (07.02.2024)

Voß, H.-J. (2010). *Making Sex Revisited: Dekonstruktion des Geschlechts aus biologisch-medizinischer Perspektive.* Bielefeld: transcript.

Voß, H.-J. (2021). *Verankerung der Wissens- und Kompetenzentwicklung zu den Themen Trans- und Intergeschlechtlichkeit in den Bildungslehrplänen und Curricula von Ausbildungs- und Studiengängen relevanter Sozial- und Gesundheitsberufe.* Policy Paper. Merseburg: Hochschule Merseburg.

Wagenknecht, P. (2003). „Always be yourself!" Männlichkeit, Klassenposition und normative Heterosexualität in der Formierung von Subjektivität. In E. Gutiérrez Rodríguez & M. Pieper (Hrsg.), *Gouvernementalität. Eine sozialwissenschaftliche Debatte im Anschluss an Foucault* (S. 196–223). Frankfurt am Main: Campus.

Wagenknecht, P. (2007). Was ist Heteronormativität? Zu Geschichte und Gehalt des Begriffs. In J. Hartmann, C. Klesse, P. Wagenknecht, B. Fritsche & K. Hackmann (Hrsg.), *Heteronormativität. Empirische Studien zu Heterosexualität als gesellschaftlichem Machtverhältnis* (S. 17–34). Wiesbaden: VS Verlag für Sozialwissenschaften.

Waldmann, M. (2019). *Queer/Feminismus und kritische Männlichkeit: Ethico-politische und pädagogische Positionen.* Opladen, Berlin, Toronto: Barbara Budrich.

Waldmann, M. (2022). Queer. In M. Rieger-Ladich, M. Feldmann, C. Voß & K. Wortmann (Hrsg.), *Schlüsselbegriffe der Allgemeinen Erziehungswissenschaft. Pädagogisches Vokabular in Bewegung* (S. 334–343). Weinheim, Basel: Beltz Juventa.

Walgenbach, K. (2015). Geschlecht in gesellschaftlichen Transformationsprozessen. In K. Walgenbach & A. Stach (Hrsg.), *Geschlecht in gesellschaftlichen Transformationsprozessen* (S. 21–51). Opladen: Barbara Budrich.

Walgenbach, K. (2017a). *Heterogenität – Intersektionalität – Diversity in der Erziehungswissenschaft.* Opladen, Toronto: Babara Budrich.

Walgenbach, K. (2017b). Doing Difference – Zur Herstellung sozialer Differenzen in Lehrer-Schüler-Interaktionen. In M. Schweer (Hrsg.), *Lehrer-Schüler-Interaktion. Inhaltsfelder, Forschungsperspektiven und methodische Zugänge* (S. 587–605). Wiesbaden: VS Verlag für Sozialwissenschaften.

Walgenbach, K. (2022). Privilegien in der Moderne. *diskurs* 7, S. 68–94.

Walgenbach, K., Dietze, G., Hornscheidt, L. & Palm, K. (Hrsg.) (2007). *Gender als interdependente Kategorie: Neue Perspektiven auf Intersektionalität, Diversität und Heterogenität.* Opladen: Barbara Budrich.

Warner, M. (Hrsg.) (1993). *Fear of a queer planet: queer politics and social theory* (Cultural politics). Minneapolis: University of Minnesota Press.

Watt, S. & Einstein, G. (2019). Jenseits des Binären. Das körperliche Leben von Trans-Menschen. In G. Schreiber (Hrsg.), *Das Geschlecht in mir. Neurowissenschaftliche, lebensweltliche und theologische Beiträge zur Transsexualität* (S. 45–68). Berlin, Boston: De Gruyter.

Weber, C. (2016). *Queer International Relations. Sovereignty, Sexuality and the Will to Knowledge*. New York: Oxford UP.

Weiss, M. L. & Bosia, M. J. (Hrsg.) (2013). *Global Homophobia. States, Movements, and the Politics of Oppression*. Urbana: University of Illinois Press.

Wellgraf, S. (2021). *Ausgrenzungsapparat Schule. Wie unser Bildungssystem soziale Spaltungen verschärft*. Bielefeld: transcript.

West, C. & Fenstermaker, S. (1995). Doing Difference. *Gender & Society* 9(1), S. 8–37.

West, C. & Zimmerman, D. H. (1987). Doing Gender. *Gender & Society* 1(2), S. 125–151.

Wilchins, R. (2006). *Gender Theory. Eine Einführung*. Berlin: Querverlag.

Wittig, M. (1992). *The Straight Mind and Other Essays*. Boston: Beacon Press. Dt. (2023) *Straightes Denken*. Leipzig: Merve.

Xiang, Z. (2018). Transdualism. Towards a Materio-discursive Embodiment. *TSQ. Transgender Studies Quarterly* 5(3), S. 425–442.

Young, I. M. (2013). *Responsibility for Justice*. Oxford: Oxford UP.

Yilmaz-Günay, K. (Hrsg.) (2014). *Karriere eines konstruierten Gegensatzes. Zehn Jahre „Muslime versus Schwule": Sexualpolitiken seit dem 11. September 2001*. Münster: Edition Assemblage.

Ulrike Schmauch
Liebe, Sex und Regenbogen
Sexuelle Vielfalt in Gesellschaft
und Sozialer Arbeit
2022, 282 Seiten, broschiert
ISBN: 978-3-7799-7053-8
Auch als E-BOOK erhältlich

Sexualität besteht aus verschiedenen Sexualitäten, die mit unterschiedlichen Lebensweisen verbunden sind. Ulrike Schmauch wendet sich gleichermaßen hetero- wie homosexuellen Erfahrungen zu. Sie untersucht die Rolle der sexuellen Orientierung – etwa in der Entwicklung von Kindern und Jugendlichen, in der Liebe oder für die Familiengründung, und schließlich im beruflichen Handeln sozialer Fachkräfte. Dabei ist die Grundlage ein vielschichtiges, lustvolles, psychoanalytisch orientiertes Sexualitätsverständnis. Anhand von empirischem Forschungsmaterial und vielen Praxisbeispielen entwickelt die Autorin neue theoretische Perspektiven und Konzepte für Ausbildung und Alltagshandeln in der Sozialen Arbeit. Einen wichtigen Platz nimmt das Konzept der Regenbogenkompetenz ein.